MONTENEGRO

FERNANDO MORAIS

Montenegro
As aventuras do marechal que
fez uma revolução nos céus do Brasil

Copyright © 2023 by Fernando Morais

Grafia atualizada segundo o Acordo Ortográfico da Língua Portuguesa de 1990, que entrou em vigor no Brasil em 2009.

Capa
Hélio de Almeida

Projeto gráfico
Mariana Metidieri

Fotos de capa e miolo
Acervo família Montenegro

Revisão
Huendel Viana
Aminah Haman
Clara Diament

Dados Internacionais de Catalogação na Publicação (CIP)
(Câmara Brasileira do Livro, SP, Brasil)

Morais, Fernando
   Montenegro : As aventuras do marechal que fez uma revolução nos
céus do Brasil / Fernando Morais. — 1ª ed. — São Paulo : Companhia
das Letras, 2023.

   Bibliografia.
   ISBN 978-85-359-3496-0

   1. Brasil – História – Revolução, 1930 2. Força Aérea Brasileira
3. Instituto Tecnológico da Aeronáutica – História 4. Militares – Biografia 5. Política – Brasil – História I. Título.

23-168115   CDD-923.5

Índice para catálogo sistemático:
1. Brasil : Militares : Biografia   923.5

Eliane de Freitas Leite — Bibliotecária — CRB-8/8415

Todos os direitos desta edição reservados à
EDITORA SCHWARCZ S.A.
Rua Bandeira Paulista, 702, cj. 32
04532-002 — São Paulo — SP
Telefone: (11) 3707-3500
www.companhiadasletras.com.br
www.blogdacompanhia.com.br
facebook.com/companhiadasletras
instagram.com/companhiadasletras
twitter.com/cialetras

Para Fábio Montenegro

Em toda minha vida profissional, jamais acreditei em messianismo, estrelismo, concentração do poder e do mérito em um só indivíduo. Sempre trabalhei em equipe. E se algum merecimento tenho, é o de ter sabido despertar em meus companheiros o entusiasmo, delegar-lhes autoridade com responsabilidade, exortá-los ao pleno uso de suas potencialidades e qualidades, em proveito do povo brasileiro.

Marechal do ar Casimiro
Montenegro Filho, 1904-2000

SUMÁRIO

1   A Revolução triunfou: agora quem manda no céu são
    os tenentes   11

2   O *Frankenstein* pousa na grama do Jóquei: acaba de nascer
    o Correio Aéreo Nacional   25

3   Banda de música e chuva de papel picado: são os novos
    heróis que chegam dos céus   41

4   Da janela Mimiro vê a tropa da Cavalaria atacando crianças:
    era o Ceará pegando fogo   55

5   Montenegro passa quatro meses preso pelos amigos paulistas,
    sem poder fugir   71

6   Bonito, piloto e solteiro: lá vai Montenegro em seu Plymouth
    novinho em folha   87

7   Montenegro conhece o MIT e volta com uma ideia maluca:
    fazer um igual no Brasil   103

8   O presidente Dutra agora encrenca com Oscar Niemeyer:
    comunista no ITA, não   123

9   Wallaucheks, Theodorensens e Schrenks: Montenegro cria
    uma babel às margens do rio Vidoca   137

10 Um negócio da Inglaterra: toneladas de algodão em troca
de setenta aviões a jato   155

11 A bela Antonietta fisga o tio Mimiro: a carreira de galã
chega ao fim aos cinquenta anos   173

12 Montenegro assina o manifesto dos brigadeiros contra Vargas:
o Tenentismo está no fim   185

13 O poeta Schmidt canta em prosa um milagre brasileiro:
a "Conspiração de São José"   199

14 Uma arma de guerra chega ao ITA secretamente:
o supercomputador IBM-1620, de 16 kbytes   215

15 O professor Feng vai explicar como voa um coleóptero.
Um helicóptero? Não, é coleóptero mesmo   227

16 Esta é uma escola militar? Não, responde o jornalista.
Esta é uma escola civilíssima   243

17 Castello nomeia Eduardo Gomes para a Aeronáutica:
fecha-se o cerco contra o ITA   259

18 Nuvens negras no horizonte do ITA: aí vem o brigadeiro
Castro Neves   275

19 O reitor Künzi é levado a um encontro secreto: "Seja breve,
o senhor vai falar com o presidente"   289

20 Ao morrer, Montenegro deixa uma lição: civis e militares,
juntos a seu lado   309

Entrevistados   327
Referências bibliográficas   329
Sobre este livro   331
Índice remissivo   335

1 A Revolução triunfou: agora quem manda no céu são os tenentes

Sob os olhares incrédulos de dezenas de oficiais e cadetes, o monomotor Potez novinho em folha avançava em alta velocidade pela pista do Campo dos Afonsos, no subúrbio do Rio de Janeiro. Ao entrar no avião o piloto percebeu algo estranho no painel de instrumentos: aquele era um aparelho tão novo que nem tinha sido completamente montado. Nos lugares destinados à bússola, ao altímetro e ao conta-giros havia três buracos vazios. Abortar a decolagem e voltar para pegar outro aparelho significava ser preso ali mesmo, na pista. Não restava outro remédio senão dar motor total, decolar assim mesmo, sem os instrumentos, fazer o voo só com orientação visual — e rezar para que Nossa Senhora de Loreto, protetora dos aviadores, garantisse tempo bom durante a viagem. Minutos depois, ao sobrevoar a região serrana ao norte do Rio, piloto e artilheiro perceberam que estavam sendo seguidos por um Curtiss Fledgling de combate que levantara voo dos Afonsos provavelmente com ordens para derrubá-los. A prudência recomendava, portanto, usar toda a potência do motor do avião e sumir logo do campo de visão do intruso que os perseguia. Como o Potez voava mais rápido do que o Curtiss, não houve maiores dificuldades para isso. Mas mal os dois tripulantes se viram livres da ameaça, outro perigo apareceu no horizonte. Voavam sobre a cidade fluminense de Três Rios quando um paredão de negros cebês — sigla com a qual os pilotos se referem ao terror dos céus, as nuvens cúmulos-nimbos — materializou-se a poucos metros do aparelho, para só desaparecer horas depois, no final da viagem. À uma da tarde do dia 6 de outubro de 1930 o avião cruzou a divisa entre o estado do Rio e Minas Gerais. O piloto apontou o nariz do aparelho no rumo Norte, em direção a seu destino, Belo Horizonte, onde havia forte resistência à Revolução que acabara de eclodir no Rio Grande do Sul.

Típicos personagens da paisagem política da época, os dois jovens tripulantes do Potez, Casimiro Montenegro Filho e José Lemos Cunha, eram tenentes — e ser tenente no Brasil dos anos 1930 era muito mais do que ostentar uma patente militar. Desde o frustrado levante do Forte de Copacabana, em julho de 1922, os tenentes e seu movimento — o Tenentismo — passaram a ser sinônimos de idealismo político e fervor revolucionário. Falavam contra a "decadência moral" do país e lutavam por voto secreto, educação pública e justiça gratuita. Embora pouco politiqueiro e discreto em sua atuação, Montenegro nunca fora infenso ao vírus do Tenentismo. Desde o final dos anos 1920, após ser declarado aspirante, ele conspirava ativamente com revolucionários egressos da revolta do Forte de Copacabana, da Revolução de 1924 em São Paulo e com antigos comandantes da Coluna Prestes. Já envolvido na conjura que levaria Getúlio Vargas ao Palácio do Catete, Montenegro passou a operar no começo de 1930 como elemento de ligação entre a Escola de Aviação Militar e algumas das estrelas do movimento tenentista, como Juarez Távora, Siqueira Campos e Eduardo Gomes. Os dois primeiros tinham sido chefes de destacamentos da Coluna, ao final da qual Juarez fora preso e depois se exilara na Argentina. Siqueira não sobreviveria para ver os tenentes no poder. Em maio de 1930 ele viajaria clandestinamente a Buenos Aires, em busca do apoio de Luís Carlos Prestes à Aliança Liberal, chefiada por Getúlio. Frustrado na tentativa de atrair o Cavaleiro da Esperança para as hostes tenentistas, Siqueira morreria ao voltar ao Brasil, em consequência da queda do monomotor que o transportava nas águas do rio da Prata (seu companheiro de viagem, o capitão João Alberto Lins de Barros, teve mais sorte e sobreviveu nadando até uma praia uruguaia). Eduardo Gomes era dono de uma folha de serviços quase tão cinematográfica quanto as dos dois. Em 1922, fora um dos sobreviventes dos 18 do Forte, movimento rebelde que desafiou de peito aberto a repressão federal e inspirou o nascimento do Tenentismo. Preso em 1924 quando pretendia se incorporar às tropas da Coluna Prestes (depois de tentar atirar de avião uma bomba de três quilos de dinamite sobre o Palácio do Catete, sede do governo e até então também residência do presidente da República), foi solto em 1926. Três anos depois ele seria outra vez preso e libertado no início de 1930. Mais do que a política, porém, foi a aviação que o aproximou de Montenegro. Desde que os dois se conheceram, o jovem aspirante cearense tentava seduzir Eduardo a trocar a Artilharia pela nova Arma criada pela Missão Militar Francesa, desde 1920 encarregada de modernizar as Forças Armadas nacionais. Embora tivesse recebido o diploma de Observador Aéreo em 1921, e nessa condição participado de inúmeras missões, Eduardo ainda não era brevetado. Para Montenegro, instrutor de voo já com alguma experiência, esse era um obstáculo facilmente superável. "Venha comigo para os Afonsos", ele insistia com Eduardo, "e em uma semana eu o faço piloto." Só então Eduardo Gomes se mudaria para a Aviação, a Arma da qual, décadas depois, viria a ser o patrono.

Era natural, portanto, que o destino levasse Montenegro a seguir seus companheiros de farda e a se engajar também na luta política. O gaúcho Getúlio Vargas conseguira magnetizar e unir sob o manto da Aliança Liberal todas as tendências tenentistas originárias das revoltas de 1922, de 1924 e da Coluna. Só ficara de fora a minoria que fizera a opção pelo marxismo e decidira seguir Prestes. A Aliança Liberal, materializada na chapa Getúlio-João Pessoa (este, governador da Paraíba), navegava contra a corrente do oficialismo político brasileiro. Desde a proclamação da República, em 1889, o Brasil era uma federação de fachada que se convertera em um arquipélago cujas ilhas eram controladas por "coronéis" — fossem eles usineiros de açúcar do Nordeste ou cafeicultores e pecuaristas de São Paulo e

Minas. Além da corrupção eleitoral, que era parte integrante do processo político, as oligarquias ainda dispunham da inacreditável Comissão de Verificação de Poderes, um monstrengo herdado do Senado do Império ao qual cabia decidir, entre os candidatos eleitos, quais poderiam tomar posse. Os dois estados mais ricos, São Paulo e Minas Gerais, revezavam-se na Presidência da República naquela que ficou conhecida como a "política do café com leite", que a candidatura Getúlio-João Pessoa se encarregaria de azedar. Foi nesse fértil terreno que os tenentes pregaram suas ideias e incendiaram o Brasil dos anos 1920.

Ninguém se surpreendeu com o resultado das urnas eleitorais, em março de 1930. Como das vezes anteriores, ganhara o candidato oficial, dessa vez o paulista Júlio Prestes. E, também como nas outras eleições, ele só vencera graças à escancarada corrupção. O que havia de novo no Brasil de 1930, em relação aos pleitos anteriores, era a sombra do Tenentismo organizado em torno da chapa derrotada. E de março a outubro os tenentes não fizeram outra coisa senão conspirar. Considerada pelo governo "um viveiro de perigosos revolucionários", a Escola de Aviação Militar foi colocada sob redobrada vigilância. Em uma época em que as informações viajavam a passo de cágado, foram necessárias quase 24 horas para que os oficiais e cadetes dos Afonsos soubessem que a Revolução estourara em Porto Alegre na tarde anterior. A notícia só chegou lá na manhã de sábado, dia 4 de outubro. O oficial de patente mais alta em serviço àquela hora, o capitão gaúcho Vasco Alves Secco, que nunca ocultara suas convicções revolucionárias, reuniu em um hangar algumas dezenas de homens fardados ou vestidos em macacões de voo para transmitir-lhes as informações do Sul: os revoltosos de Getúlio Vargas haviam tomado três guarnições militares em Porto Alegre, onde mais de 50 mil voluntários civis tinham se alistado. No dia seguinte quatro colunas marchariam em sucessivos comboios ferroviários rumo ao Rio de Janeiro, comandadas pelos oficiais Alcides Etchegoyen, João Alberto, Waldomiro Lima, Ptolomeu de Assis Brasil e Miguel Costa. O capi-

O tenente Montenegro conspira para a Revolução de 30: acima, com o primo Juracy Magalhães e capitão Terra. Abaixo, com Eduardo Gomes e Vasco Carneiro de Mendonça, futuro interventor no Ceará: contra a "decadência moral" do país e a favor do voto secreto, da educação pública e da justiça gratuita.

tão revelou também que Vargas não estava sozinho: a Paraíba em armas declarara apoio aos gaúchos e dali a algumas horas circularia a edição do *Diário Oficial* de Minas Gerais com uma proclamação do recém-empossado governador Olegário Maciel de adesão à insurreição. Alves Secco terminou conclamando a Escola a aderir em peso à Revolução.

Não ia ser bem assim. Pelo inventário do tenente Montenegro, que desde 1928 vinha dedicando tempo integral à conspiração, dois terços dos sargentos e oficiais dos Afonsos estavam com o movimento revolucionário, mas tudo indicava que o comandante da recém-criada Arma, o general de brigada Álvaro Guilherme Mariante, e o diretor da Escola, tenente-coronel Amílcar Pederneiras, iam permanecer fiéis à República Velha. Com a Escola colocada sob rigorosa prontidão, ninguém mais voltou para casa. As reuniões vararam o sábado e se estenderam pelo domingo, ao final do qual ficou acertado que na manhã de terça-feira, 7 de outubro, os revolucionários da Escola se declarariam rebelados, prenderiam os oficiais legalistas e voariam para Minas Gerais — as notícias diziam que em Belo Horizonte e Juiz de Fora algumas unidades militares faziam resistência armada à Revolução. Os temores de Montenegro com relação a seus superiores se revelaram procedentes no dia 6, quando ele viu seu nome inscrito à mão, com a letra do coronel Pederneiras, na escala de voos daquela manhã. Adiante do nome estava indicado: "missão de bombardeio". Surpreso, ele mostrou a escala ao tenente José Lemos Cunha, seu companheiro de conspiração. Ambos já haviam estranhado e comentado com colegas que, desde a chegada das primeiras notícias da Revolução, só oficiais legalistas recebiam autorização para voar. Os rumores diziam coisas mais graves: pilotos militares leais ao presidente Washington Luís estavam decolando dos Afonsos para atacar forças revolucionárias em Minas. Ainda assim, Montenegro não imaginava que seus superiores tivessem a ousadia de convocá-lo — alguém sabidamente comprometido com a Revolução — para aquele tipo de missão. Cochichou alguma coisa com Lemos Cunha, que se dirigiu a um dos hangares, e caminhou até a sala do comandante. Recebeu ordens do coronel Pederneiras para se sentar, mas preferiu permanecer de pé e liquidar logo os motivos de sua presença ali. Montenegro explicou, sem alterar o tom de voz, por que não ia cumprir a ordem recebida:

— Não posso concordar com esses bombardeios que vêm sendo efetuados a cidades indefesas por oficiais servis e inconscientes.

Antes que o comandante e os demais oficiais presentes se refizessem da surpresa, ele se perfilou, bateu continência e saiu para a pista. Andou até a porta de um hangar onde Lemos Cunha parecia conversar fiado com um mecânico ao lado da mais nova aeronave da Escola — um bombardeiro Potez 25P, com o prefixo A111 recém-pintado na fuselagem cinza —, e falou algo que não pôde ser ouvido pelos grupinhos de oficiais que se espalhavam pelo Campo. Mesmo não sendo a oitava maravilha da aviação, o aparelho tinindo de novo fazia parte de um lote de quinze unidades recém-importadas da França pelo governo Washington Luís. Sem que ninguém percebesse, Montenegro saltou para dentro da cabine e quando menos se esperava o Potez taxiou pela pista e decolou sem autorização, quase se colidindo com um avião que pousava. Na minúscula cabine traseira, sentado de costas para o piloto e com as duas mãos agarradas à metralhadora aparafusada na fuselagem, já havia se instalado o tenente Lemos Cunha. Logo atrás deles decolou um Curtiss Fledgling pilotado por um sargento desconhecido. Em seguida, quase em fila, e todos sem autorização, levantaram voo dois Waco, outro Potez e mais um Curtiss Fledgling. Ao todo eram dez pilotos e mecânicos que não esperaram a posição oficial da Escola de Aviação, se apoderaram dos aviões e partiram para vários pontos do país. Além de Montenegro e Lemos Cunha, a pequena esquadrilha levava os capitães Emílio Gaelzer e Agliberto Vieira de Azevedo, o tenente Clóvis Travassos e os sargentos Dinarco Reis, Brunswick França, Tíndaro Pereira Dias e Otávio Francisco dos Santos. Meia hora depois um retardatário, o tenente Joelmir de Araripe Macedo, conseguiria burlar a vigilância da Escola e arrancar dos Afonsos a bordo de um Potez rumo ao sul de Minas.

Montenegro sabia que o aparelho que agora os levava a Belo Horizonte estava longe de ser um prodígio aeronáutico. O tenente, aliás, fazia parte do grupo de oficiais que opunham cerrada objeção às vendas feitas ao Brasil pela Missão Francesa que desde 1920 se encontrava no Brasil. E não era só o pessoal da Aviação Militar que reclamava. Oficiais da Escola de Estado-Maior do Exército já haviam encontrado capacetes furados por balas e máscaras contra gases sujas de sangue entre o material de treinamento fornecido pelos franceses, provas indiscutíveis de que a Missão aproveitava-se do acordo militar com o Brasil para esvaziar seus depósitos de ferro-velho. Mesmo considerada obsoleta, no entanto, a versão militar do Potez era uma beleza se comparada, por exemplo, aos velhos Curtiss Fledgling da Escola. Equipado com um motor de doze cilindros e 450 cavalos (capaz de voar a 240 km/h), o avião de nariz rombudo tinha sido provado com sucesso nas guerras coloniais francesas do início do século. Além de rápido, era ameaçador: o modelo de que Montenegro se apoderara vinha equipado com um canhão Hispano-Suiza de vinte milímetros e quatro metralhadoras leves, de 7,5 milímetros, acionáveis tanto pelo piloto como por seu companheiro. Sob as asas inferiores (o Potez era um biplano) carregava oito bombas de cinquenta quilos cada, cujas travas estavam também ao alcance das mãos tanto do artilheiro, no cockpit traseiro, como do piloto.

E foi assim, com um Potez incompleto furando cebês e chacoalhando sob tempestades de raios, que os dois tenentes voaram todo o tempo, só voltando a ver o sol ao chegarem ao destino, Belo Horizonte. Se no céu da capital mineira o tempo era ótimo, no chão o pau estava comendo. Embora tanto o governador quanto o patriarca da política mineira, Antônio Carlos Ribeiro de Andrada, tivessem comprometido o apoio do Estado à Revolução, o 12º Regimento de Infantaria, conhecido na cidade apenas como "o Doze", resistia de armas na mão — mesmo depois de seu comandante, o coronel José Joaquim de Andrade, ser preso pelos revolucionários. O enorme quarteirão de 180 mil metros quadrados onde funciona o Doze, no popular bairro do Calafate, tivera o abastecimento de água, luz e alimentos cortado e estava cercado de todos os lados por tropas getulistas. Mesmo diante de um massacre iminente, seus oficiais e soldados continuavam afirmando que não se renderiam.

No primeiro rasante sobre o Doze, Montenegro e Cunha esvaziaram no ar dois sacos de aniagem que traziam sob os pés, entupidos de panfletos. Um deles era assinado pelo coronel Aristarcho Pessoa, irmão de João Pessoa e chefe do Estado-Maior da Revolução em Minas:

> Aos soldados do 12º Regimento de Infantaria
>
> Estamos preparados para fazer o bombardeamento aéreo desse quartel. Se a rendição não se fizer sem demora, fá-lo-emos. Se içarem bandeira branca e se entregarem, não sofrerão represálias.
>
> Se continuarem a resistir, teremos de ser impiedosos.
>
> Coronel Aristarcho Pessoa

Mais um mergulho, outro rasante e mais dois pacotes de panfletos atirados sobre o quartel. Desta vez era uma mensagem pródiga em ameaças e pontos de exclamação, enviada pela tenentada do Campo dos Afonsos:

> Bravos camaradas!
>
> Já mostramos que vos podemos destruir! É inútil vosso sacrifício! A Revolução está vitoriosa em todo o país! Rendei-vos!
>
> A Aviação Militar

Logo em seguida Montenegro foi alertado por Cunha para a presença, uns quatrocentos metros abaixo deles, de um caça aparentemente vindo também do Rio, que atirava bombas sobre o quartel. Certo de que se tratava de um legalista tentando atingir as tropas revolucionárias que isolavam o quarteirão, Cunha insistia em que Montenegro devia abatê-lo: na posição em que se encontravam não havia risco de errar o alvo. O tenente cearense, porém, tinha dúvidas: e se o piloto fosse também um revolucionário tentando atirar bombas dentro do Doze, e não nas tropas que o cercavam? Montenegro decidiu agir "pelo lado do coração", como confessaria ao aterrissar, e não disparou:

— Seria fácil derrubá-lo com a metralhadora sincronizada de que eu dispunha, dada a superioridade de altura em que estávamos, mas resolvi não fazê-lo, aguardando a retirada dele para descer.

A razão, porém, estava com Cunha, e não com ele. Tão logo o Potez pousou no minúsculo aeroporto de Carlos Prates, na periferia de Belo Horizonte, o avião suspeito reapareceu no ar. O aparelho realizou sobre a pista dois rasantes, durante os quais o piloto acenava para baixo, num gesto aparentemente amistoso. No terceiro, em vez de acenos ele atirou uma bomba que explodiu a dez metros de onde se encontravam Montenegro, Cunha e mais um grupo de oficiais, ferindo gravemente dois soldados da Polícia do Exército. Quando o aparelho reapareceu roncando no céu, preparando outro rasante, Montenegro deu ordens para os soldados que se encontravam no local:

— Disparem! Atirem nele, mas mirem no motor! Apontem para o motor, que vocês derrubam o aparelho!

À noite ele soube que os tiros haviam perfurado o radiador de água do motor do avião, que caíra quilômetros adiante, permitindo que seus dois tripulantes fossem presos. Levados como heróis em caravana pelas ruas da cidade e instalados no Brasil Palace, o mais luxuoso hotel de Belo Horizonte, Montenegro e Cunha não imaginavam que só voltariam para casa um mês depois, com o presidente Washington Luís preso no forte de Copacabana e a vitória da Revolução consolidada. E até lá ainda iam comer muito fogo. Nas semanas seguintes os dois foram despachados para o sul de Minas, executando missões no triângulo formado pelas cidades de Barbacena, Conselheiro Lafaiete e São João del-Rei (nesta última e em Três Corações, a cem quilômetros dali, ainda havia resistência). Até o dia 31 de outubro, quando Getúlio Vargas chegou ao Rio de Janeiro, a atividade deles foi ininterrupta. Em um voo de emergência à capital mineira, sob forte tempestade, Montenegro não conseguiu pousar um Waco na pista enlameada de Carlos Prates e acabou destruindo o aparelho contra um hangar, escapando inexplicavelmente ileso. No dia 28 de outubro um dos mais influentes jornais do país, o carioca *Correio da Manhã*, noticiou que um avião revolucionário realizara missões em Juiz de Fora. Era Montenegro, a bordo de um novo Waco. Centro industrial onde se concentravam os mais importantes efetivos militares de Minas, depois de Belo Horizonte, a cidade sediava uma brigada com dois regimentos de Infantaria, um grupo de Artilharia de Campanha, um pelotão da Polícia do Exército, um batalhão logístico, um batalhão de Infantaria Motorizada e uma Companhia de Comando, além de um hospital militar, depósitos de suprimentos, arsenais e campos de instrução. A resistência à Revolução estava circunscrita ao 10º Regimento de Infantaria. Sem pretender dissimular de que lado estava, o jornal estampou em um alto de página um título triunfalista — "Benfica, a Verdun da Mantiqueira". Só mesmo muito fervor revolucionário seria capaz de comparar Benfica, o modesto bairro onde se localizavam os quartéis de Juiz de Fora, com Verdun, a cidade francesa onde os exércitos da Alemanha e da França travaram, na Primeira Guerra Mundial, aquela que foi considerada a mais longa, violenta e mortífera de todas as batalhas que a história militar registrou. E foi lá, atirando panfletos sobre a Verdun dos mineiros, que o nome de Montenegro apareceu num jornal pela primeira vez:

UM AVIÃO REVOLUCIONÁRIO LANÇA MANIFESTOS À GUARNIÇÃO FEDERAL DE JUIZ DE FORA NO DIA 23
Na última quinta-feira, 23 de outubro, à véspera da deposição do governo Washington Luís, um avião revolucionário evoluiu sobre a cidade de Juiz de Fora, no perímetro urbano e no Quartel-General da 4ª Região Militar, lançando o seguinte manifesto:

Aos camaradas de Juiz de Fora.

Após treze dias já não podeis alimentar dúvida sobre a extensão e o desenlace do movimento de 3 de outubro. [...] Somos soldados da Nação, e quando esta se manifesta de modo tão evidente, não temos o direito de contrariar a sua vontade e as suas aspirações. [...] Sondai o ânimo de vossos comandados e vereis que, como os de Belo Horizonte, São João, Ouro Preto e Três Corações, estão em sua quase unanimidade com a Nação, e os encontrareis amanhã nas nossas fileiras em que se incorporaram voluntários para a redenção do Brasil. O sr. Washington Luís é o expoente máximo da política de opressão, crimes, malversações, arbitrariedades e despotismo que a Nação deliberou sacudir. [...] Fazemos ainda este apelo ao vosso patriotismo, ao vosso sentimento de brasileiros e de soldados da Nação. Estendamo-nos as mãos e nos coloquemos ao lado da Nação e da grande maioria dos nossos camaradas.

Belo Horizonte, 16 de outubro de 1930.

Em nome dos "companheiros que se acham na linha de frente", o manifesto era assinado pelo coronel Aristarcho Pessoa e por mais trinta oficiais, entre os quais os tenentes Oswaldo Cordeiro de Farias, Olympio Falconiere, Eduardo Gomes, Nelson de Mello, Osmar Dutra, Casimiro Montenegro e Lemos Cunha. Naquele mesmo dia Juiz de Fora capitulou. Uma semana antes tinha sido a vez de Três Corações. Depois de uma batalha que tirou a vida de Djalma Dutra, herói da Coluna Prestes, morto por acidente por um companheiro, o quartel local se rendeu. Notícias de Belo Horizonte davam conta de que o 12º RI, isolado, sem água e luz, também hasteara bandeira branca. No começo de novembro, com Getúlio já instalado no Palácio do Catete e sem focos legalistas para combater ou converter, a tenentada da Escola de Aviação se reuniu lá mesmo, em uma Juiz de Fora sob controle revolucionário, para decidir o que fazer dali para a frente. Foi lá que Montenegro reencontrou Eduardo Gomes, que desde o dia 3 de outubro resistira ao fogo legalista em Barbacena, até ser socorrido pelo tenente Nelson de Mello, que chegara de Belo Horizonte à frente

Em novembro de 1930 Montenegro (de capacete) chega finalmente a Barbacena e encontra os tenentes Lemos Cunha (à esq.) e Eduardo Gomes (ao centro). Um mês antes, quando Getúlio levantou o Rio Grande do Sul em armas, Montenegro apoderou-se de um avião Potez, no Campo dos Afonsos, no Rio, e voou para Belo Horizonte (abaixo), onde combateu os últimos focos de resistência à Revolução de 30.

de uma tropa de 350 homens. Após uma jornada de reuniões que parecia não ter fim, os pilotos militares escolheram Montenegro como porta-voz da posição do grupo. Na sala de comando da 4ª RM o esperavam o chefe do Estado-Maior das forças revolucionárias em Minas, coronel Aristarcho Pessoa, e um dos subchefes, seu velho amigo tenente Cordeiro de Farias. Com a serenidade de sempre, resumiu em poucas palavras o que ele e seus amigos tinham a dizer:

— O que nós desejamos é um Brasil novo, dirigido por uma mentalidade que coloque os interesses da pátria acima de interesses pessoais. Assim, para retornarmos ao Campo dos Afonsos exigimos a demissão imediata do general Álvaro Mariante da direção da Aviação Militar.

O general talvez não tivesse percebido o significado que a patente de um tenente adquirira com a vitória de Getúlio. Imediatamente após ser informado do indisciplinado ultimato de que Montenegro fora portador, Mariante fez saber ao jovem tenente que o valor do Waco destruído acidentalmente por ele em Belo Horizonte ia ser debitado em seu soldo mensal, em prestações. Não houve tempo sequer para Montenegro ser notificado. Uma semana depois o *Diário Oficial* publicou ato do presidente da República afastando Mariante da Diretoria da Aviação Militar. Também no Campo dos Afonsos os tenentes tinham chegado ao poder.

2 O *Frankenstein* pousa na grama do Jóquei: acaba de nascer o Correio Aéreo Nacional

Vitoriosa a Revolução e pacificado o país, Montenegro pôde voltar a se dedicar à sua verdadeira paixão, a aviação. E ele estava longe de ser uma exceção. O sonho de voar incendiara a jovem oficialidade, e havia razões de sobra para isso. Primeiro porque não havia um só brasileiro, militar ou paisano, que não enchesse o peito de orgulho por ser conterrâneo — e contemporâneo — de Santos Dumont, o inventor do avião que assombrara a França e o mundo em 1906, com o voo do *14-Bis*. E mesmo antes dele os céus de Paris já haviam sido palco da glória e do martírio do potiguar Augusto Severo. Professor de matemática, deputado abolicionista e político apaixonado, aos 38 anos Severo vendeu tudo o que tinha, tomou dinheiro emprestado com amigos e parentes e viajou para a França, decidido a construir e colocar no ar um balão semirrígido. Após meses de trabalho e de testes, em maio de 1902 o *Pax* estava pronto para voar, mas foi preciso esperar uma semana para que se abrisse o cinzento céu parisiense, o que só acabaria acontecendo numa quarta-feira, dia 12 de maio. Embora o experimento estivesse marcado para as seis horas da manhã, a expectativa gerada pelo noticiário dos dias anteriores era tal que uma multidão se espalhou pelas ruas do 14º Arrondissement de Paris para testemunhar o fenômeno. Levando a bordo Severo e seu mecânico francês George Sachet, na hora marcada o *Pax* descolou-se vagarosamente dos paralelepípedos da Avenue du Maine, a meio caminho entre a gare e o cemitério de Montparnasse, deu dois safanões para um lado e ganhou altura. Diante de olhares incrédulos o balão subiu até cerca de quatrocentos metros de altitude e durante dez minutos fez silenciosas evoluções no ar, chegando a desenhar no céu um oito de fumaça, sob aplausos generalizados dos populares. De repente uma explosão transformou o *Pax* numa monumental bola de fogo de trinta metros de altura, que desabou ruidosamente no chão, matando instantaneamente seus dois tripulantes. O impacto do balão contra o solo foi tão forte que os ossos das pernas de Severo perfuraram o couro da sola de seus sapatos.

Quem voltasse os olhos ainda mais para trás veria o vulto de outro brasileiro genial, o padre Bartolomeu de Gusmão, construtor do primeiro engenho mais leve que o ar, que em 8 de agosto de 1709, com o insuspeito testemunho pessoal do rei d. João V, fez voar a sua *Passarola*, como era chamado o flutuador aerostático que ele inventara. Exemplos da vocação aeronáutica dos brasileiros não faltavam. Montenegro exultara três anos antes, em 1927, ao saber que o piloto civil paulista João Ribeiro de Barros decidira realizar uma aventura inédita: cruzar o Atlântico Sul em um hidroavião Savoia-Marchetti S-55. E ficara indignado ao ler que, depois de enfrentar um motim de sua equipe na África e padecer quatro ataques de malária, Barros recebera um desolador telegrama do presidente da República. Temeroso de que um desastre aéreo empanasse no exterior a imagem do Brasil — a pátria do Pai da Aviação —, Washington Luís aconselhava-o a desistir da empreitada. O troco foi dado também por telegrama, em termos nada protocolares: "Cuide das obrigações de seu cargo", escreveu Barros, "e não se meta em assuntos de que não entende e onde não foi chamado". Mas sua verdadeira resposta seria dada no dia 28 de abril de 1927, quando ele decolou o bimotor *Jahú* da cidade de Praia, em Cabo Verde, para pousar doze horas depois na ilha de Fernando de Noronha, em águas brasileiras. Não fossem suficientes tantos e tão edificantes exemplos, o Brasil detinha também a duvidosa glória de ter sido a primeira nação do mundo a utilizar o avião como arma de guerra, durante a repressão aos beatos da Guerra do Contestado, em Santa Catarina, em 1911 — seis anos antes da Primeira Guerra Mundial.

Embora a aeronáutica militar brasileira tenha nascido como uma costela retirada do corpo do Exército, a Arma pioneira nos céus nacionais, na verdade, foi a Marinha. Criada em 1916, a Escola de Aviação Naval foi instalada na minúscula ilha das Enxadas, a menos de dois quilômetros de distância das praias cariocas. O lugar oferecia uma das mais belas vistas da baía de Guanabara, mas não parecia o mais adequado para uma escola de pilotos: como as dimensões da ilha, que mede apenas quatrocentos metros na sua parte mais extensa, não permitiam a construção de pistas de pouso, a instrução era dada no Campo dos Afonsos. Ela só começaria a formar pilotos e observadores aéreos em 1921, mas um ano depois já havia brevetado dezoito tenentes, capitães e majores. Já a transformação da escola onde Montenegro se formara (e da qual agora era instrutor) em Arma militar tivera uma história diferente. A criação da Aviação Militar era fruto da atividade da Missão Francesa. Precedidos pela aura de vencedores da Primeira Guerra Mundial, duas dezenas de oficiais vindos da França desembarcaram no Rio em 1920 sob as ordens do general Maurice Gamelin, que durante o conflito tinha sido comandante da Infantaria francesa e membro do Estado-Maior do general Joseph Joffre, vitorioso comandante das forças Aliadas. Encarregada de equipar e modernizar o Exército, em 1927 a Missão realizou um velho sonho dos militares brasileiros, que passaram a receber instrução formal na Escola de Aviação Militar, instalada no Campo dos Afonsos, no remoto subúrbio carioca de Marechal Hermes.

Se na República Velha a agitação política rotulara a escola como um viveiro de subversivos, o tempo revelaria que os Afonsos eram também um ninho de futuras personalidades da vida política e militar brasileira das décadas seguintes. Dos 55 formandos das quatro primeiras turmas da Escola, dezesseis encerraram suas carreiras como brigadeiros, cinco chegaram a ministros de Estado e seis atingiram a mais alta patente militar, a de marechal do ar (entre estes um

Cartões-postais festejam o feito brasileiro: acima, Santos Dumont, Augusto Severo e o mecânico francês George Sachet, em Paris, na véspera da tragédia.

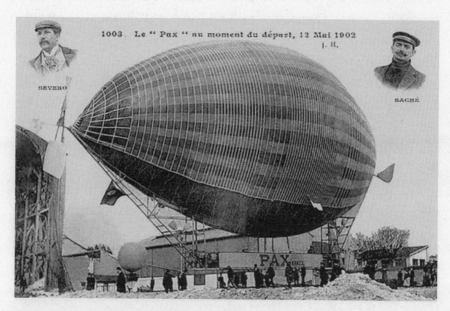

O dirigível Pax pronto para a decolagem.

negro, Waldemiro Advíncula Montezuma). Apenas dois oficiais do grupo tomariam o rumo da esquerda: os capitães Agliberto Vieira de Azevedo e Sócrates Gonçalves da Silva. Responsáveis pela distribuição nos quartéis do panfleto *Asas Vermelhas*, de pregação marxista, eles acabariam condenados a dez anos de prisão por tentarem sublevar a Escola de Aviação na revolta comunista de 1935.

Escolhido pelo presidente Washington Luís para comandar a quinta Arma do Exército, o general Álvaro Mariante se celebrizara como grande estrategista militar ao enfrentar a Coluna Prestes, em 1926. Vindos do Ceará, o Cavaleiro da Esperança e seus homens pretendiam chegar a Paracatu, no norte de Minas, trajeto que os obrigaria a entrar em território baiano. Para impedir a passagem de Prestes pela Bahia, Mariante aliou-se ao "coronel" baiano Horácio de Matos, a quem ofereceu orientação militar e farto armamento para que o Batalhão Patriótico Lavras Diamantinas (uma horda de seiscentos jagunços a soldo de Matos) brecasse o avanço da Coluna invicta. Deu certo: acossados pela cabroeira armada pelo Exército, os comandantes da Coluna desistem do plano original, se embrenham pelo sertão goiano, entram no Mato Grosso e depõem as armas em território boliviano, encerrando a jornada de dois anos e 25 mil quilômetros. A despeito de suas virtudes militares, Mariante não era bem-visto pela tenentada da Escola de Aviação. Ao contrário, a julgar por apontamentos manuscritos de Montenegro dessa época, que se referia ao superior como um homem "injusto", "prepotente" e, pecado capital, alguém que "empregou nossa Arma para fazer política durante as eleições e depois delas".

A Escola era dirigida por dois oficiais, um francês e um brasileiro. Da inauguração até a Revolução de 30 o posto local coubera ao tenente-coronel Amílcar Pederneiras, que dera ordens para Montenegro bombardear focos getulistas e fora substituído, logo depois do triunfo revolucionário, pelo coronel Plínio Raulino de Oliveira. Do lado francês a Escola era comandada com mão de ferro pelo coronel André Séguin, um gigante de quase dois metros de estatura e fartos bigodes negros, que impunha a alunos e professores um regime de extremo rigor. Uma de suas exigências que mais irritava — e às vezes humilhava — os brasileiros era o chamado "cilindro ideal", logo apelidado pelos alunos de "cilindro francês". A pretexto de prevenir acidentes graves, Séguin impôs os limites dentro dos quais os pilotos brasileiros poderiam voar sem a companhia de um instrutor da Missão: tomando a pista do Campo dos Afonsos como eixo, o coronel traçou um círculo de dez quilômetros de raio. Na linha que cercava aquele cilindro imaginário terminava a liberdade de voar dos oficiais brasileiros, não importavam a experiência ou as horas de voo acumuladas por eles. Enquanto os voos de longa duração eram privilégio dos franceses, aos nativos restava uma nesga de céu que ia, no sentido norte-sul, das imediações de Belford Roxo à lagoa de Jacarepaguá. As então remotas e paradisíacas praias da Barra da Tijuca e da restinga de Marambaia, por exemplo, só podiam ser vistas à distância pelos pilotos brasileiros. Sobrevoadas, não, porque estavam quatro quilômetros fora dos limites do "cilindro francês".

O que à primeira vista parecia um capricho corporativo virou um problema militar. Em meio ao movimento articulado por Montenegro, que incluía a distribuição de panfletos de protesto contra os franceses, caiu nas mãos do ministro da Guerra, general José Fernandes Leite de Castro, um exemplar da revista militar *Defesa Nacional* com um duro libelo assinado pelo tenente Ajalmar Mascarenhas, intitulado "Rumo ao Brasil, fora dos Afonsos". O artigo protestava contra a limitação imposta aos aviadores militares brasileiros, denunciando que até pilotos que já haviam voado em céus de três continentes continuavam sujeitos aos limites dos injustificáveis dez quilômetros. O ministro tinha uma visão peculiar do papel das Forças Armadas na vida nacional. Em sua opinião, em tempos de paz o Exército deveria se dedicar a atividades que desonerassem o Tesouro, entre as quais ele incluía um serviço de correio aéreo que pudesse interligar o inóspito Brasil de então. Várias prefeituras já haviam anunciado que, se incluídas nas rotas do planejado correio, elas próprias se encarregariam de abrir e sinalizar as pistas de pouso que, futuramente,

Alguns dos alunos da primeira turma da Arma da Aviação. Acima, da esq. para a dir., os tenentes Virmond, Prata, Montenegro, Coriolano Orsini, Lemos Cunha, Araripe Macedo e Márcio de Souza e Mello.

poderiam ser utilizadas por linhas regulares da aviação comercial. Além de proporcionar aos aviadores brasileiros a oportunidade de adquirir experiência em voos de longa distância, a iniciativa permitiria que no futuro fossem "nacionalizadas" as tripulações dos aviões comerciais de bandeira brasileira — até então, só estrangeiros operavam como pilotos, mecânicos e radiotelegrafistas dessas aeronaves. Mas Leite de Castro sabia que o primeiro passo para chegar lá era romper o "cilindro francês", e para isso a agitação na Escola de Aviação vinha a calhar. Convocou a seu gabinete o coronel Séguin e o colocou a par da situação. Na falta de argumentos para contestar a reivindicação dos brasileiros, Séguin cedeu: o "cilindro francês" seria sepultado semanas depois, no dia 21 de maio de 1931, com a publicação do ato do ministro da Guerra criando o Grupo Misto de Aviação, com sede no Campo dos Afonsos.

Para Casimiro Montenegro, a morte do "cilindro francês" ensejava a realização de sonhos tão antigos quanto ousados, entre os quais estava o da criação de um sistema de correio aéreo. Se conseguissem criar uma linha regular entre Rio e São Paulo, estaria dado o primeiro passo em direção à aventura maior, que seria avançar rumo aos então distantes Norte, Nordeste e Centro-Oeste brasileiros. Para muitos de seus superiores, porém, aquilo não passava de um devaneio de jovem. As distâncias continentais do Brasil e a falta de uma cultura epistolar entre os brasileiros — majoritariamente analfabetos, além do mais — reforçavam os argumentos dos que relutavam à ideia de criação do Correio Aéreo. O volume de correspondência trocado entre as duas maiores cidades do Brasil, São Paulo e Rio, era tão insignificante, diziam, que não justificava o altíssimo investimento representado pelo transporte aéreo. Colocada no *Cruzeiro do Sul*, o trem noturno que ligava as duas capitais, a mala postal estaria no destino na manhã seguinte. E em absoluta segurança, o que avião nenhum podia garantir. "Para levar duas cartas por dia", ironizavam os renitentes, "não precisa um avião, basta um pombo-correio."

Um pombo-correio podia sim, levar duas cartas, mas Montenegro queria mais do que isso. Seu projeto era muito mais ambicioso do que a criação de um carteiro alado. Ele sonhava com um Correio Aéreo que alcançasse os ermos do país onde o progresso ainda não pusera os pés. Se a unidade nacional era mesmo um dos pilares do ideário tenentista levado ao poder pela Revolução de 30, nenhuma instituição estava mais bem aparelhada que a Aviação Militar para colocar essa bandeira em prática. Por tudo isso, Montenegro sabia que não havia momento político mais propício para iniciar a conquista do Brasil pelos céus — convicção que o transformou num cruzado daquelas ideias entre seus companheiros de farda.

Para o comando do Grupo Misto de Aviação fora nomeado um velho parceiro de conspiração de Montenegro, o agora major Eduardo Gomes. Em justo reconhecimento à sua folha de serviços, em uma única semana Getúlio o promovera sucessivamente a capitão e a major. Durante as semanas em que permaneceu lotado no gabinete de Leite de Castro, logo após o triunfo da Revolução, Eduardo acabou por se tornar um defensor do projeto de Montenegro — e foi ele, na verdade, quem convenceu o ministro da Guerra a assinar o ato criando o Grupo. Os preparativos para o voo inaugural foram febris. Lutando contra todas as dificuldades, a primeira providência que Montenegro precisou tomar foi conseguir o elementar para um correio aéreo: aviões. Seu entusiasmo com o projeto contaminou o novo diretor da Escola, coronel Plínio Raulino de Oliveira, que concordou em ceder uma aeronave da já minguada frota pertencente à instituição. O escolhido foi um castigado Curtiss Fledgling de fuselagem vermelha e asas amarelas, um modelo em que os cilindros do motor, expostos fora da fuselagem, davam ao aparelho a aparência de um monstro — um avião tão feio que era conhecido como *Frankenstein*. E ninguém se surpreendeu quando se soube o nome do privilegiado que comandaria o primeiro voo. Eduardo Gomes tinha razões de sobra para escolher aquele cearense tímido, magro, de profundos olhos azuis e nome de poeta romântico. Apesar de sete anos mais jovem, Casimiro Montenegro fora seu instrutor de voo e quem o incentivara a trocar a arma da Artilharia pela Aviação. Além disso, era uma retribuição ao papel de Montenegro, identificado por todos como o maior defensor da criação do Correio Aéreo — apesar da relutância com que ele próprio, Eduardo, vira inicialmente a ideia. O jovem tenente recebera o convite com tal entusiasmo que não decorreram três semanas entre a publicação do ato criando o Grupo Misto e a decolagem do Curtiss Fledgling do Campo dos Afonsos.

Voar, naquela época, ainda significava enfrentar uma grande aventura. Montenegro nunca se esqueceria de uma brincadeira mórbida que os pilotos faziam ao final de uma jornada de voos de treinamento — contar quantos tinham voltado:

— Todo dia era a mesma coisa: um, dois, três, quatro, cinco, seis, sete, oito! Puxa vida! Voltaram os oito! Até que chegava o dia em que a contagem parava antes: um, dois, três, quatro, cinco, seis, sete... Faltou um! Era um dos nossos que havia morrido em algum acidente. Nesses dias nós deixávamos o Campo dos Afonsos abatidos e cabisbaixos.

Muitos daqueles rapazes que chegavam ali atraídos pelo sonho de voar jamais tinham sequer visto um avião. Era o caso de um dos grandes amigos de Montenegro, o tenente Roberto Julião Lemos, que encerraria a carreira carregando nos ombros as quatro estrelas de tenente-brigadeiro do ar. Amazonense de Manaus, ele desembarcara no Rio em 1922, aos doze anos, indo direto para o Colégio Militar. Como gostava de cavalos, já tinha decidido entrar para as Forças Armadas na Arma da Cavalaria. Até o dia em que um colega perguntou:

— Você já viu um avião?

Como aconteceria com a esmagadora maioria dos rapazes da época, a resposta foi não. Julião já tinha ouvido falar e visto fotografias em jornais, mas ver um avião de verdade, nunca vira. "Nem parado nem voando", arrematou. Pois então, disse o amigo, se ele estivesse disposto a andar a pé uma légua, distância que separava o Colégio Militar do Campo dos Afonsos, teria a oportunidade de conhecer não um, mas muitos, vários aviões. Após a caminhada os dois passaram a tarde agarrados à grade que cercava a pista, onde o nortista pôde ver não só os aviões, mas também "uns homens feios, com uns óculos enormes e estranhos capacetes de couro com umas abas cobrindo as orelhas — eu não sabia, aqueles eram os pilotos". Antes que o dia terminasse, a Cavalaria teria perdido mais um voluntário para a Aviação. Muitas décadas depois, aos 95 anos, o já brigadeiro Julião se lembraria com bom humor da romântica irresponsabilidade com que os jovens pilotos lidavam com o medo:

— Nós achávamos que teríamos vida curta. E que viveríamos no máximo até chegar a capitão, pois era certeza de que depois disso morreríamos de acidente de avião. Como os acidentes eram frequentes, nossos superiores recomendavam que não lêssemos jornais com notícias de desastres aéreos, para não ficarmos impressionados. O melhor a fazer nesses casos era não dar bola para o medo. Se acontecia um desastre, o remédio era pegar um avião, subir nele e sair voando. Nós tínhamos como certo que, mais dia menos dia, nosso fim seria trágico: morrer de queda de avião.

E foi nessa atmosfera de perigo e aventura que o velho e colorido Curtiss Fledgling decolou do Campo dos Afonsos, no Rio de Janeiro, à uma da tarde de uma sexta-feira, dia 12 de junho de 1931. Os dois militares que agora voavam sobre a Serra do Mar tinham sido apanhados em lados diferentes pela Revolução de 30. Montenegro passara um mês e meio atirando bombas e panfletos pró-Vargas sobre os quartéis mineiros. Já a família do observador de voo que o acompanhava, o também tenente Nelson Lavanère-Wanderley, de 22 anos, registrara um dos poucos óbitos da Revolução: no dia 4 de outubro seu pai, o general de brigada Alberto Lavanère-Wanderley, fora morto com um tiro no peito, disparado pelo tenente getulista Juracy Montenegro Magalhães, primo e amigo de Montenegro, que com Juarez Távora e Agildo Barata assaltavam o 22º Batalhão de Caçadores, sediado na capital da Paraíba. A tragédia familiar não afetou a estima que unia os dois e que duraria até o fim da vida. Terminada a refrega e com Vargas instalado no Palácio do Catete, Montenegro continuou dando instrução a Wanderley na Escola de Aviação Militar e fora ele quem escolhera o aluno para ser seu companheiro naquele voo.

A viagem transcorrera bem, sem imprevistos nem preocupações, até que o ar começou a ficar agitado. Os ventos de proa que açoitavam o avião desde a decolagem tinham provocado enorme atraso. Já eram quatro horas da tarde e minutos antes, ao reduzir a altitude do aparelho para trezentos metros e colocar a cabeça para fora da cabine, Montenegro lera a sílaba pintada em enormes letras brancas, sobre o telhado da estação ferroviária: "PI". Isso significava que eles tinham acabado de passar sobre a cidade de Pindamonhangaba, a meio caminho entre o Rio de Janeiro e São Paulo — sobrevoo que, pelos planos originais, deveria ter ocorrido mais de uma hora antes. Se alcançassem a pista do Campo de Marte, no centro de São Paulo, e conseguissem entregar no prédio dos Correios a única bagagem que transportavam — uma pasta de couro com duas cartas —, os dois tenentes já teriam assegurado a glória de tripular o primeiro voo de correio aéreo da nossa história.

O aviãozinho vencia com valentia as condições adversas, mas o voo parecia não ter fim. Apesar de ter feito um dia claro, os constantes ventos de frente e o ar agitado tinham obrigado o piloto a baixar a altitude do aparelho, o que reduzira também a velocidade de cruzeiro de 120 para apenas 80 km/h. Mesmo com um tanque adicional de gasolina, adaptado sobre a asa superior, a autonomia do avião estava chegando ao fim. Sem instrumentos e tendo como rota apenas um corredor imaginário que seguia o curso do rio Paraíba, entre a Serra do Mar e os trilhos da Central do Brasil, Montenegro e Wanderley sabiam que ao sobrevoar a cidade de Rio Grande da Serra, nas cercanias da capital paulista, era só embicar o aparelho no sentido Noroeste e seguir em linha reta rumo ao destino final. Depois de passarem sobre Ribeirão Pires, Mauá e São Caetano do Sul, eles entrariam em São Paulo pela Zona Sul, cortariam o centro da cidade e alcançariam o Campo de Marte sem a necessidade de muitas manobras. O problema é que a noite e a temperatura caíam muito depressa e na escuridão do horizonte ainda não havia nem vestígios das luzes da capital paulista. Nem era preciso termômetro para saber que naquela altitude a temperatura externa era de zero grau: o vento gelado parecia atravessar as luvas, o casaco e o capacete de couro, arroxeando a pele onde batia. O Fledgling era um biplace aberto e dentro de cada uma de suas duas minúsculas cabines, uma na frente da outra, cabiam apenas o corpo do piloto e o de seu observador. As cabeças deles ficavam para fora, expostas à temperatura e às condições atmosféricas em que o aparelho estivesse voando. Os últimos raios de sol já tinham sumido no horizonte quando Montenegro, tremendo de frio, aproximou o pulso esquerdo dos olhos para enxergar melhor o mostrador fosforescente do relógio: eram seis horas da tarde. Se não alcançassem São Paulo em poucos minutos, eles estariam decididamente em maus lençóis. Após sobrevoar São Caetano do Sul, Montenegro advertiu Wanderley, gritando com o rosto virado para trás:

— Já estamos sobre São Paulo e não dá para chegar ao Campo de Marte. Temos que pousar por aqui mesmo. Vou dar um rasante e você tenta achar uma avenida vazia ou um descampado qualquer para aterrissarmos. A correspondência tem que ser entregue antes das sete da noite.

Bastou uma leve curva para a esquerda: com o aparelho inclinado, Wanderley apontou o dedo para que Montenegro visse o lugar escolhido. Do alto aquilo parecia um grande campo de futebol vazio e de luzes apagadas, com arquibancadas só de um dos lados do gramado e nenhum obstáculo no lugar dos gols — nem mesmo as traves —, o que facilitaria a aproximação para o pouso. Por sorte, não havia também nenhum edifício por perto. Montenegro fez o aparelho dar uma volta larga no céu escuro, apontou o nariz dele na direção da pista improvisada e começou a baixar os flapes. As três rodinhas do Curtiss Fledgling passaram raspando no telhado do casario da rua Bresser e segundos depois tocaram suavemente a grama úmida do que, agora dava para ver, parecia ser o miolo de uma pista de corridas de cavalos. O enorme oval gramado e cercado por uma raia de areia era

Dia 12 de junho de 1931: Montenegro, no primeiro cockpit, e Lemos Cunha, no de trás, decolam do Campo dos Afonsos, no Rio de Janeiro, e levam o Frankenstein, um Curtiss Fledgling vermelho e amarelo, até São Paulo, mas não conseguem localizar o Campo de Marte (abaixo) e acabam pousando no meio do Jóquei Clube. Estava criado o Correio Aéreo Nacional (CAN).

o hipódromo da Mooca, onde funcionava também o Jóquei Clube de São Paulo. Para sorte dos pilotos, não havia páreos às sextas-feiras. O aparelho rolou pela pista, passou diante das arquibancadas desertas e finalmente parou. Com o motor cortado, Montenegro e Wanderley saltaram rapidamente de suas cabines e pegaram a pequena pasta com a correspondência. Só então perceberam que estavam às escuras, em um lugar cercado por altas grades de ferro, portões trancados e, aparentemente, sem ninguém que os abrisse. Alguns moradores da vizinhança se aglomeravam na rua, atraídos pelo barulho do avião, e olhavam espantados para a presença inusitada daqueles dois jovens fardados, de luvas, óculos na testa e capacete de couro que chacoalhavam o alambrado, pedindo ajuda:

— Abram esse portão! Por favor, alguém abra esse portão!

Não era aquela a plateia que os pilotos esperavam, mas o principal objetivo — chegar a São Paulo com as cartas — tinha sido atingido. Como não surgisse ninguém para socorrê-los, os dois puseram-se a escalar a cerca de arame. Já na rua correram em direção ao primeiro táxi que passava por ali e mandaram tocar para o prédio dos Correios, na avenida São João, cujas portas fechavam às sete da noite. Só quando o veículo chegou ao Vale do Anhangabaú é que Montenegro e Wanderley descobriram que tinha sido preparada, sim, uma festiva recepção para eles. Uma multidão de milhares de pessoas tomava as imediações do suntuoso edifício dos Correios, animada por uma ruidosa banda de música. Diante da glacial indiferença dos populares à sua chegada, ao pagarem o táxi e pisarem na calçada os dois perceberam que a festa não era para eles. Aquele povaréu estava indo para o Theatro Municipal, a poucas dezenas de metros, onde o general Isidoro Dias Lopes, líder da revolução de 1924, estava sendo homenageado por seu 66º aniversário. Não fazia mal: antes que o relógio do saguão dos Correios batesse as sete horas da noite, a pasta com as duas cartas tinha sido entregue. Montenegro e Wanderley partiram para o elegante Hotel Esplanada — ali mesmo, ao lado do Municipal — para celebrar o feito. O Brasil acabara de criar, de fato, o seu Correio Aéreo Nacional (CAN).

3 Banda de música e chuva de papel picado: são os novos heróis que chegam dos céus

Em 1931 os moradores de Leopoldo de Bulhões, esquecido povoado goiano a vinte léguas do matagal onde, tempos depois, seria erigida a nova capital brasileira, nunca haviam colocado os olhos em um avião. Até mesmo o trem era uma novidade para eles, pois os trilhos estreitos e sinuosos da Estrada de Ferro Goyaz só haviam chegado ali três anos antes, quando o lugar ainda se chamava Pindaibinha. A ferrovia chegara e por ali parara. Foi com justificado terror, portanto, que os pacatos leopoldenses viram despencar dos céus aquela descomunal engenhoca pintada de cinza que fazia mais barulho que mil motores de locomotiva. Era um Curtiss Fledgling como o do primeiro voo e também pilotado por Montenegro, que tentara fazer um pouso de emergência mas terminaria se estatelando sobre o córrego Pindaíba, fio d'água que margeava o povoado e fonte de inspiração para o nome original do lugar. Quando viram Montenegro sair todo paramentado de dentro do aparelho acidentado, de macacão, óculos de segurança na testa, japona, luvas e capacete de couro com as abas caindo sobre as orelhas, o espanto foi ainda maior.

Já Montenegro não parecia tão assustado. Primeiro porque Leopoldo de Bulhões não era um lugar estranho para ele, que passara alguns dias ali, meses antes, durante a expedição precursora por terra. E também porque, afinal, aquele não era o primeiro — nem seria o último — acidente aéreo que ele experimentara na vida. Foi numa dessas aterrissagens forçadas que Montenegro feriu a boca, o que o levaria a usar bigode para esconder uma cicatriz no lábio. Pousos de emergência e panes mecânicas faziam parte da rotina nesses primeiros tempos da aviação militar, em que eram comuns, por exemplo, notícias de aterragens sobre campos de várzea, bem no meio de uma partida de futebol, ou de algum Curtiss Fledgling atropelando vacas no pasto. Naquela mesma viagem, o *Frankenstein* de Montenegro faria pelo menos mais uma aterrissagem forçada, antes de chegar ao destino final da aventura, a cidade de Goiás Velho, então capital do estado de Goiás (Goiânia só seria inaugurada em 1937, cinco anos depois).

Coubera a ele, em meados de outubro de 1931, a missão de realizar os voos experimentais antes da abertura oficial da primeira rota de longo curso do Correio Aéreo Nacional, após a consolidação do trecho Rio-São Paulo, que ele mesmo inaugurara, quatro meses antes, ao lado de Lavanère-Wanderley. Os 1200 quilômetros que separam o Rio de Janeiro de Goiás Velho foram percorridos inicialmente por terra. Por determinação do major Eduardo Gomes, seu superior, Montenegro comprara inicialmente uma passagem para São Paulo, pelo expresso *Cruzeiro do Sul*. Da capital paulista ele continuou numa maria-fumaça rumo a Ribeirão Preto, passou por Uberaba, Uberlândia e Araguari, no Triângulo Mineiro, entrou em Goiás por Ipameri e parou em Leopoldo Bulhões, literalmente o fim da linha do trem. "Perguntei a meus superiores até onde deveria ir", contaria ele muito tempo depois, "e responderam-me que eu poderia ir até onde conseguisse chegar." Mas a partir dali a coisa complicava. Os trilhos da estrada de ferro terminavam na antiga Pindaibinha e ainda faltavam quinhentos quilômetros até o final. Para percorrê-los Montenegro teve que se socorrer de uma carona em um carro do Departamento de Correios e Telégrafos. Como fazia da janela do trem, foi tomando nota das raras construções e dos acidentes geográficos que encontrava pelo caminho — uma igreja, a bifurcação de uma estrada, um rio, um curral, uma lagoa, uma serra. Esses pontos é que seriam as referências para orientar e balizar a viagem que poucas semanas depois ele realizaria no mesmo trajeto, só que pelo ar. Vencido o cerrado goiano ele conseguiu chegar à histórica e colonial Goiás Velho.

No meio do caminho, em pontos considerados estratégicos para servir de bases à futura rota aérea, Montenegro descia do vagão e corria para bater à porta da prefeitura local. A parte mais importante da missão consistia em persuadir os prefeitos a comprarem a ideia do Correio Aéreo e, com isso, financiarem a construção de pistas de pouso em suas cidades. O mais difícil era convencer o incrédulo prefeito de que ele, Montenegro, não era um vigarista nem louco — aquela história aparentemente biruta de aviões cortando os céus para levar cartas de um lado para outro era verdade. Na maior parte das vezes, a tarefa era duplamente difícil, pois incluía a visita aos fazendeiros em cujas propriedades estivessem localizadas as áreas identificadas como mais propícias para o sobe e desce dos aviõezinhos que conduziriam os malotes postais.

Mesmo vencidas as incredulidades iniciais, foi preciso ainda muita lábia para convencer os prefeitos de que este e não aquele local era, tecnicamente, o mais adequado para se construir a pista no município. Com frequência os interesses eleitorais dos prefeitos ameaçavam se sobrepor aos argumentos técnicos de Montenegro, que precisava recorrer a doses extras de diplomacia para contornar a situação. Com jeito, ele explicava que era preciso levar-se em conta, entre outros fatores determinantes, as correntes aéreas, as montanhas que porventura existissem na região e as características topográficas e geológicas do terreno. Se dependesse apenas deles, os políticos prefeririam que as pistas fossem construídas em local de grande visibilidade pública — ao lado da igreja, por exemplo, ou nas proximidades do paço municipal —, pois já imaginavam que numa terra isolada do mundo, sem cinema e sem teatro, a chegada dos aviões logo se transformaria no principal atrativo da população. Mas não podia ser assim, explicava um paciente Montenegro. Uma pista de pouso tinha que ser longa, muito longa, esclarecia. A medida padrão para pistas de pouso de aviões do porte dos usados na época, no Brasil, era de quatrocentos metros de comprimento por cem de largura, sendo que o eixo maior deveria ser orientado no sentido dos ventos dominantes. Ao ouvir isso, invariavelmente, os prefeitos saltavam da cadeira. Mas eram obrigados, mais uma vez, a ouvir um arrazoado de explicações técnicas da parte de Montenegro, que acabava vencendo-os pelo cansaço. De qualquer forma, fechado o acordo e passadas por escrito as instruções para o levantamento topográfico e a construção da pista, Montenegro voltava à estação, pegava o próximo trem e rumava para o ponto seguinte. Nem sempre, porém, depois de partir, o acertado com o mandachuva local era cumprido à risca. Por mais de uma vez, pilotos do Correio Aéreo seriam surpreendidos, nas aterrissagens, com campos de pouso bem menores do que o planejado, o que os forçava a descer com o avião na diagonal, para aproveitar melhor cada metro disponível da pequena área desmatada.

Os primeiros pousos do Correio transformavam as cidadezinhas. No chão havia sempre uma banda de música e chuva de papel picado para receber a novidade. Os pilotos eram tratados como celebridades e ganhavam manchetes dos jornaizinhos locais por onde passavam. O entusiasmo era justificado. Naquele tempo uma viagem por terra entre o Rio de Janeiro e Goiás Velho não era feita em menos de cinco dias. De avião, bastariam onze horas de voo ininterrupto. Contudo, como eram necessárias no mínimo duas paradas para reabastecimento e para manutenção da aeronave, estipulou-se que a nova rota seria feita, sem atropelos, em um tempo regulamentar de 48 horas. Uberaba, em Minas, e Ipameri, em Goiás, foram escolhidas como pontos para reabastecimento de combustível. Araguari, localizada mais ou menos no meio do caminho entre as duas, foi eleita como local de pernoite para os pilotos. Até então, a correspondência trocada entre um carioca e um goiano demorava, entre a postagem e o recebimento, cerca de quatro longas semanas. Com a chegada do Correio Aéreo, a partir dali, seria possível deixar uma carta no balcão do correio de Goiás Velho e receber a resposta, vinda do Distrito Federal, em menos de cinco dias úteis.

Isso virou realidade logo, em 19 de outubro de 1931, quando a bordo do Curtiss K-272 os tenentes Joelmir de Araripe Macedo e Nelson Lavanère-Wanderley levaram o primeiro malote postal aéreo da "Rota de Goiás". Como não era aconselhável confiar cegamente na bússola de bordo — e como não havia mapas suficientemente precisos para orientar a missão —, os dois guiavam-se pelo traçado da estrada de ferro que serpenteava lá embaixo. Era uma forma peculiar de orientação, que se tornaria comum em todas as rotas posteriores e que os pilotos do Correio Aéreo logo apelidariam, com bom humor, de "navegação ferrodrômica". Além disso, havia outro recurso de localização aérea, que os aviadores também batizaram, com idêntico espírito, de "olhômetro": no teto das estações ferroviárias, Montenegro mandara pintar um círculo caiado, no interior do qual se lia a distância daquele ponto, expressa em quilômetros, até a próxima pista de pouso. Ao lado do círculo, uma seta indicava a direção da rota e liam-se as duas letras iniciais do nome da cidade, pintadas em dimensões garrafais — como o "PI" de Pindamonhangaba que Montenegro vira no primeiro voo do Correio. Como expediente adicional para evitar que os aviões errassem o caminho, os pilotos logo improvisariam cartas de navegação e croquis rabiscados a lápis, nos quais lançavam mão de uma terminologia geográfica à parte, rebatizando, ao sabor da própria criatividade, os locais que sobrevoavam ao longo do caminho: "Ferro de Engomar", "Forquilha", "Rio Seco", "Bosque dos Eucaliptos", "Fazenda do Pinheiro Isolado".

Na volta da viagem inaugural, o avião conduzido por Araripe e Wanderley acidentou-se ao decolar do campo de Leopoldo Bulhões, sem maiores consequências para os dois tripulantes. Em pouco tempo os leopoldenses já nem se assombravam mais com aquelas máquinas voadoras espatifando-se em seus quintais. A essa altura o Correio Aéreo já era uma realidade. A rota entre Rio de Janeiro e São Paulo passara a manter três voos semanais, com horários religiosamente estabelecidos, ao ponto de muita gente acertar os relógios pela passagem dos aviões sobre suas casas. Até compromissos eram agendados para "antes ou depois do barulho do avião do Correio". A pontualidade era, aliás, um dos orgulhos dos pilotos do Correio Aéreo. Outra virtude decantada em prosa e verso era o trabalho de integração nacional sem precedentes que estavam pondo em prática no país. "Uma obra de patriotismo digna dos maiores louvores", definiu o jornal *Correio da Manhã*, na edição de 28 de janeiro de 1932, ao saudar aqueles que frequentemente eram chamados de "bandeirantes dos céus".

Naquele mesmo ano de 1932, duas novas rotas seriam inauguradas, uma ligando o Distrito Federal ao Mato Grosso e a outra do Rio até o Paraná. Na primeira, as escalas foram estabelecidas em São Paulo, Bauru, Penápolis, Três Lagoas e Campo Grande. Na segunda, os aviões escalavam em São Paulo e nos campos de pouso construídos nas cidades de Sorocaba, Itapetininga, Faxina e Ponta Grossa. Na ponta do lápis, o Correio Aéreo atingira um total de 3630 quilômetros de extensão. Responsável pelo trabalho de idealização e prospecção das novas linhas, Montenegro passou a ser conhecido pelos colegas como o "semeador de rotas", naquela época que ficaria para a história da Força Aérea como a era do "Arco e Flecha", por causa da precariedade e do primitivismo das técnicas de pilotagem de então. E, já que os aviadores gostavam tanto de apelidos, estava mais do que na hora de rebatizar os velhos Curtiss Fledgling com um nome mais adequado à nova e nobre função: em vez de *Frankenstein*, passaram a tratá-los, carinhosamente, por *Vira-Mundo*.

Em pouco tempo, além de carregar cartas, as asas desbravadoras do Correio Aéreo Nacional passaram também a transportar solidariedade. O contato frequente dos pilotos com os moradores das pequenas cidades do sertão brasileiro fez surgir, mais do que a inevitável e crescente intimidade, um sentimento de cumplicidade entre os dois lados, embora fossem eles pessoas de mundos tão opostos. Junto com os malotes postais, os aviadores levavam encomendas para lá e para cá, atendendo a pedidos de parentes e amigos separados havia tempos por léguas de distância: peças de chita, ferramentas agrícolas, doces, brinquedos, estojos de pó de arroz, fotografias, alimentos, roupas, documentos, livros, recibos de depósitos bancários e, às vezes, até mesmo dinheiro vivo. Os que haviam apostado no fracasso do CAN espalhavam a intriga de que, no meio de tudo isso, os pilotos logo também passaram a transportar contrabando, calúnia que era negada com veemência e indignação por todos eles. Ao contrário, os homens do Correio Aéreo eram frequentemente requisitados para transportar doentes e feridos de uma cidade pequena para onde houvesse um hospital e levar vacinas, soros e remédios para debelar epidemias em lugarejos sem qualquer outro tipo de assistência médica ou sanitária. E não eram poucas as histórias de mulheres prestes a dar à luz, vítimas de gravidez complicada ou com perspectiva de partos de risco, conduzidas nos aviões do CAN para maternidades localizadas às vezes a centenas de quilômetros de seus locais de origem. Lá iam elas, a barriga de nove meses encaixada a muito custo nos pequenos cockpits do *Vira-Mundo* transformado em cegonha.

O próprio Casimiro Montenegro foi protagonista de várias dessas operações de socorro, salvando a vida de muita gente simples. Mas também foi responsável por livrar um milionário da morte. Em 1934 ele recebeu um telefonema da parte do empresário Lineu de Paula Machado, que estava em sua fazenda de Botucatu, no interior de São Paulo, às voltas com uma grave crise de apendicite supurada — mazela fatal que pode contaminar toda a cavidade abdominal, produzir infecção generalizada e matar o doente em questão de horas. Não daria tempo para colocar o homem, contorcendo-se em dores, em um trem e despachá-lo para São Paulo. Lineu de Paula Machado era um dos fundadores do Jóquei Clube do Rio de Janeiro e seu casamento com Celina Guinle daria origem à estirpe dos Guinle de Paula Machado, família que viria a ser dona de uma fortuna incalculável que incluía o luxuoso Hotel Copacabana Palace, o imóvel onde depois funcionaria o Palácio das Laranjeiras, no Rio, e o Banco Boavista. Criador de cavalos de corrida, Lineu dividia a paixão pelos puros-sangues com idêntico entusiasmo pela aviação, tendo inclusive fundado alguns dos primeiros aeroclubes brasileiros.

Em Goiás, Montenegro aguarda o abastecimento de seu avião.

Montenegro (de braços cruzados), em Minas: uma cena comum nos pousos do CAN. Filas de mulheres para ver de perto os heróis que vinham do céu.

Por isso mesmo, Montenegro, ao telefone, perguntou ao interlocutor do outro lado da linha se a fazenda tinha pista de pouso. Não, não tinha.

— Mas tem alfafal? — indagou, lembrando-se dos cavalos de raça do empresário.

O intermediário não sabia o que era um alfafal. Montenegro insistiu:

— Alfafal, o campo onde vocês devem plantar alfafa para alimentar os animais.

Ah, campo de alfafa é claro que tinha. Pois Montenegro, por telefone, orientou o capataz da fazenda a transformar, em poucos minutos, um pedaço de um alfafal em pista de pouso. Quando levantou voo do Campo de Marte com um Waco cso — aparelho integrado à frota do Correio Aéreo a partir de 1932 —, os empregados de Lineu de Paula Machado ainda tentavam dar conta do serviço. Montenegro sobrevoou a fazenda e desceu do jeito que dava na pista improvisada. Correu para a sede da fazenda e colocou no cockpit traseiro do aviãozinho o milionário que urrava de dor. Decolaram imediatamente em direção ao Rio de Janeiro, onde chegaram ao hospital a tempo de Lineu ser submetido à cirurgia salvadora. Ele e Montenegro tornaram-se amigos para o resto da vida. E a partir de então Montenegro passaria a usar sempre no pulso esquerdo o presente que Paula Machado lhe dera: um relógio Longines de ouro, idêntico ao usado pelo piloto norte-americano Charles Lindberg, autor do primeiro voo sobre o Atlântico Norte. Por obra do destino, depois de ter a vida salva por um avião, o empresário Lineu de Paula Machado morreria em um acidente aéreo. Em setembro de 1942 o avião da Panair do Brasil em que ele fazia o voo Rio-Porto Alegre caiu nas proximidades da represa Billings, no município de Santo André, vizinho da capital paulista, vitimando os onze passageiros e quatro tripulantes.

O socorro ao empresário funcionou como publicidade adicional e ajudou a propagar ainda mais a boa imagem de que o Correio Aéreo Nacional passara a desfrutar junto à população. Montenegro sabia que, de aventura em aventura, o CAN estava atingindo o triplo objetivo a que se propusera: de uma só vez, fortalecia os laços de integração do país ligando o Rio de Janeiro aos mais distantes e isolados rincões, incentivava a construção de dezenas de campos de aviação espalhados pelo território nacional e, por fim, fazia com que os aviadores militares adquirissem experiência em voos de longa duração pelo interior do Brasil. Expostos às mais diversas e rigorosas condições de clima e temperatura, obrigados a aterragens forçadas em campos improvisados, os pilotos eram submetidos no dia a dia a um treinamento exemplar. Após algumas semanas de trabalho no Correio Aéreo, qualquer aviador estava apto a enfrentar a mais difícil das situações com que porventura viesse a se deparar, dali por diante, em sua carreira militar.

Para garantir a segurança dos pilotos que conduziam, na unha, tanto o *Vira-Mundo* como os demais aparelhos do CAN, havia sempre uma exímia turma de terra pronta a entrar em ação em qualquer circunstância de emergência. As equipes de socorro, também exaustivamente treinadas em situações de alto risco, não hesitavam em entranhar-se no sertão ou na mata adentro, se preciso desbravando charcos, enfrentando pântanos, indígenas e animais selvagens, escalando paredões de pedra ou mergulhando em lagos, rios e riachos para resgatar aviões acidentados ou para localizar colegas perdidos na selva. A aura romântica que envolvia os pioneiros da aviação brasileira era temperada por treinamento intensivo, que ajudava a alimentar também, na alma daqueles quixotes aéreos, a imagem da virilidade típica da vida na caserna.

Pairando sobre todos eles, sem distinção de qualquer natureza, a sombra da morte acompanhava cada voo. Ao colocar em cockpits vizinhos oficiais de patentes diferentes, mas que se nivelavam como seres humanos diante do mesmo perigo iminente, o fantasma da morte era considerado por alguns pilotos — incluindo-se aí Montenegro — a pedra de toque que distinguiria a Aeronáutica das outras duas Armas. A hierarquia, valor absoluto no Exército e na Marinha, seria atenuada, na Aeronáutica, segundo esse ponto de vista, por uma ligação forjada no dia a dia dos voos sem garantia de volta e dos inevitáveis acidentes de percurso. Nas missões pioneiras do Correio Aéreo, gostava de sublinhar Montenegro, capitão e tenente dividiam um único quarto de hotel e, na hora do rancho, repartiam a mesma mesa — às vezes o mesmo prato e a mesma caneca enferrujada — nas espeluncas em que eram obrigados a se hospedar no interior do Brasil. Ademais, se o avião se esborrachasse no chão, não importava o número de estrelas que um ou outro tripulante carregasse sobre os ombros da farda. A tragédia se abateria sobre ambos, indiscriminada e democraticamente. O brigadeiro Julião, que perderia um irmão em acidente aéreo, lembra-se bem da fraternidade gerada pela proximidade da morte:

— Lá em cima não tem brigadeiro, não tem major, tenente, nem sargento. A morte não escolhe o mais antigo ou o menos graduado. A presença constante da morte nutria entre nós uma camaradagem diferente da existente no Exército, por exemplo. A gente que é oficial trata o sargento como um camarada, pois é ele que cuida do motor. Está todo mundo no mesmo barco, ou melhor, no mesmo avião. Se ele cair, morre todo mundo junto, independentemente da hierarquia.

Os acidentes eram tantos que a criatividade e a improvisação passariam a ser outra marca registrada do recém-criado Correio Aéreo. Quando, por exemplo, ao meio de um voo, rasgava-se a lona das asas de um dos aviões, o remédio era encontrar uma clareira, descer o mais rápido possível, bater perna na estrada — se houvesse estrada — e providenciar um remendo de emergência na primeira bodega ou armarinho que encontrasse pela frente. Sim, porque bastava fazer uma goma de farinha de trigo e restaurar a asa, com a ajuda de alguns retalhos de tecido. Na emergência podia até ser o trapo de um velho vestido de chita cedido pela mulher do dono da bodega. Isso mesmo: a mesma gororoba de farinha que a meninada usava para fazer pipas e colar gomos de balões nas festas de São João era exatamente a "solda" que Montenegro e seus companheiros do Correio Aéreo usavam, numa emergência, para reparar as asas rasgadas de seus aviões.

E assim, entre um susto e outro, entre uma queda hoje e uma

nova rota aberta amanhã, o Correio Aéreo Nacional foi ampliando seu raio de ação. Depois da "conquista do Oeste", por meio das rotas de Goiás e do Mato Grosso, o objetivo passou a ser alcançar as principais cidades da região Nordeste. Dessa vez, Montenegro, o "semeador de rotas", contaria com a ajuda de um conterrâneo, o tenente cearense José Sampaio de Macedo, lembrado nos livros de história do CAN como o "Sertanejo da Aeronáutica". Para seus colegas de farda, ele era simplesmente o "Sertanejo". Futuro comandante da Base Aérea de Fortaleza, Macedo foi chamado a São Paulo por Montenegro, que lhe expôs a ousadia do plano a ser posto em ação: ligar, pelos céus, o Rio de Janeiro à capital do Ceará. Dessa vez a habitual viagem de reconhecimento por terra, a fim de convencer prefeitos e localizar as prováveis bases de apoio, seria dividida em duas metades. Montenegro sairia do Rio, de trem, rumo ao Norte. Cruzaria Minas Gerais e, depois, margeando o rio São Francisco, subiria até Carinhanha, na fronteira mineira com a Bahia. O "Sertanejo" Macedo faria o caminho inverso: sairia de Fortaleza e, rumo ao Sul, atravessaria o Ceará, Pernambuco e quase todo o território baiano até chegar ao local alcançado por Montenegro. Unidas as duas pontas, a chamada "Rota do São Francisco", ou "Rota do Velho Chico", teria o total de 2500 quilômetros. A viagem por terra e os estudos e levantamento do terreno, que incluíram o mapeamento e a demarcação de dezesseis campos de pouso (sem contar as muitas bases alternativas para os casos de panes ou de mau tempo), consumiram três meses de trabalho. Ao final Montenegro cedeu ao velho amigo Lavanère-Wanderley a primazia de dividir com José Sampaio de Macedo a viagem inaugural da rota, realizada em 15 de fevereiro de 1933 a bordo do Waco cso21. O avião saiu do Rio de Janeiro e chegou a Fortaleza dois dias depois, com escalas em Belo Horizonte, Pirapora, Rio Branco, Barra do Rio Grande e Bom Jesus da Lapa. Daí por diante, Wanderley e Macedo viajaram com o sol abrasador da caatinga assando os capacetes de couro sob os céus dos sertões de Xiquexique, Remanso, Juazeiro, Petrolina, Crato, Juazeiro do Norte, Iguatu e Qui-

Os homens do Correio Aéreo Nacional não faziam distinção de classe: tanto podiam socorrer indígenas no meio da selva (à dir., Montenegro e a indígena Djacuí), como salvar a vida de milionários. Abaixo, assinalados, Montenegro e o empresário Lineu de Paula Machado, levado às pressas do interior de São Paulo ao Rio para uma operação de apêndice.

xadá, onde haviam sido instalados os demais pontos de apoio oficiais da rota.

A história do Correio Aéreo Nacional ainda estava apenas começando. Dois anos depois, em 1935, viria a rota amazônica para Belém e no ano seguinte seria estabelecida uma rota internacional até Assunção, no Paraguai. Os dados oficiais da época indicam que, em oito anos de existência, entre 1931 e 1939, os aviões do CAN percorreram 7 870 689 quilômetros (o equivalente a mais de duzentas voltas em torno da Terra) transportando mais de 2 mil toneladas de correspondência. Nesse período os aviadores do CAN perfizeram quase 5 milhões de horas voadas — passados mais de setenta anos desses feitos, um piloto de jato internacional em final de carreira precisaria renascer 250 vezes para superar tal façanha. Apesar de números tão extraordinários, para Montenegro havia uma particularidade na criação das linhas para o Nordeste que o enchia de orgulho: nas asas do Correio Aéreo, a partir de 1933, uma carta de Fortaleza para o Rio de Janeiro, ou vice-versa, passara a chegar às mãos do destinatário em menos de 48 horas. Isso seria algo inimaginável dez anos antes, em 1923, quando um jovem e determinado Montenegro despediu-se da família, no Ceará, com poucas mudas de roupa na mala e no bolso uma passagem de segunda classe. A penosa viagem de vapor de Fortaleza ao Rio levou nove dias. Contra a vontade do pai, que o queria bacharel para continuar o futuro político da família, Montenegro decidira ir à capital do país para ser piloto de avião. O pai quase o deserdou. O resto da parentada fez troça: o moço Mimiro deveria ter um parafuso a menos na cabeça. Naquele tempo, sair do Ceará dizendo que ia ser piloto de avião no Rio de Janeiro era o mesmo que alguém dizer, hoje em dia, que vai à Lua pegar um foguete para ser astronauta em Saturno.

4 Da janela Mimiro vê a tropa da Cavalaria atacando crianças: era o Ceará pegando fogo

Se o sonho de quase todo menino cearense daquele tempo era ter um cavalo, o de Montenegro era pilotar um avião. E, enquanto seus colegas de escola diziam que, quando crescessem, seriam padres, advogados ou médicos, o pequeno "Mimiro" — como era chamado pelos de casa — batia o pé e afirmava que um dia seria aviador. Fora aquela mania esquisita de querer voar, era uma criança igual às outras de sua idade. Décimo filho de Casimiro Ribeiro Brasil Montenegro — tratado por todos como "dr. Casimiro" —, um próspero comerciante que se tornara deputado e chefe político local, o menino chamava atenção mesmo era pelo par de olhos azuis. Aquilo, diziam, era herança dos antepassados originários de uma região ao norte da Albânia — hoje República de Montenegro —, de onde haviam saído no início do século XII e se espalhado pela Europa, especialmente Itália, Espanha e Portugal, antes de chegarem nas primeiras naus que aportaram no Brasil. O pai de Mimiro orgulhava-se dessa tradição familiar, em cuja genealogia constava uma galeria de Montenegros ilustres, incluindo um inquisidor espanhol, um sem-número de aristocratas italianos e até mesmo um papa, Pietro Montenegro, que o ramo brasileiro jura ter sido escolhido chefe supremo da Igreja católica em 1437. Embora os registros do Vaticano não façam menção à existência de algum papa Pietro Montenegro, o dr. Casimiro não cansava de evocar o ancestral como prova da atávica religiosidade dos Montenegro, uma linhagem tão devota quanto nobre, como atestaria o brasão familiar dourado de bordas rubras emoldurando a figura de dois lobos vermelhos — representando a perseverança — junto a um pé de cedro, símbolo da estabilidade e da permanência.

O dr. Casimiro fazia questão de passar adiante a decantada tradição religiosa que havia séculos acompanhava o clã. E punha nisso tamanha dedicação que um de seus muitos netos, José Maria Montenegro, mesmo várias décadas depois do ocorrido, jurava ainda sentir as dores dos muitos cascudos que levou do avô, numa Sexta--Feira da Paixão, quando resolveu colocar cabresto em um jumento para dar um passeio pelas ruas de Fortaleza, como fazia costumeiramente todas as manhãs. Para o dr. Casimiro, em dia santo até encabrestar jumento era pecado. Foi debaixo dessa rígida disciplina que criou aquele amontoado de filhos, dezesseis ao todo, dez rebentos do primeiro casamento, com a prima Maria Emília Pio Brasil, e mais cinco do segundo matrimônio, com Lilith Nunes Melo. Casamentos entre parentes, aliás, sempre foram algo corriqueiro entre os Montenegro. Inúmeros casos de tios casados com sobrinhas e de sobrinhos com tias, ao longo de várias gerações de uniões consanguíneas, produziram uma intrincada relação de parentesco, na qual alguns irmãos de sangue chegavam a ser cunhados entre si.

Dos dezesseis filhos do dr. Casimiro, dois receberiam o nome dele — o segundo mais velho, José Casimiro Brasil Montenegro, apelidado desde menino de "Yoyô", e Casimiro Montenegro Filho, o Mimiro. Dava-se assim continuidade a uma longa tradição de Casimiros na família, inaugurada ainda do outro lado do Atlântico, com o religioso dominicano Antônio Casimiro Montenegro, membro da Santa Inquisição espanhola, no século XVIII. O pequeno Mimiro, nascido no dia 29 de outubro de 1904, ainda não tinha idade suficiente para se dar conta do peso ancestral que carregava no próprio nome. Um dos dois últimos frutos do primeiro casamento do pai, sua maior preocupação era mesmo maquinar travessuras o dia inteiro com os irmãos. Uma de suas molecagens prediletas era esconder--se dentro do guarda-roupa das irmãs mais velhas, Maria Esther

(Etinha) e Raquel (Nenê). Passava horas ali, esperando pacientemente o momento em que elas fossem ao quarto trocar de roupa. Quando Etinha ou Nenê abriam o armário, ele surgia berrando em meio àquele mundaréu de vestidos e anáguas brancas, quase matando as meninas de susto. Mais tarde, as duas não cansariam de relembrar tal história, sempre provocando risos gerais nos encontros e almoços domingueiros dos Montenegro. Outra brincadeira com que Mimiro costumava atormentar as irmãs era, antes de deitar, amarrar com barbante as alças dos urinóis que ficavam debaixo das camas. À meia-noite, quando o relógio da sala começava a soar as doze badaladas, ele aterrorizava a família puxando os cordões e fazendo os penicos passearem misteriosamente pelos aposentos, como se estivessem sendo movidos por fantasmas.

Mas nem só envolta em molecagens transcorreria a infância de Montenegro. Aos oito anos de idade ele assistiu da janela de casa a um dos acontecimentos que mais marcariam suas recordações de menino. No dia 21 de janeiro de 1912, um bando de seiscentos garotos iguais a ele, com faixas e estandartes na mão, tomou conta das ruas de Fortaleza. Era a Passeata das Crianças, uma das muitas manifestações populares organizadas pelos partidários do tenente-coronel Franco Rabelo, candidato a governador do Ceará naquele ano, em oposição à oligarquia comandada por Antônio Pinto Nogueira Accioly, no poder havia duas décadas e sem dar sinais de que pretendia abdicar tão cedo de seu monopólio político. A candidatura de Franco Rabelo fazia parte de uma engrenagem maior, a chamada Política das Salvações, orquestrada pelos militares que davam sustentação armada ao então presidente da República, marechal Hermes da Fonseca. Críticos ferozes das oligarquias regionais que dominavam o cenário político nacional, os quartéis passaram a desfraldar a bandeira da moralidade pública e a denunciar os desmandos administrativos que grassavam Brasil afora. Por esse motivo, pressionaram Hermes da Fonseca a fazer uma faxina completa nos feudos que comandavam as províncias. Era preciso, argumentavam, salvar a

Casimiro Ribeiro Brasil Montenegro e Maria Emília, pais de Montenegro. O "dr. Casimiro", como gostava de ser chamado, foi o último intendente e o primeiro prefeito de Fortaleza; orgulhava-se de ter ajudado "a aformosear" a capital cearense em sua belle époque: jardins, teatros e bulevares.

pátria que estava sendo depravada pelo nepotismo e pela corrupção. A desinfecção política começaria com a substituição, de armas na mão, se fosse preciso, dos oligarcas regionais por governantes de farda.

O governador do Ceará, Nogueira Accioly, era a mais perfeita encarnação do estereótipo do oligarca denunciado pelos "salvacionistas". Alvo de inúmeras denúncias, tratava os adversários de porrete na mão. Não hesitava em mandar empastelar jornais, deportar inimigos, dar surras em desafetos ou simplesmente encomendar a morte de opositores. Até ali, as duas primeiras passeatas pró Franco Rabelo, candidato apoiado pelo presidente Hermes da Fonseca, haviam sido ruidosamente reprimidas pela polícia local. Inclusive a segunda, promovida pela Liga Feminina Pró-Ceará Livre, que foi dispersada a tiros e sob a investida maciça da cavalaria. Ao final da correria e dos atropelos que se seguiram, restou o saldo de dezenas de moças e senhoras feridas a bala ou pisoteadas pelas patas dos cavalos da soldadesca. Apesar de toda essa violência, ninguém ousaria crer que ele pudesse fazer algo semelhante contra crianças que cantavam hinos cívicos e agitavam bandeirinhas com o nome de Franco Rabelo. Pois foi o que aconteceu. Accioly mandou a polícia entrar novamente em ação e em poucos minutos aquele mar de meninos se viu sob fogo cerrado e sob a fúria dos cascos da cavalaria. No meio da confusão, uma imagem antológica ajudaria a derrubar a oligarquia: a menina Odele de Paula Pessoa, pequena porta-estandarte da Liga Feminina, permaneceu imóvel, hirta de terror, enquanto o tropel dos cavalos e o estouro das balas perdidas pipocavam a seu redor. A foto de uma empertigada Odele empunhando a bandeira em defesa da candidatura de Rabelo foi reproduzida em milhares de panfletos e virou um símbolo de heroísmo contra Nogueira Accioly.

Era o suficiente. Sem o saber, Accioly acabara de assinar o atestado de óbito de seu governo. Fortaleza transformou-se em campo de guerra. Foram três dias de incontrolável insurreição popular. Tornou-se impossível conter a cabroeira, que passou a cavar trincheiras e armar barricadas no meio das principais ruas da cidade, disposta a enfrentar a cavalaria com enxadas, foices, paus, pedras, rifles e pistolas. Sob os gritos de "Abaixo Accioly!", bondes foram virados, lojas, cafés e fábricas saqueados, postes de iluminação tombados ao chão. Um dos marcos da administração acciolina, a bela praça Marquês de Herval — que anos depois viria a ser rebatizada de praça José de Alencar — foi completamente destruída. Bancos foram arrancados, estátuas derrubadas, jarros de porcelana reduzidos a pó. A luxuosa chácara do intendente municipal (cargo então equivalente ao de prefeito da cidade), Guilherme Rocha, foi depredada e depois incendiada. Durante aqueles três dias de fúria coletiva o dr. Casimiro, acciolista de quatro costados, não permitiu que ninguém da família pusesse a cabeça para fora da porta de casa. Até mesmo os próprios líderes políticos que apoiavam Franco Rabelo acreditavam que os "salvacionistas" haviam perdido o controle da situação. As manifestações populares foram consideradas obras de uma horda de bárbaros e incendiários. Assim, as eleições transcorreram sob clima de tensão extrema. Mas, como era esperado, Franco Rabelo tornou-se o novo presidente da província do Ceará, ironicamente compondo uma aliança de ocasião com os próprios acciolistas derrotados. Entretanto, Rabelo só esquentaria a cadeira de presidente por dois curtos anos. Em 1914, um novo vendaval político sacudiria o Ceará e, uma vez mais, provocaria pânico generalizado em Fortaleza. Dessa feita, o dr. Casimiro, que perdera o cargo de deputado junto com a queda da oligarquia, estaria mais perto ainda do olho do furacão.

O conchavo entre Franco Rabelo e Nogueira Accioly naufragou bem cedo. Em pouco tempo, o oligarca deposto tornara-se o algoz mais virulento de Rabelo. Este, por sua vez, enviou tropas para invadir um dos maiores feudos do renitente acciolismo, a região do Cariri, espécie de oásis verde no meio da caatinga, no extremo sul do Ceará. O primeiro ataque, em 1913, foi à cidade do Crato, onde se depôs e se mandou para a cadeia o intendente Antônio Luiz Alves Pequeno, primo dileto de Accioly. Sob a justificativa de combater o

LYCEU DO CEARÁ
EQUIPARADO AO COLLEGIO PEDRO II

N.º 894

CERTIDÃO
DE
EXAME DAS MATERIAS DO CURSO INDISPENSAVEL Á INSCRIPÇÃO PARA O EXAME VESTIBULAR

Certifico que dos livros de actas dos exames parcellados de preparatorios consta que, em 2 *de* Dezembro *de* 1920, *o Snr.* Casimiro Montenegro Filho *natural deste* Estado, *com annos de edade, prestou exame de* Geog. Chorog. e Cosm., *sendo approvado plenamente gráu seis e tres (6,3).*

Secretaria do Lyceu do Ceará, em 24 *de* Novembro *de* 1921.

O DIRECTOR

O SECRETARIO

O INSPECTOR

A vida escolar de Montenegro no Liceu do Ceará nada teve de brilhante. Tirando história natural, química e física, ele foi um aluno sem nenhum destaque especial.

fanatismo religioso e o banditismo na região, infestada por jagunços e cangaceiros, o próximo alvo do tenente-coronel Franco Rabelo seria a cidade de Juazeiro do Norte, onde reinava a figura do padre Cícero Romão Batista, o "Padim Ciço", considerado um santo pelo povo simples nordestino. Cerca de 25 anos antes, em 1889, Juazeiro do Norte era apenas um pequeno povoado, subordinado à administração do Crato, quando se propagou a notícia de um milagre acontecido na igrejinha do lugar, na hora em que o jovem padre Cícero oferecia o sacramento da comunhão: a hóstia consagrada teria se transformado em sangue na boca da beata Maria do Araújo. O fenômeno repetiu-se várias vezes, durante meses a fio, transformando o local em destino de peregrinações e romarias de centenas de milhares de pessoas, vindas dos lugares mais distantes de todo o Nordeste. Juazeiro cresceu, emancipou-se do Crato, transformou-se em cidade, e padre Cícero, cada vez mais influente e adorado, foi nomeado por Nogueira Accioly como o primeiro intendente do lugar. Duvidando do suposto milagre, a hierarquia da Igreja em Fortaleza cassou os votos religiosos do sacerdote, proibindo-o de exercer funções eclesiásticas. A punição só serviu para aumentar ainda mais a fé de seus devotos, que a encararam como uma injusta perseguição a um santo. De Fortaleza, o dr. Casimiro acompanhava com atenção as notícias que chegavam do interior do estado. Sua experiência política antevia que, em algum momento, chegaria sua hora de entrar em cena.

Logo depois de tomar posse, querendo estender seu domínio sobre o Cariri, Franco Rabelo havia destituído padre Cícero do cargo de intendente de Juazeiro do Norte. Para os fiéis do Padim, o gesto foi interpretado como um ultraje. Mas o pior ainda estava por vir. As notícias de que se preparava uma ofensiva militar contra a cidade chegaram junto com os boatos de que Rabelo havia ordenado o assassinato do padre. Foi o bastante para que os juazeirenses se armassem até os dentes para defender seu líder político e espiritual. Este orientou a população a cavar um grande fosso em torno de toda a cidade, que batizou solenemente de "Círculo da Mãe de Deus". Em apenas seis dias, abriu-se um valado de nove quilômetros de extensão, com oito metros de largura e mais cinco de profundidade. Quando as tropas do governo enfim chegaram, depararam-se com aquele obstáculo intransponível, atrás do qual um exército de cangaceiros e jagunços, sob o comando do médico e deputado Floro Bartolomeu, o braço direito do padre Cícero, abriu fogo contra as tropas do governo, o que obrigou os soldados a baterem em retirada apesar da enorme superioridade numérica. Dias depois, um novo ataque, e idêntico fracasso.

A jagunçada, Floro à frente, percebeu a força que tinha e saiu para retomar o Crato, o que conseguiu no dia 24 de janeiro de 1914. O que muita gente não sabia é que nos bastidores daquela refrega estava ninguém menos do que o senador gaúcho Pinheiro Machado, um dos homens mais poderosos da República, mas que havia perdido terreno político após as quedas das oligarquias regionais, do qual era um dos beneficiários diretos no plano federal. Ávido por dar o troco aos "salvacionistas" e retornar à antiga situação, Pinheiro Machado entrou em acordo com Floro e financiou o exército de jagunços que lutavam em nome do Padim. Cada vez mais conscientes de seu poderio bélico, os homens de Floro Bartolomeu receberam as bênçãos de padre Cícero e partiram para o que consideravam uma "guerra santa". O plano era cruzar o sertão rumo ao litoral, conquistar Fortaleza e apear Franco Rabelo do poder. Tomado de sentimentos fundamentalistas, o padre lhes prometeu que cada jagunço e cada cangaceiro que morresse em combate teria um lugar reservado no céu, bem ao lado de Jesus. No início de março, as principais cidades e estradas que levavam à capital cearense já haviam sido tomadas por eles. No dia 14 daquele mês, pressionado pelos acontecimentos, Franco Rabelo se viu obrigado a renunciar. Os jagunços do padre Cícero entraram festivamente na cidade, dando tiros de bacamarte para o ar, exibindo punhais sujos de sangue e arranchando nas ruas e praças do centro. Junto com Rabelo, caiu o intendente de Fortaleza, Ildefonso Albano. O governo federal decretou intervenção no Ceará

Acima, Júlio e Alice Montenegro — eles viriam a ser os sogros do irmão e cunhado Casimiro. Abaixo suas filhas Helena (à esq.) e Maria Antonietta (à dir.).

e nomeou para o cargo um velho e temido conhecido dos movimentos sociais, o general Fernando Setembrino de Carvalho. Responsável pelo massacre aos beatos de Antônio Conselheiro, em Canudos, o general ficaria apenas quatro meses — de março a junho de 1914 — no cargo de governador do estado. Pacificado o Ceará, menos de um ano depois o nome dele voltaria ao noticiário como o comandante de outro massacre, dessa vez contra os fanáticos do "monge" José Maria, que enfrentavam o governo federal na chamada Guerra do Contestado, em Santa Catarina. Vencida mais uma guerra, Setembrino voltaria ao Rio coberto de glórias e conhecido nos quartéis pelo apelido de "o mata-cachorro".

E sua primeira providência logo após assumir o governo do Ceará tinha sido nomear, para o lugar de Ildefonso Albano, o intendente de Fortaleza que caíra com Franco Rabelo, o dr. Casimiro Ribeiro Brasil Montenegro. Durante quatro anos, de 1914 a 1918, Casimiro pai ocupou a cadeira de intendente, período no qual o cargo passou a receber a designação atual de prefeito municipal. A administração do "primeiro prefeito de Fortaleza" — como mais tarde o dr. Casimiro gostaria de ser lembrado — foi marcada pelo esforço sistemático para apagar a imagem de que a capital cearense era um antro de jacobinos matutos. Após a revolta popular que depusera Accioly, seguida da entrada ruidosa dos jagunços de Floro Bartolomeu na cidade, Casimiro queria dar ares mais "civilizados" ao lugar. Construiu jardins, incentivou a edificação de prédios com arquitetura copiada de modelos franceses e fazia questão de comparecer de fraque, cartola e bengala com castão de ouro às cerimônias oficiais, como a inauguração do suntuoso Cine Majestic, um dos símbolos da belle époque cabocla então vivida por Fortaleza. Mas em 1915, no segundo ano de administração, as reformas urbanas promovidas pelo dr. Casimiro foram interrompidas por um trágico acontecimento da história do Ceará: a "Seca do 15", que inspiraria depois um dos clássicos da literatura brasileira, o romance *O Quinze*, de Rachel de Queiroz. Naquele ano fatídico uma grande seca se abateu como uma praga sobre a província, fazendo com que milhares de retirantes, vindos do sertão árido, buscassem refúgio na capital. Fortaleza já havia vivido situações semelhantes em estiagens anteriores, e o resultado disso já era bem conhecido da população: acampados em situações de higiene precária, os flagelados traziam com eles a fome e doenças como a febre amarela e a varíola. Sabendo disso, naquele momento em que Casimiro trabalhava para "aformosear" a cidade, governo e prefeitura criaram zonas de isolamento para receber os migrantes. Na verdade, grandes depósitos de gente, apelidados de "currais do governo" pelos retirantes, mas denominados pelas autoridades oficialmente de "campos de concentração", a mesma designação que receberiam mais tarde os depósitos de prisioneiros dos nazistas.

Nem mesmo o recolhimento compulsório dos sertanejos conseguiu evitar uma das consequências imediatas de todo aquele êxodo do interior da província para a capital: o aumento gradativo da população de menores abandonados pelas ruas de Fortaleza. Essa foi uma das principais dores de cabeça que o dr. Casimiro enfrentou nos dois últimos anos de sua administração. Para ele, entretanto, o problema era mais um caso de polícia do que uma questão social. Os dados oficiais indicam que, entre 1917 e 1918, cerca de uma centena de meninos foram detidos e enviados para a Cadeia Pública, sob a acusação de "furto, embriaguez, vagabundagem e imoralidade". Cioso da educação dos filhos, Casimiro temia que a turba de moleques perambulando pela rua servisse de mau exemplo para as crianças de boa família. Assim, se já era inflexível na educação dos rebentos, passou a redobrar a vigilância e a cobrança sobre o desempenho da filharada na escola.

A despeito da marcação cerrada do pai, Mimiro nunca seria um aluno exemplar no tradicional Liceu do Ceará, escola fundada em 1845 e localizada no então bairro nobre da Jacarecanga, onde residia a família Montenegro. Talvez a mania de ser aviador fizesse mesmo o garoto estar sempre com a cabeça nas nuvens. O fato é que, nos exames preparatórios que realizou no Liceu, entre 1920 e 1923, conquistou apenas o estritamente necessário para obter aprovação. Ao final, conseguiu suas maiores notas — 7,5 — em história natural, química e física. Como sugeria o resultado das duas primeiras provas, poder-se-ia imaginar que Mimiro se saísse razoavelmente bem nas matérias que envolvessem cálculo. Mas um burocrático 6, em aritmética, mostraria o contrário. Um 6,5 em história do Brasil, um outro 6 em geografia e um 5 em história universal também denunciavam que o menino não tinha muita intimidade com as ciências humanas. Mas seu ponto crítico estava mesmo no estudo das línguas. Em francês, tirou 5. Em português, para desgosto do dr. Casimiro, um mísero 4,5. Não bastasse o medíocre desempenho escolar, quando Mimiro chegou em casa com a notícia de que estava pensando em viajar ao Rio de Janeiro para tentar uma carreira de piloto, o pai gostou menos ainda. E avisou que não moveria uma palha para ajudá-lo — nem mesmo o dinheiro para a passagem de navio até o Distrito Federal ele lhe daria. Quem o socorreu nessa hora foi um irmão mais velho, Alfredo, servidor público em início de carreira no Ministério da Fazenda e, anos depois, delegado do Tesouro Nacional no Ceará e na Paraíba. Apesar de já ter se revelado um funcionário promissor dentro da burocracia do fisco, Alfredo Montenegro não ficara conhecido nos tempos de colégio exatamente por seus dotes intelectuais. A exemplo de Mimiro, também conseguira uma nada lisonjeira coleção de notas baixas estampadas em seus boletins escolares do Liceu. Essa circunstância foi determinante para que se condoesse da situação do irmão mais novo e prometesse a ele que iria tentar arranjar a sonhada passagem para o Rio. Alfredo usou de sua relativa influência e convenceu o comandante de um vapor do Loide Brasileiro a levar Mimiro entre as acomodações da segunda classe do navio que partiria para a capital da República dali a poucos dias.

Foi assim que em 1923, com dezenove anos e no bolso alguns caraminguás emprestados também pelo irmão Alfredo, Casimiro Montenegro Filho deixou para trás Fortaleza e o apelido de "Mimiro".

Como não sabia ao certo o que fazer para ser piloto de avião, acabou inscrevendo-se na Escola Militar de Realengo, criada uma década antes pelo então presidente Hermes da Fonseca. Montenegro não podia imaginar que acabara de cair no meio de uma tormenta. Quando ele colocou os pés no Rio de Janeiro pela primeira vez, as areias de Copacabana ainda estavam frescas do sangue de heróis da primeira batalha tenentista. A Escola ainda sentia os ecos do movimento desencadeado um ano antes, quando os cadetes de Realengo se revoltaram após a prisão do mesmo Hermes da Fonseca, ordenada pelo novo presidente, Epitácio Pessoa. A acusação que pesava contra o velho marechal era a de que seria ele o principal responsável por insuflar os ânimos dos jovens tenentes, que estavam em pé de guerra nos quartéis. No dia 5 de julho de 1922, os alunos da Escola Militar haviam se rebelado simultaneamente à explosão da revolta no Forte de Copacabana, a menos de vinte quilômetros dali. A rebelião no Realengo foi sufocada em poucas horas, mas em Copacabana a revolta terminaria em tragédia. Com o forte cercado pelas tropas legalistas, a grande maioria dos rebeldes optou pela debandada. Mas aproximadamente vinte deles, em um gesto aparentemente insano, saíram à rua com carabinas na mão para enfrentar os cerca de 2 mil soldados fortemente armados e postados em posição de tiro do lado de fora do Forte. Nove combatentes morreram na hora. Surgia ali a mística dos "18 do Forte", o total de rebeldes enquadrados nas lentes da câmera de Zenóbio Couto, o fotógrafo da revista *O Malho*. E entre os três únicos sobreviventes, ferido por um tiro no fêmur, estava o tenente Eduardo Gomes, que logo viria a se tornar amigo íntimo de Montenegro.

Em 1924, quando Montenegro retornou a Fortaleza numa viagem de férias da Escola Militar, quase ninguém reconheceria mais o pequeno Mimiro naquele cadete atlético com cabelo cortado à escovinha e que voltava agora falando de guerras e revoluções. O tio mais velho, João Montenegro, que estava programando uma ida ao interior da província, perguntou se ele teria interesse em conhecer Juazeiro do Norte. Montenegro, que ainda tinha bem nítidas na memória as imagens dos jagunços de Floro Bartolomeu dando tiros para o ar em praça pública em 1914, não resistiu ao convite. Principalmente quando o tio lhe contou que era amigo de padre Cícero e que tencionava fazer-lhe uma visita na passagem pelo Cariri. Muitos anos mais tarde, em suas anotações pessoais, Montenegro recordaria o episódio em detalhes, revelando que chegara a almoçar com o padre e se surpreendera ao ver que o milagreiro tinha os olhos azuis, iguais aos seus. Ao saber que o rapaz estava morando no Rio de Janeiro e que estudava em uma escola militar, o "santo de Juazeiro" ficou interessado em saber como era a vida de um futuro soldado em Realengo e dirigiu ao rapaz uma pergunta enigmática:

— Com um nome como o seu, você não tem medo de um dia ter que ir para a guerra, meu filho?

Padre Cícero talvez estivesse se referindo à origem do seu prenome — o eslavo Kazatimiru, que virou Casimiro, significa "homem da paz" — ou, quem sabe, a São Casimiro, o padroeiro pacifista da Polônia. Quaisquer que fossem as razões dele, Montenegro não teria mesmo o que responder, já que a emoção de estar diante de um santo o impedia de pronunciar uma sílaba que fosse. Mas medo de guerra, isso a vida ia mostrar que ele não tinha. Em 1930, seis anos após aquela conversa em Juazeiro do Norte, Montenegro estaria atirando bombas de seu avião sobre os legalistas mineiros que resistiam à chegada de Getúlio Vargas ao poder. E só escaparia de combater outra guerra — a Revolução Constitucionalista de 1932 — porque dessa vez o inimigo seria mais rápido do que ele.

5 Montenegro passa quatro meses preso pelos amigos paulistas, sem poder fugir

O padre tinha razão ao ver guerras no futuro do cadete. Quando os paulistas se levantaram em armas contra o presidente Getúlio Vargas, em julho de 1932, oito oficiais e dois sargentos serviam no Destacamento de Aviação de São Paulo, comandado desde novembro de 1931 por Casimiro Montenegro. Um deles, o segundo-tenente Geraldo Guia de Aquino, conseguiu fugir quando o Campo de Marte foi cercado por tropas estaduais, tomou um trem para Três Corações, em Minas, e reapareceu dias depois no Campo dos Afonsos, no Rio. Um tenente e dois sargentos aderiram imediatamente aos paulistas e os demais oficiais, entre eles Montenegro, declararam-se fiéis ao governo federal e foram imediatamente presos. O comandante de Marte percebeu a desconfiança com que os paulistas receberam a adesão de seus três subordinados, certamente temendo que eles estivessem, na verdade, pretendendo se infiltrar como espiões nas forças de São Paulo. Antes de ser levado para o presídio político do bairro da Liberdade — conhecido como "a bastilha da Liberdade" —, Montenegro deu ao inimigo uma inusitada informação:

— Os senhores podem confiar no tenente Porto e nos sargentos Barros e Amaro. Eles aderiram de verdade, por convicção, e não farão sabotagens.

Semanas depois seria a vez da Escola de Aviação do Campo dos Afonsos, no Rio, sofrer defecções. Os majores Lysias Augusto Rodrigues e Ivo Borges e os tenentes José Ângelo Gomes Ribeiro e Orsini

Coriolano tomaram um navio na Capital Federal, rumaram para São Paulo e se apresentaram como voluntários às forças locais. Na capital paulista os quatro se surpreenderam ao saber que Montenegro, seu antigo instrutor de voo, estava encerrado num xadrez — ele tinha sido transferido da Liberdade para outra prisão, de nome igualmente irônico, o presídio do Paraíso. Depois de muita parlamentação, os cariocas conseguiram convencer o Estado-Maior a relaxar o regime em que Montenegro estava detido, permitindo que ele fosse trocado pela pena de prisão domiciliar, mas sob palavra. Ou seja, ele teria liberdade para circular à vontade, mas teria que se apresentar todos os dias à polícia. Para espanto do oficial que lhe dera a suposta boa nova, Montenegro rejeitou a oferta:

— Mantenham-me preso, não exijam de mim uma prisão sob palavra.

— Mas por quê? — quis saber seu carcereiro.

— Se empenhar minha palavra com vocês, eu não posso mais fugir. Ao me oferecerem a prisão sob palavra, vocês estão exigindo de mim a renúncia ao direito natural de fuga.

Era o que os paulistas queriam ouvir. Se preso sob palavra ele não fugiria, então isso mesmo é que iria acontecer. E Montenegro de fato passou o último dos três meses da Revolução Constitucionalista em liberdade condicional e, portanto, sem poder fugir. Durante o período em que esteve preso, deixou crescer uma vasta barba negra, que ele só cortaria após ser libertado. O levante paulista não fora uma surpresa para ele. Tão logo recebeu a notícia de que seria transferido para São Paulo, em novembro de 1931, ele sabia que ia trabalhar dentro de um barril de pólvora. Como atento observador militar, percebia que desde a Revolução de 1924 os paulistas vinham se prevenindo contra novas surpresas como aquela. Em plena "década das revoltas", como ficaram conhecidos os anos 1920 no Brasil, o estado mais rico e mais poderoso dava discretos sinais de que não estava disposto a enfrentar novos arroubos tenentistas em seu território. Em um ato aparentemente rotineiro, semanas após a normalização da situação política, em 1924, o governador paulista Carlos de Campos determinara a recriação do Serviço de Aviação Militar, braço aéreo da Polícia Militar, desativado fazia muito tempo. Chamava a atenção o fato de que o decreto não recriava a antiga escola, aberta inclusive a civis, mas instituía uma esquadrilha — isso mesmo, uma organização militar pronta para entrar em atividade a qualquer momento, com pilotos habilitados e aviões operacionais à disposição. O primeiro edital para a contratação de pilotos que comporiam o efetivo do Serviço — que já era chamado pelo nome de Esquadrilha — deixava ainda mais claras as intenções de São Paulo. O texto dizia sem disfarces que as vagas eram para "candidatos a piloto-aviador de combate" e restritas a "oficiais de polícia, graduados e soldados". Na Revolução de 1924 os paulistas tinham sentido na carne o poder devastador do avião como arma militar, o que estimulou São Paulo a recuperar o tempo perdido no campo aéreo--militar. Foi assim que, passadas mais algumas semanas, o governador decidiu que todos os aspirantes a oficial da Polícia Militar seriam obrigados a fazer os cursos de piloto de combate e de observador--bombardeador. Como a primeira turma formada pelo Serviço, no começo de 1925, era toda composta de sargentos — oito, ao todo —, o comando decidiu premiá-los pelo feito promovendo-os a aspirantes.

O batismo de fogo dos pilotos de combate paulistas só ocorreria depois de um ano e meio de treinamento, em junho de 1926. Atendendo a uma solicitação do ministro da Guerra, general Setembrino de Carvalho, o governador Carlos de Campos cedeu ao Exército toda a Esquadrilha da PM, logo incorporada ao Batalhão Misto com o qual o general Álvaro Mariante — que viria a ser comandante de Montenegro nos Afonsos — perseguiria a Coluna Prestes pelo Centro--Oeste brasileiro. Chefiada pessoalmente pelo comandante-geral da PM paulista, coronel Pedro Dias de Campos, e composta de oito oficiais, a Esquadrilha levava também o norte-americano Orton Hoover, engenheiro aeronáutico apaixonado por aviões que assessorava o Serviço de Aviação Militar da PM. Para poder acossar os homens da

Coluna os pilotos eram obrigados, ele próprios, a abrir pistas de pouso em várias cidadezinhas sertão adentro — algumas delas muito próximas das futuras rotas do Correio Aéreo. Ao término da refrega, depois de três meses de combates, a Esquadrilha retornou a São Paulo desfalcada de um de seus maiores ases, o tenente Edmundo Chantre. No dia 31 de agosto, já no fim da campanha, quando decolava de Uberaba para Araguari, transportando suprimentos de São Paulo para o front goiano, Chantre não conseguiu controlar seu cambaleante Sikorsky e espatifou-se no solo, morrendo instantaneamente. Era uma perda chocante, mas a verdade é que a aviação paulista passara no teste e terminara vitoriosa.

Os paulistas tinham tudo para desconfiar da tenentada que tomara o estado de assalto após a Revolução. Um dos primeiros atos do presidente Getúlio Vargas, duas horas após chegar ao Palácio do Catete como Chefe do Governo Provisório, no dia 4 de novembro de 1930, foi nomear para o posto de interventor na Polícia Militar de São Paulo o general Miguel Costa, que criara e comandara com Luís Carlos Prestes a "Coluna Invicta". Para os conservadores quatrocentões, aquilo era um duplo insulto: além de tenentista com uma vasta folha de serviços prestados à agitação política, Miguel Costa nem brasileiro era (ele de fato havia nascido em Buenos Aires, tendo-se mudado para o Brasil ainda bebê e se naturalizado brasileiro). São Paulo tinha por que temer. Em poucos dias, todos os postos de comando da PM tinham sido ocupados por jovens oficiais revolucionários do Exército, entre os quais, comissionado como tenente-coronel, o major Eduardo Gomes. Depois de destituir do posto o major José Garrido, então comandante da Esquadrilha da PM, Miguel Costa promove uma verdadeira razia na instituição: todos os aviões paulistas são transferidos para o Exército, entre eles os Curtiss Fledgling que depois seriam entregues ao Correio Aéreo Nacional. As aeronaves civis confiscadas nos estertores do governo Washington Luís são devolvidas a seus donos, todo o pessoal civil é sumariamente demitido (entre eles o americano Hoover) e os militares são reincorporados à tropa formal da Polícia Militar. Para que não pairassem dúvidas a respeito de suas intenções com relação à aviação militar paulista, o interventor baixou uma curta portaria de pouco mais de trinta palavras, colocando um ponto-final no assunto:

> Em virtude de escapar à finalidade desta Força e devendo ser a Aviação um elemento do Exército, é dissolvida, nesta data, a Esquadrilha de Aviação, cujo material será entregue ao governo federal.
>
> Miguel Costa, 18 de dezembro de 1930

Em julho de 1931, apenas sete meses após o trunfo da Revolução, já haviam passado pelo Palácio dos Campos Elíseos, sede do governo paulista, nada menos que quatro interventores: o general Hastínfilo de Moura, o banqueiro José Maria Whitaker, o jornalista Plínio Barreto e o tenente João Alberto Lins de Barros. Nomes indicados por São Paulo eram vetados pelos tenentes. Organizados em torno da Frente Unida Paulista (FUP), antigos adversários se uniram para impor a Getúlio suas condições, que se converteram em bandeira de luta: o interventor tinha que ser "civil e paulista". Eles queriam mais: a imediata redemocratização do país, sob a forma da convocação de uma assembleia constituinte. Aquilo não ia terminar bem e Montenegro não tinha ilusões a respeito do sentimento dos paulistas em relação a eles, os tenentes. Ele mesmo, por exemplo, desde que fora transferido para São Paulo vivia em um clima de camaradagem e de boas relações com todos. Aos 27 anos, solteiro, bonito e envolto pelos vapores românticos que os jovens pilotos despertavam, era público o sucesso que ele fazia entre as mulheres (seu carro, uma "baratinha" azul, era conhecido como "o açucareiro" — tal a quantidade de "formiguinhas" da sociedade paulistana que ele atraía por onde passava). Mas ainda assim Montenegro sentia que, no fundo, ele também era visto como soldado de um exército de ocupação.

No primeiro semestre de 1932 a conspiração corria solta em São Paulo. Um amplo leque reunia representantes das oligarquias cafeei-

Com a vitória da Revolução de 30, a tenentada de Getúlio toma São Paulo de assalto. Nomeado comandante do Campo de Marte, Montenegro tinha ótimas relações com os paulistas, mas sabia que a maioria o via como mais um oficial da tropa de ocupação.

ras postas a pique por Getúlio — os "carcomidos", como os chamavam os tenentes —, antigos rebeldes, como o general Isidoro Dias Lopes, e até liberais sinceros, como os militantes do Partido Democrático, que em 1930 fora francamente favorável à Aliança Liberal e à Revolução. Desta vez estavam todos juntos contra Getúlio, exigindo democracia. Em busca de conciliação com os paulistas, em julho de 1931 João Alberto renunciara à Interventoria, mas o gesto não baixou a temperatura política. O mesmo problema de antes ressurgiria nas tentativas de escolha de um sucessor: nome indicado por São Paulo não passava pelo crivo dos tenentes. E os candidatos sugeridos por estes nem sequer eram objeto de consideração dos paulistas. Ou era um "civil e paulista" ou não tinha conversa. Mais duas tentativas se revelaram infrutíferas: nem o desembargador Laudo de Camargo nem seu sucessor, o coronel tenentista Manuel Rabelo, conseguiram passar sequer um semestre no cargo, cada um. A última escolha antes do início da guerra recaiu sobre um "civil e paulista", o septuagenário Pedro de Toledo, mas o estopim já tinha sido aceso. Programada para o dia 14 de julho, aniversário da queda da Bastilha, a Revolução acabou sendo deflagrada no dia 9 de julho.

Ao entregar o comando do Campo de Marte, primeiro objetivo militar tomado pelos paulistas, Montenegro avisou que eles receberiam um esquálido butim de guerra: naquela manhã de domingo havia pouco mais de dez aeronaves estacionadas lá, das quais apenas dois Potez e dois Waco em condições de entrar em combate. Os demais eram pequenos aviões civis de turismo, imprestáveis para qualquer atividade militar. A essa minúscula esquadrilha seriam incorporados, nos dias seguintes, mais um Waco e um Nieuport Delage (subtraídos do Campo dos Afonsos, no Rio, e levados a São Paulo respectivamente pelo tenente Motta Lima e pelo capitão Adherbal da Costa), e um hidroavião carteiro da companhia francesa Latécoère, confiscado logo após amerissar no hangar de Praia Grande, no litoral paulista. O poder de fogo da aviação federal era assustadoramente superior ao dos constitucionalistas de São Paulo. Somadas, as esquadrilhas do Grupo Misto de Aviação e da Aviação Naval perfaziam setenta aviões de combate, entre os quais doze Potez TOE, vinte De Havilland, cinco Waco CSO e sete Savoia-Marchetti S55. Logo no início das hostilidades o governo federal realizou uma compra de urgência de nada menos que 36 Waco C90, dos quais apenas dez foram montados e entregues a tempo de combater.

A aviação federal aterrorizou São Paulo. No dia 20 de julho, quando completava 59 anos, Alberto Santos Dumont, que descansava nas praias do Guarujá, ouviu no rádio que os "vermelhinhos" de Getúlio, como eram chamados os aviões legalistas, estavam submetendo a fogo cerrado as populações do Vale do Paraíba. Prostrado por profunda depressão, o Pai da Aviação — que dias antes oferecera por escrito seu apoio a São Paulo — desabafou suas angústias com um amigo:

— Por que fiz eu esta invenção que, em vez de concorrer para o amor entre os homens, se transformou numa arma maldita de guerra?

Três dias depois não seriam apenas notícias que Santos Dumont receberia do front. Das varandas do Hotel de la Plage, onde ele se hospedava no Guarujá, era possível ouvir os trovões provocados pelas malditas armas de guerra atirando bombas sobre o Forte de Itaipu, em Santos, a menos de dez quilômetros dali. Para o homenzinho frágil e já de cabelos inteiramente brancos, aquilo era insuportável. Santos Dumont trancou-se no quarto, entrou no banheiro e se enforcou.

Apesar da proibição policial, que impediu que fosse divulgada a causa da morte, a notícia circulou e soou como um mau augúrio, mas os paulistas não se deixavam abater. Cercados e diante da perspectiva de um massacre iminente, correm atrás de armamento. Na pressa para fazer dinheiro e comprar armas, o governo do estado autoriza a venda, a preço vil, de centenas de milhares de sacas dos estoques reguladores do Instituto do Café, negócio que rende, em valores de 2023, cerca de 18 milhões de dólares. Desse total, 12 milhões seriam transformados em armas e munições e 6 milhões foram destinados à compra de dez bombardeiros Fleet 10D, fabricados nos Estados

Unidos. O negócio já estava sacramentado quando o governo brasileiro conseguiu que o Departamento de Estado norte-americano abortasse a operação. Depois de muitas triangulações para burlar os tratados internacionais que regulavam o comércio de armas, o dinheiro passou pela Argentina e acabou indo parar na cidade de Cerritos, no Chile, onde a Curtiss Industries, dos Estados Unidos, mantinha uma fábrica de aviões de combate. De lá saíram, à medida que iam sendo fabricados, os dez Curtiss O-13 Falcon, a mais moderna e poderosa aeronave envolvida no combate brasileiro. Transportados por pilotos estrangeiros contratados especialmente para esse fim, à medida que chegavam a São Paulo os Falcon iam para as oficinas que haviam sido montadas por Montenegro no Campo de Marte, onde eram aparelhados com metralhadoras e porta-bombas. A sorte, porém, não parecia estar mesmo com os paulistas. Metade dos 8 milhões de dólares destinados à compra de armamentos morreu nas mãos de intermediários e traficantes de armas. E quando os primeiros Curtiss Falcon comprados no Chile começaram a ser entregues, em setembro, a derrota paulista já era visível a olho nu. No dia 2 de outubro, São Paulo içou a bandeira branca: os tenentes tinham vencido a guerra. Chegava ao fim o conflito que custou o maior número de vidas brasileiras em toda a história do país. A rendição paulista punha fim também à prisão sob palavra a que Montenegro estivera submetido durante os 85 dias que durara a Revolução Constitucionalista. Ao receber a notícia do armistício, na casa em que vivia, no bairro do Pacaembu, ele raspou a barba, tirou sua baratinha da garagem, tocou para a Zona Norte da cidade e reassumiu seu posto no Campo de Marte.

Só no ano seguinte é que Getúlio concederia aquilo que os paulistas não tinham conseguido arrancar pela força: a convocação de uma Assembleia Nacional Constituinte que redemocratizaria o país e faria dele, Vargas, não mais um ditador, mas o presidente constitucional da República. Aos poucos a normalidade retornava ao Brasil, a São Paulo e ao Destacamento de Aviação Militar. Ao perceber que a pacificação do país era duradoura, Montenegro achou que era hora

Montenegro nos salões paulistas: abaixo, de terno claro, à dir., seu aluno de pilotagem Adhemar de Barros.

Preso "sob palavra" na Revolução de 32, Montenegro só voltaria a raspar a barba depois de libertado.

de reabrir a civis as portas do Campo de Marte, fechadas fazia dez anos. Foi assim que ele instituiu um sistema que assegurava uma cota nas vagas dos cursos de pilotagem dados pelo Destacamento a homens e mulheres não engajados nas Forças Armadas. A liberalidade, porém, ia ter vida curta. Em abril de 1934 ele recebeu um pouco cordial ofício do general Eurico Dutra, diretor da Aviação Militar, com ordens expressas para pôr um fim naquilo. Dutra aproveitava a cajadada para matar outra iniciativa democrática implantada por Montenegro, pela qual não apenas oficiais, mas também sargentos pudessem receber instrução de pilotagem:

Capital Federal, 9 de abril de 1934
Ao sr. Capitão Comandante

Destacamento de Aviação de São Paulo

a) deveis envidar todos os esforços no sentido de evitar que as dependências desse Destacamento sejam frequentadas por civis;

b) não é conveniente, de forma alguma, que sargentos técnicos ou de fileira desse Destacamento continuem a receber instrução de pilotagem, desviando-se de suas atribuições e afazeres. Lembrai-vos que um sargento já foi acidentado em voo e que, se necessário, vos transferirei desse Destacamento, tal o interesse que tenho em que semelhante recomendação seja mantida;

c) sem minha autorização, não deve ser permitido o voo a civis em aviões desse Destacamento, sendo absolutamente vedado às senhoras e crianças.

Eurico Gaspar Dutra,
General de Brigada, Diretor

Se a decisão de Dutra foi mesmo tomada, como se afirmou depois, para atender a um pedido de Eduardo Gomes, o episódio revelaria a primeira fissura na relação deste com Montenegro, defensor de que fossem sempre compartilhados com a sociedade civil os avanços obtidos pelo Estado. Dentre os civis brevetados no Campo de Marte antes da proibição, Montenegro guardava boas lembranças de um jovem e bem-humorado paulista chamado Adhemar de Barros, formado em Medicina e apaixonado pela aviação. Apesar da enorme dificuldade para fazer entrar nos cockpits dos aviões o opulento corpanzil de 1,85 metro do rapaz, em poucas semanas ele já estava fazendo seu primeiro voo solo. Quando Dutra obrigou Montenegro a fechar as portas de Marte para os civis, Adhemar estava exilado em Portugal, purgando o pecado de ter trabalhado como médico de campanha durante a Revolução de 1932, da qual sairia com a patente honorária de capitão (exemplo das inúmeras reviravoltas da política, seis anos depois Adhemar, de volta ao Brasil, seria nomeado por Getúlio interventor federal em São Paulo). De qualquer forma, as atividades de Montenegro no comando do Destacamento de Aviação de São Paulo não se restringiam à formação de pilotos e à abertura de rotas para o Correio Aéreo. Com frequência ele era destacado para missões especiais. Meses antes, por exemplo, tinha sido designado para comandar a esquadrilha de caças que escoltaria uma delegação de brigadeiros italianos em visita ao Brasil.

Em outra ocasião, em maio de 1935 Getúlio Vargas anunciou uma decisão inusitada: aos 43 anos de idade o presidente iria à Argentina e ao Uruguai, na primeira viagem ao exterior de sua vida. O objetivo era retribuir as visitas que haviam feito ao Brasil o presidente argentino, general Agustín Justo, e o uruguaio, Gabriel Terra. Getúlio, a primeira-dama Darcy Vargas e a delegação oficial embarcariam no encouraçado *São Paulo*, da Marinha de Guerra, que faria o trajeto de ida e volta ao rio da Prata escoltado pelos cruzadores *Rio Grande do Sul* e *Bahia* e por uma esquadrilha de caças da Aviação Militar (composta de três Boeing, sete Corsair e dois Bellanca) comandada por Montenegro e pelo capitão José Vicente Faria Lima. Apesar da proximidade dos destinos, ia ser uma longa viagem. Além dos dez dias consumidos no trajeto (cinco para ir e cinco para voltar), a comitiva oficial ainda ia passar mais duas semanas entre os dois países.

MINISTERIO DA GUERRA
Diretoria da Aviação

Capital Federal
Em 9 | IV | 1934
N.º 575.- GABINETE -
Do DIRETOR DA AVIAÇÃO
Ao Snr. CAP. CMT. DO DESTACAMENTO DE AVIAÇÃO DE S. PAULO.

Assunto: Declaração sobre ordens.

I - COMUNICO-VOS que tomei conhecimento das informações prestadas em oficio reservado de 6 de Abril corrente, tendo a declarar-vos o seguinte:

a) deveis envidar todos os esforços no sentido de evitar que as dependencias desse Destacamento sejam frequentadas por civis;

b) não é conveniente, de forma alguma, que sargentos tecnicos ou de fileira,desse Destacamento,continuem a receber instrução de pilotagem,desviando-se de suas atribuições e afazeres. Lembrai-vos que um sargento já foi acidentado em vôo, e, que, si necessario, os transferirei desse Destacamento, tal o interesse que tenho em que semelhante recomendação seja mantida;

c) que, sem minha autorisação, não deve ser permitido o vôo a civis em aviões desse Destacamento, sendo absolutamente vedado ás senhoras e crianças.

EURICO GASPAR DUTRA
Gen. Bda. Diretôr.

S. L. D.

Inspirado por Eduardo Gomes, o general Eurico Dutra passa um pito em Montenegro e proíbe que o Campo de Marte continue a dar instrução de voo a civis. Entre os atingidos pela medida estava o grandalhão Adhemar de Barros (de terno escuro, à dir.).

Como acontece na maioria das viagens protocolares, os dias pareciam intermináveis. Era uma sucessão de banquetes, missas, te-déuns, visitas a universidades, desfiles, deposições de coroas de flores, assinaturas de convênios e inaugurações. Em Buenos Aires, por exemplo, Vargas iria cortar a faixa inaugural da duplicação daquela que seria uma das mais famosas artérias da cidade, a avenida Corrientes, imortalizada no tango "A media luz". Em ambos os países foi decretado feriado nacional nos dias dà chegada e da saída da comitiva. No dia 2 de junho, antevéspera do retorno ao Brasil e já na metade uruguaia da viagem, Montenegro e os demais oficiais que escoltavam a delegação foram testemunhas de um incidente que quase se converte em tragédia. Depois de assistir a um Grande Prêmio no Hipódromo de Moronas, em Montevidéu, os dois presidentes se dirigiam a um bufê instalado na parte superior da tribuna dos sócios, cercados de autoridades e de jornalistas dos dois países, quando inesperadamente um homem armado com uma pistola — o ex-deputado Bernardo García — abre caminho entre os convidados e descarrega a arma contra o presidente uruguaio Gabriel Terra. Em meio ao tumulto generalizado o agressor foi preso. Levado a um hospital em companhia de Getúlio, Gabriel Terra descobriu que apenas tinha sido alvejado no ombro e reapareceria à noite, sob aplausos generalizados, à recepção de despedida que Vargas oferecia a bordo do *São Paulo*.

Ao lado de Montenegro, testemunhara também o atentado um jovem repórter e escritor baiano chamado Jorge Amado, então com 23 anos, que cobria a viagem presidencial para o esquerdista *A Manhã*, jornal ligado à Aliança Nacional Libertadora. Embora já tivesse escrito três livros de relativo sucesso (*O país do carnaval*, *Cacau* e *Suor*), Jorge era conhecido mesmo como militante. E nem era o único comunista na delegação. Entre os oficiais que comandavam as esquadrilhas de escolta a Getúlio estava o capitão Sócrates Gonçalves, chefe da clandestina célula do Partido Comunista no Campo dos Afonsos. Exatos seis meses depois da viagem presidencial ao Prata, em meio à revolta comunista liderada por Prestes, Sócrates tomaria de armas na mão a Escola de Aviação, após um tiroteio em que sairia ferido o tenente-coronel Eduardo Gomes, que resistira à ação dos comunistas. Preso e submetido ao Tribunal de Segurança Nacional, seria condenado a dez anos de prisão.

A primeira viagem de Getúlio Vargas ao exterior chegou ao fim no dia 3 de junho, quando a comitiva e suas escoltas retornaram ao Brasil. A programação tinha sido estafante, mas deixaria gratas lembranças na memória de muitos de seus membros. Sim, porque se durante o dia o tempo era consumido em atividades oficiais, à noite os aviões iam para os hangares e os pilotos — os solteiros, pelo menos, como Montenegro — para as boates. A julgar pela quantidade de cartas de amor, bilhetinhos, fotos e desenhos recebidos por ele de coristas e bailarinas da agitada noite portenha, aquela tinha sido de fato uma viagem inesquecível.

6 Bonito, piloto e solteiro: lá vai Montenegro em seu Plymouth novinho em folha

Para Casimiro Montenegro, uma coisa era a noite e suas irresistíveis seduções. Afinal, naquela época, os aviões raramente faziam voos noturnos e, após o sol se pôr no horizonte, os pilotos militares se sentiam no justo direito de esquecer temporariamente o peso dos coturnos. Durante o dia, porém, era hora de prosseguir no duro trabalho da vida na caserna. Assim, as peripécias do boêmio Montenegro não o impediam de levantar da cama sempre com o canto do galo e, como manda o regulamento, estar impecavelmente composto logo após o Toque de Alvorada, em seu posto de comandante do Campo de Marte. Modesto como sempre, ele não achava que comandar o Núcleo do 2º Regimento de Aviação exigisse assim muito esforço. "As responsabilidades ali eram muito pequenas", minimizaria anos mais tarde em uma entrevista. Quando em 1938, após seis anos de trabalho ininterrupto em São Paulo, foi promovido a major, acabou transferido para a Diretoria de Aviação Militar, subordinada diretamente ao Estado-Maior do Exército, no Rio de Janeiro. A nova função significava um progresso na carreira, mas Montenegro não achou graça nenhuma em trocar o barulho do ronco dos motores dos aviões por uma burocrática mesa de trabalho, entupida de pilhas de papéis timbrados e uma montanha de carimbos oficiais.

Foi exatamente aí, em meio à insatisfação com a burocracia da Diretoria de Aviação, que ele soube da grande novidade. A notícia circulava pelos corredores da Escola Técnica do Exército, inaugurada

Em maio de 1935 Montenegro (assinalado) participou da escolta aérea ao presidente Getúlio Vargas, em viagem oficial a Argentina e Uruguai. Os dias eram tomados por uma sucessão de encontros protocolares, como os da foto acima. À noite, no entanto, os aviões iam para os hangares e os pilotos solteiros para as boates. Alguns, como Montenegro, trouxeram recuerdos *picantes* das noitadas portenhas (abaixo).

no Rio de Janeiro oito anos antes, em 1930, com o nome de Escola de Engenharia Militar (e que mais tarde viria a ser rebatizada como Instituto Militar de Engenharia, o IME). Até então a Escola formava engenheiros em armamento, eletricidade, eletrônica química, mecânica e metalurgia. Por determinação do Ministério da Guerra, seria instituída uma cadeira até então inédita no Brasil, a de engenharia aeronáutica. O novo curso teria a duração de três anos e seria aberto a candidatos civis com formação superior em ciências exatas e a oficiais da aviação, como o major Montenegro. A inspiração para o curso surgira da constatação de que o desenvolvimento de uma tecnologia aérea nacional, por meio da formação de engenheiros especialistas no ramo, passava a ser um fator indispensável numa época em que as máquinas voadoras se afirmavam como a principal arma de combate em todo o mundo. Marcar passo nessa área, portanto, significava ficar em séria desvantagem diante do inimigo em um possível conflito. Não era mais suficiente apenas ter exímios pilotos de combate à disposição das Forças Armadas. Dali por diante, tornara-se estratégico também dominar a cada vez mais sofisticada tecnologia que sustentava aquelas engenhocas no ar. Além de tudo, ainda calava fundo nos militares, desde a Revolução de 30, o discurso de que o Exército deveria encampar a bandeira não só da moralização da administração pública, mas também a do desenvolvimento econômico e progresso material da Nação. De resto, começava a nascer a convicção, ainda um tanto quanto difusa na elite dos quartéis, de que investir em tecnologia seria uma condição indispensável para isso.

Mas Montenegro se animou de verdade foi com a notícia de que velhos camaradas como Joelmir de Araripe Macedo (que fizera com Lavanère-Wanderley o voo inaugural da rota do Correio Aéreo para Goiás Velho) e Waldemiro Advíncula Montezuma (contemporâneo dos tempos da Escola de Aviação, no Campo dos Afonsos) também estavam dispostos a ingressar no curso de engenharia aeronáutica, cujas aulas começariam logo no início de 1939. Montenegro não pensou duas vezes. Inscreveu-se na Escola Técnica do Exército e, uma vez aceito, esvaziou as gavetas e pediu dispensa na Diretoria de Aviação. Aos 35 anos, com a patente de major, desfrutando das prerrogativas de um respeitável cargo dentro da estrutura do Estado-Maior, ele se encontrava em situação confortável, sobretudo para os padrões espartanos da vida militar. Tão logo regressou ao Rio ele tratou de trocar seu Chevrolet 1936 por um flamante Plymouth sedã zero quilômetro. Para chegar aos 29 contos, preço do carro novo, Montenegro deu o antigo por dezesseis contos, desembolsou um conto de réis e financiou os onze contos restantes em 23 prestações mensais de 479 mil-réis, garantidas por notas promissórias registradas em cartório. O velho Chevrolet azul-claro ia deixar saudades. Tão adocicado quanto a baratinha-açucareiro de São Paulo, o carro fora palco de noitadas incríveis, sobretudo nos passeios que ele realizava nas praias paulistas quando ia a Santos visitar o irmão mais velho, Júlio. Mesmo diante da tentação natural de se acomodar ao cotidiano da carreira, ele preferiu arriscar um outro voo, que lhe parecia naquele instante mais desafiador, que era o estudo da engenharia aeronáutica. E isso sem nenhum constrangimento pelo fato de que alguns dos professores da Escola Técnica eram mais jovens do que ele — e de patente inferior à sua —, como o capitão José Vicente Faria Lima, que após combater os rebeldes paulistas em 1932 dividia a responsabilidade pela diretoria do curso, aos trinta anos, com o também capitão Guilherme Aloysio Telles Ribeiro, da mesma idade, ambos diplomados pela prestigiosa École Nationale Supérieure d'Aéronautique de Paris. Dos amigos, o único a torcer o nariz foi Eduardo Gomes, que desdenhou a decisão:

— Puxa, Montenegro, mas você com essa idade ainda vai cursar engenharia, vai esquentar banco de escola? Por que isso?

Ele respondeu com um sorriso:

— Vou, Eduardo, porque agora a Aeronáutica não tem mais nada que me interesse. O futuro está é na engenharia.

É verdade que o curso se mostrou deficiente, fruto da dificuldade de se importar professores estrangeiros qualificados ou mesmo de se montar um bom corpo docente nacional, já que era bem pequeno o número de engenheiros aeronáuticos brasileiros formados fora do país. O próprio pioneirismo da iniciativa, portanto, era o principal motivo para as notórias insuficiências do curso. A despeito dessas limitações, o trio formado por Montenegro, Macedo e Montezuma levaria a sério a jornada de estudos e, assim, estaria incluído na turma dos primeiros onze engenheiros aeronáuticos formados dentro do Brasil — sete militares e quatro civis —, conforme atesta o diploma expedido em dezembro de 1941 e assinado pelo comandante e diretor de ensino da Escola Técnica do Exército, coronel José Bentes Monteiro, pai do futuro general Euler Bentes, que três décadas depois disputaria a eleição indireta para presidente da República contra o general João Baptista Figueiredo.

Durante o tempo em que frequentou as aulas de engenharia, Montenegro não ficou alheio ao que acontecia à sua volta, no país e no mundo. Em setembro de 1939, o planeta assistira à eclosão da Segunda Guerra Mundial, desencadeada pela invasão militar da Polônia pela Alemanha de Hitler. Antes, em março de 1938, os nazistas já haviam anexado a Áustria ao Terceiro Reich e, um ano depois, em março de 1939, ocupado a Tchecoslováquia, estabelecendo o célebre "corredor polonês". A ofensiva germânica, que resultaria numa declaração oficial de guerra por parte da Inglaterra e da França, havia sido baseada em uma revolucionária estratégia militar, a blitzkrieg — "guerra-relâmpago", em alemão —, que consistia em rápidos ataques de divisões blindadas por terra para sufocar o inimigo em movimentos de pinça, numa ação devidamente combinada com bombardeios desferidos pelos aviões da temida Luftwaffe, a força aérea nazista. A Alemanha inaugurava assim a "guerra de movimento", com unidades blindadas de alto poder destrutivo, ao mesmo tempo que fazia do avião não mais um mero executor de tarefas de apoio bélico, mas um instrumento decisivo nos campos de batalha. O resultado disso é que em 1940 Hitler já tomara também a Dinamarca, a Noruega, a Holanda, a Bélgica e, em 14 de junho daquele ano, após atropelarem o até

Montenegro e seu invejado Plymouth de 29 contos: acima com a sobrinha Antonietta (assinalada), que anos depois viria a ser sua mulher, e abaixo com amigas santistas.

então onipotente exército francês, seus soldados desfilaram vitoriosos a bordo de tanques Panzer pela avenida Champs-Élysées em direção ao Arco do Triunfo, sob os olhares atônitos dos parisienses.

Enquanto isso, no Brasil, o ditador Getúlio Vargas titubeava para decidir de que lado o Estado Novo ficaria no conflito. Um fato ficara evidente para Montenegro e para os oficiais da Aviação: a guerra sangrenta travada na Europa mostrava, de uma vez por todas, que aqui ou em qualquer lugar do mundo seria impossível continuar fazendo da Aeronáutica um mero apêndice do Ministério da Guerra. O avanço tecnológico e o papel crucial que os aviões passaram a desempenhar na moderna estratégia militar estava a exigir o surgimento de uma Força à parte, com a consequente criação de uma nova estrutura organizacional e de um novo ministério, até então referido com a abstrata denominação de Ministério do Ar. A discussão tomou conta dos quartéis e ganhou repercussão maior ainda na Escola Técnica do Exército, especialmente entre os alunos do curso de engenharia aeronáutica, que passaram a defender ardorosamente a autonomia da aviação militar. O assunto extrapolou os muros da caserna e em breve seria debatido amplamente nas páginas dos jornais. Nesse cenário de expectativas, ainda no último ano do curso da Escola Técnica, Montenegro foi procurado pelo capitão Nero Moura, instrutor--chefe no Campo dos Afonsos e piloto oficial de Getúlio Vargas. Nero fez-lhe uma confidência. O presidente o chamara na noite anterior ao Palácio Guanabara para lhe entregar uma montanha de papéis que nos últimos dias se acumulara em sua mesa de trabalho. Eram estudos e projetos que havia recebido, de várias procedências, sugerindo a criação do Ministério do Ar. Com um fumegante Santa Damiana entre os dedos, Getúlio recomendara a Nero Moura:

— Seja discreto. Reúna seus amigos, mostre-lhes esses documentos, converse com eles e me dê uma opinião — determinou, em meio às baforadas do inseparável charuto.

O capitão Nero exultou. Aquela tarefa confirmava a confiança que o dr. Getúlio depositava nele. Amigo de Lutero Vargas, filho do presidente, o gaúcho Nero era frequentador assíduo do Palácio Guanabara e, como estava sempre por ali, acabou se aproximando do resto da família até receber, em 1938, o convite para pilotar o avião presidencial, um Lockheed 12A, bimotor com oito assentos de fabricação norte-americana. Quando o presidente lhe confiou o encargo de consultar colegas de farda sobre a possível criação do Ministério, o primeiro a ser procurado foi justamente Montenegro. Os dois já se conheciam fazia algum tempo. Nero iniciara a função de instrutor de pilotagem nos Afonsos logo após a Revolução de 32, quando realizou sessenta missões de combate contra os paulistas na região do Vale do Paraíba. Ao falar com Montenegro, explicou que ainda iria sondar meia dúzia de outros oficiais, todos getulistas acima de qualquer suspeita, aviadores de carreira e oriundos das primeiras turmas da Escola de Aviação. Prometeu que dali a alguns dias marcaria uma reunião, em seu próprio apartamento, para discutirem a questão em conjunto. Na noite da data acertada, Montenegro foi à casa de Nero Moura e lá encontrou, sentado no sofá da sala do capitão, o grandalhão Lavanère-Wanderley ao lado de seu professor no curso de engenharia aeronáutica, Faria Lima. Pouco depois chegariam outros velhos camaradas: o major Clóvis Travassos, um dos atrevidos pilotos que haviam decolado dos Afonsos junto com Montenegro para aderir à Revolução de 30, e o capitão Miguel Lampert, colega desde os tempos heroicos do Correio Aéreo. Estavam, portanto, entre amigos. O grupo debruçou-se madrugada adentro sobre a papelada trazida por Nero do gabinete do presidente e, ao final de longas discussões, estabeleceu-se um consenso, reafirmado em novas reuniões secretas, nas noites seguintes, sempre no mesmo apartamento: primeiro, todos eles eram favoráveis à criação, urgente, do Ministério do Ar; segundo, o nome a ser indicado para o cargo de ministro teria que ser, obrigatoriamente, o de um aviador.

Nos últimos dias de agosto de 1940, Nero Moura levou as sugestões do grupo ao Palácio Guanabara, dispostas em um documento já escrito na forma de projeto de lei, pronto para apenas receber a assi-

O ministro Salgado Filho (de terno) com os coronéis-aviadores Henrique Fleiuss (de óculos escuros), Ajalmar Mascarenhas (de bigode) e Montenegro: Getúlio dá um nó em todos e nomeia um civil para dirigir o Ministério da Aeronáutica.

natura do presidente. Getúlio leu aquilo e percebeu que a turma consultada por Nero fizera um trabalho meticuloso, no qual se tomava inclusive o cuidado de recomendar que o ministério fosse criado antes do final do ano, para que houvesse tempo suficiente de incluir a previsão de verbas para a nova pasta já no orçamento de 1941. Contudo, para evitar discussões de detalhes que pudessem emperrar a aprovação imediata da matéria, Montenegro e seus colegas propuseram a criação de um gabinete técnico dentro do novo ministério, que só depois trataria da regulamentação complementar. Isso evitava, por exemplo, antecipar a provável contenda com membros das demais Forças — Exército e Marinha — no momento de estabelecer as promoções e equivalências hierárquicas entre as três corporações.

— Presidente, o senhor cria o ministério e a coisa está feita. Achamos mais prudente que caiba à nova pasta estabelecer o critério das promoções — sugeriu Nero a Getúlio.

O presidente não disse que sim nem que não. Iria pensar no assunto. Sabia que se arriscava a comprar encrenca pesada com o Exército e com a Marinha, cujos oficiais não viam com bons olhos a mudança, pois não só perderiam efetivos consideráveis como teriam que ceder aviões e equipamentos ao tal Ministério do Ar. Questionavam ainda o fato de que muitos colegas iriam passar à frente deles durante a transferência, já que seria preciso suprir a nova Força com um número suficiente de oficiais graduados para exercerem os postos de comando. Além disso, os rumores de que ia surgir um novo ministério só ajudavam a aumentar a velha fama que os aviadores amargavam de eternos indisciplinados, muitos até avessos ao uso de farda, suprema heresia por parte de qualquer bom soldado. Havia casos considerados inadmissíveis de aviadores do Correio Aéreo que burlavam a obrigação de se apresentarem às autoridades militares dos locais em que faziam escala, tudo para não ter que envergar o uniforme completo, com quepe, túnica e botas caprichosamente lustradas, preferindo viajar com uma simples camisa por baixo do casaco de aviador e, nos pés, um par de confortáveis sapatos. Os pilotos se justificavam: aquilo que os colegas do Exército consideravam um atestado de indisciplina explícita era, na verdade, uma mera questão de adequação da indumentária ao ofício, pois fazer voos de longo percurso com coturnos e talabarte, além de desconfortável, era quase uma insensatez. Getúlio sabia de todas essas arengas e, por isso, cozinhou a decisão em banho-maria durante cerca de mais um mês. Desse modo, sempre que topavam com Nero Moura, Montenegro e os demais membros do grupo indagavam, apreensivos, embora sempre de surdina:

— E aí, o Ministério, quando sai?

— Vai sair, vai sair... — respondia Nero, igualmente preocupado, mas disfarçando a própria ansiedade.

Quando Getúlio enfim decidiu que era impossível continuar procrastinando aquela delicada questão, optou por uma saída de alto risco, mas ardilosamente arquitetada. Ele tinha perfeita consciência de que a parte mais delicada de sua decisão envolvia, em última análise, a escolha do homem que iria inaugurar a cadeira de ministro do Ar. Caberia ao ungido administrar as resistências e, com toda a diplomacia de que fosse capaz, tratar de esfriar os ânimos e promover o entendimento geral. Se escolhesse um piloto, como queriam Nero Moura e seus amigos, Getúlio com certeza descontentaria o Exército e a Marinha. Se nomeasse um general ou um almirante, os aviadores iriam estrilar. Esse tema, aliás, passara a monopolizar as conversas de Montenegro com os colegas que haviam redigido o projeto entregue por Nero ao presidente da República.

— Se o presidente escolher um bom nome, vai ser um sucesso. Mas se escolher uma besta, vamos todos passar mal — comentou Montenegro com Nero Moura.

Getúlio surpreendeu a todos com uma jogada de rara habilidade política. Em outubro autorizou a criação da pasta, mas surpreendentemente escolheu um civil para comandar o novo ministério militar. Em vez de convidar alguém com patente oriundo de qualquer uma das corporações, sacou do bolso do paletó o nome de Joaquim Pedro

Salgado Filho, advogado gaúcho formado pela Faculdade de Direito do Rio de Janeiro e um dos apoiadores de primeira hora da candidatura de Getúlio Vargas em 1930. Após a revolução, Salgado Filho havia sido nomeado chefe da polícia do Distrito Federal e, em 1932, alçado ao cargo de ministro do Trabalho, Indústria e Comércio. Getulista fiel, apoiara o golpe com que Vargas instituíra o Estado Novo, em 1937, e em retribuição tornara-se ministro do Superior Tribunal Militar, função que exercia desde 1938. A aposta na qual Getúlio punha todas as fichas era alta e, se não desse certo, em vez de amornar a temperatura, atearia ainda mais fogo nos quartéis. Havia precedentes históricos nesse sentido. Em 1918, o então presidente Wenceslau Braz fizera algo semelhante ao escolher um outro civil, o engenheiro Pandiá Calógeras, para o Ministério da Guerra, o que provocou revolta generalizada entre os militares e ajudou a fermentar enorme ebulição nos quartéis. Mas a opção pelo nome de Salgado Filho por Getúlio pareceu, naquele momento, tão inusitada que serviu para neutralizar os antagonismos em marcha.

Apesar da desconfiança inicial por parte dos aviadores, Salgado Filho pôs imediatamente em ação o trabalho de organização do Ministério da Aeronáutica, denominação que acabou substituindo a anteriormente prevista. Em 20 de janeiro de 1941, Getúlio oficializou a criação da pasta por meio de um decreto-lei cujos 29 artigos resumiam os pontos basilares propostos por Nero Moura, Montenegro, Wanderley, Faria Lima, Travassos e Lampert. Em resumo, ordenava que todas as unidades de aviação passassem a obedecer a um único comando, integrando assim os órgãos anteriormente dispersos pelos dois ministérios militares preexistentes. A Aviação Naval e a Aviação Militar foram extintas. Com isso, o acervo de material aeronáutico incorporado à nova pasta incluía 99 aviões oriundos da Armada e outras 331 aeronaves provenientes das diversas unidades aéreas do Exército. Os oficiais que porventura não desejassem abandonar os quadros de origem teriam trinta dias para requerer sua permanência aos respectivos ministérios. Um detalhe não passaria despercebido na redação do decreto: sob nítida inspiração dos mesmos princípios que antes nortearam a criação do curso de engenharia aeronáutica, havia claras referências à ideia de que a pesquisa científica passara a ser condição essencial para o desenvolvimento do país. Isso porque o decreto determinava que cabia ao novo ministério fomentar a aviação nacional com a destinação de recursos específicos para a tecnologia aeronáutica.

Um antigo desejo dos aviadores também logo seria realizado. Eles comemoraram quando, nove dias após tomar posse, o ministro Salgado Filho assinou uma de suas primeiras portarias, designando uma comissão para rever, com urgência, a questão dos uniformes na Aeronáutica, o que resultaria na adoção de jaquetas e calçados mais adequados ao voo para os pilotos e na aprovação do cáqui como a cor oficial da corporação — o azul atual só surgiria em 1959. Um aviso oficial logo mandaria também apagar os nomes e distintivos do Exército e da Marinha dos aviões incorporados à nova força. E já no primeiro Plano de Uniformes fazia-se referência ao símbolo que seria adotado pela recém-criada Força Aérea Brasileira (FAB), um sabre alado, com as asas abertas em par. Na composição do quadro hierárquico, contudo, procurou-se manter o máximo possível a nomenclatura já adotada pelo Exército, praticamente acrescentando-se apenas a palavra "aviador" para os oficiais até o posto de coronel (que assim, por exemplo, passava a ser designado de coronel-aviador), enquanto os postos dos oficiais-generais receberiam os nomes de brigadeiro do ar (equivalente no Exército ao general de brigada), major-brigadeiro (no Exército, general de divisão), e tenente-brigadeiro do ar (general de exército), mantendo-se a denominação de marechal para o cargo mais elevado da hierarquia.

Outra providência que precisava ser tomada de imediato por Salgado Filho era a definição da estrutura do ministério e o consequente preenchimento dos cargos nos principais escalões administrativos. O contra-almirante Armando Trompowsky de Almeida, de 51 anos, diretor-geral da extinta Aviação Naval e o oficial mais antigo entre todos os que passaram a fazer parte da Força Aérea (e já convertido ao novo posto de brigadeiro do ar), ficou com o comando do recém--criado Estado-Maior da Aeronáutica. Abaixo dele ainda existia um mundo de posições a serem ocupadas. Foram constituídas inicialmente quatro diretorias-gerais, algumas envolvendo subdiretorias e todas elas subordinadas diretamente ao ministro, cada uma responsável por uma atividade específica: Pessoal, Material, Rotas Aéreas e Aeronáutica Civil. Por coincidência, Montenegro recebia o diploma de engenheiro aeronáutico justamente no momento em que o ministério se encontrava em processo de organização, o que demandava profissionais qualificados e aptos a exercerem as novas funções que estavam sendo criadas. A opção que ele fizera três anos antes, ao trocar a cômoda burocracia por um curso técnico, se revelara premonitória. Embora tivesse terminado o curso de engenharia com média 7,2, sua turma era excepcionalmente afiada e essa nota só lhe assegurou um opaco nono lugar entre os onze formandos. Seu prestígio, contudo, continuava voando alto. E o passado depunha largamente a seu favor. Formado na primeira turma de aviação do Exército, revolucionário tenentista de primeiríssima hora em 1930, idealizador do Correio Aéreo, legalista em 1932, comandante durante seis anos do Campo de Marte, as folhas de sua Caderneta de Alterações o credenciavam a ocupar uma função de relevo na estrutura do novo Ministério da Aeronáutica. Tanto que não demorou muito para que o coronel-aviador Ivan Carpenter Ferreira, nomeado para chefiar a Diretoria de Material, convidasse Montenegro para responder pela subchefia do órgão e, mais que isso, pela organização da Subdiretoria de Técnica Aeronáutica, departamento cujo nome por si só confirmava a intenção do ministério de investir em pesquisa tecnológica. Montenegro, que em dezembro de 1941 fora promovido a tenente-coronel, aceitou de pronto a oferta e tratou de incluir em sua equipe três colegas de turma que haviam se destacado como alunos exemplares na Escola Técnica do Exército, engenheiros recém--formados como ele: o major Waldemiro Advíncula Montezuma e os capitães Renato Augusto Rodrigues e Dirceu de Paiva Guimarães. Montenegro começava ali a estabelecer uma marca registrada que cultivaria pelo resto da vida: cercar-se de auxiliares de primeira linha, sem qualquer receio de que esses porventura pudessem um dia vir a ofuscar com sua competência aquele que os chefiava. "Montenegro só chamava para trabalhar junto dele quem fosse bom de verdade", recordaria anos mais tarde o professor Oswaldo Fadigas Fontes Torres, um de seus futuros colaboradores. "Ele não era homem de ter medo de alguém mais brilhante fazer sombra para ele."

O subdiretor Casimiro Montenegro voltava a trabalhar sentado atrás de uma grande mesa de jacarandá. Mas dessa vez a função não era meramente burocrática. Cabia à Diretoria de Material, entre outras atribuições, a responsabilidade pela aquisição e manutenção de novos aviões militares para atualizar a frota aérea do país, pois a grande maioria das aeronaves herdadas do Exército e da Marinha era obsoleta e só com muita boa vontade não havia sido inventariada como sucata durante a transferência dos acervos para a Aeronáutica. O detalhe que mudava tudo era que, àquela altura, Getúlio Vargas já fora obrigado a tomar uma posição oficial em relação ao conflito que, iniciado em 1939 no ataque alemão à Polônia, generalizara-se por todo o planeta.

Da Itália, Benito Mussolini, aliado de Hitler, estendera a guerra até a África e o Mediterrâneo. Em julho de 1941 os nazistas, que já haviam despejado cerca de 58 mil toneladas de bombas sobre a Inglaterra, quebraram um pacto de não agressão selado por Hitler e Stálin e invadiram o território soviético. Em dezembro o Japão destruiria com um fulminante ataque aéreo a base naval norte-americana de Pearl Harbour, no Havaí. O Eixo até então formado pela Itália e pela Alemanha ganhara uma terceira ponta e forçara os Estados Unidos a entrarem na guerra. Não restava outra escolha ao Brasil a não ser aliar-se aos Estados Unidos. Getúlio mantivera até ali uma postura dúbia e pragmática, procurando obter dividendos dos dois lados antes de tomar partido. Seu Estado Novo tinha visíveis afinidades filosóficas e ideológicas com o nazifascismo, mas também era objeto da vigilância dos Estados Unidos, empenhados em que nenhum país do continente americano se bandeasse para o lado inimigo. Mesmo assim, só em agosto de 1942 é que Getúlio se definiu, felizmente, a favor dos Aliados. Como parte dos acordos assinados pelo Brasil, as tropas norte-americanas receberam permissão para montar bases em território brasileiro e os Estados Unidos passaram a fornecer equipamentos estratégicos ao país. Entre os quais se incluíam, claro, aviões militares. Tudo isso se desenrolava justamente quando Montenegro iniciava seu trabalho na Subdiretoria de Técnica Aeronáutica.

A partir do momento em que o Brasil declarou guerra ao Eixo, submarinos alemães passaram a invadir o mar territorial brasileiro e a bombardear navios de bandeira verde e amarela. As embarcações da Marinha Mercante passaram a navegar em comboios escoltados por aviões de combate da Força Aérea Brasileira. Isso tornou ainda mais urgente a necessidade de substituir os combalidos aviões brasileiros por novas e sofisticadas máquinas aéreas de guerra. Só assim seria possível enfrentar os poderosos submarinos alemães que infestavam as águas brasileiras. No dia 30 de janeiro de 1943, como subchefe da Diretoria de Material, Casimiro Montenegro embarcou para os Estados Unidos junto com outros oficiais, com a incumbência de trazer para o Ministério da Aeronáutica um lote de aviões norte-americanos. Como também chefiava a Subdiretoria de Técnica Aeronáutica, discutiu com sua equipe a ideia de visitar o Wright Field, em Ohio, avançado centro de pesquisas de engenharia mantido pela Força Aérea dos Estados Unidos. Ele sabia que ia ter de ficar fora por muito tempo, o que significava passar alguns meses longe de seu mais novo passatempo nos finais de semana: voar no *Tamboatá*, hidroavião Savoia-Marchetti S-56 que pertencera ao capitão Francisco de Assis Correia de Melo e que ele comprara por trinta contos de réis — o equivalente ao preço de um carro americano zero quilômetro. Mas ficar tanto tempo sem voar teria suas recompensas: Montenegro só retornou quatro meses e meio depois, mas voltou deslumbrado com o que encontrara por lá.

7 Montenegro conhece o MIT e volta com uma ideia maluca: fazer um igual no Brasil

Dez dias depois de desembarcar no recém-inaugurado Aeroporto Nacional de Washington, considerado à época o mais luxuoso do mundo com suas abóbadas douradas em estilo art déco e enormes paredes envidraçadas do teto ao chão, Casimiro Montenegro recebeu uma má notícia. Teria que apertar o cinto durante sua estadia nos Estados Unidos. O capitão-aviador Miguel Lampert, chefe do escritório brasileiro encarregado da compra de material aeronáutico nos Estados Unidos, cometera uma indiscrição e vazara para ele a cópia de um memorando confidencial. O documento datilografado, assinado pelo major-aviador Faria Lima, ex-diretor da Escola Técnica do Exército e agora oficial de gabinete do ministro Salgado Filho, comunicava a Lampert que não seria autorizada a verba de representação com a qual Montenegro esperava custear suas despesas durante a viagem. Enquanto isso, informava a mesma mensagem, o coronel-aviador Henrique Dyott Fontenelle, escolhido para comandar o grupo de oficiais que estavam em Washington para trazer aviões norte-americanos ao Brasil, recebera autorização para sacar 2 mil dólares — cerca de 34 mil dólares em valores de 2023 — enviados a ele pelo Ministério como ajuda de custo. Lampert, que conhecia bem o colega Montenegro ainda dos tempos do Correio Aéreo, remeteu-lhe uma cópia do ofício que trouxera as más novas e, com caneta, à margem do papel, escreveu um bilhete:

Para Montenegro a viagem aos Estados Unidos significava ficar três meses longe de seu novo passatempo: o Tamboatá, hidroavião Savoia-Marchetti que usava nas viagens a Santos.

Montenegro, amigo

Como vês, não terás verba de representação. Mas se tiveres alguma despesa, que na certa terás como tenente-coronel-aviador e cavalheiro, conte comigo, até cem dólares.

Ao sublinhar a palavra "cavalheiro", Lampert não deixava dúvidas de que se referia à fama que o colega desfrutava de ser um *homme a femmes*, um sujeito que fazia enorme sucesso com as mulheres. Ao final, comentava que os cem dólares extras sairiam de seu próprio bolso, em nome da antiga amizade:

Quero assim retribuir-te as atenções que em outros tempos, quando eras caudilho, me dispensaste.

Abraços do velho Lampert.

Montenegro imaginava que desembarcar em Washington em pleno inverno, em um ano em que os termômetros da cidade chegariam a marcar dez graus negativos, deveria ser para um cearense como ele a maior das dificuldades com as quais se depararia durante a viagem. Porém, para um solteirão convicto que chegava aos quarenta anos apaixonado por carrões e pelas boas coisas da vida, estar nos Estados Unidos com dinheiro regrado passava a ser, isso sim, um problema considerável. Lampert sabia disso e em seu recado chegou a recomendar que Montenegro evitasse gastar dinheiro até mesmo com as passagens aéreas para a visita que pretendia fazer à base aérea de Wright Field, em Ohio, a cerca de 650 quilômetros de Washington. "Não te aconselho a viajar de avião, porque não farás nenhuma economia por esse meio de locomoção", advertiu Lampert, para depois comparar a situação do celibatário Montenegro à de outro companheiro de viagem, o capitão Almir dos Santos Policarpo, um homem casado, e que por determinação expressa do Ministério também não receberia verba de representação: "Não conheço teus propósitos a respeito de economia, mas o Almir que é 'mãe' de sete filhos talvez queira fazer alguma...", brincou.

Casimiro Montenegro ouviu o conselho do amigo e se viu obrigado a atravessar de ônibus dois estados norte-americanos — Virgínia e West Virgínia — até alcançar a fronteira com Ohio e, depois dali, ainda percorrer cerca de duzentos quilômetros de estrada para enfim chegar a Wright Field. Como se não bastasse a pachorra de um aviador ter que se submeter a viajar por terra para visitar uma base aérea, percorrendo em quase um dia inteiro a distância que venceria em algumas poucas horas pelo ar, ainda havia um outro constrangimento aguardando-o ao final da linha. O nome da base aérea soava como verdadeiro desaforo para um piloto brasileiro, já que se tratava de uma homenagem a Orville e Wilbur Wright, os irmãos Wright, cultuados pelos norte-americanos como os verdadeiros inventores do avião, em detrimento da primazia de Alberto Santos Dumont. Ainda que isso arranhasse os brios patrióticos de Montenegro, ele ficou abismado com o que viu. Não havia no Brasil nada que fosse, nem de longe, parecido com aquilo. Aberto em 1917 como simples campo de formação e treinamento para pilotos norte-americanos durante a Primeira Guerra Mundial, Wright Field em menos de três décadas transformara-se em um avançado centro de pesquisa aeronáutica, desenvolvendo em seus laboratórios a tecnologia necessária para se fabricar as máquinas voadoras apresentadas agora ao mundo pelos Estados Unidos durante a Segunda Guerra. Ao término da visita à base, Casimiro Montenegro firmou a convicção de que o Brasil — país que se orgulhava de ter dado ao mundo o "Pai da Aviação" — deveria mirar-se no exemplo dos norte-americanos, em vez de simplesmente importar os aviões produzidos por eles.

Na época aquelas ideias de Montenegro pareciam fruto do mais puro delírio. Ele correria sério risco de ser tratado como um doido varrido se ousasse afirmar que aviões poderiam vir a ser produzidos em série no Brasil, um país que não fabricava sequer bicicletas e que importava do exterior até mesmo vasos sanitários. Algumas iniciativas pioneiras, é verdade, já haviam sido arriscadas antes. Entre elas, as levadas a cabo pelo Instituto de Pesquisas Tecnológicas, ligado à

Escola Politécnica de São Paulo, que desde a década de 1930 andava às voltas com o projeto de aviõezinhos montados com estrutura de freijó, uma madeira leve, mandada buscar no Pará, equipados com motor de quatro cilindros e muito apropriadamente apelidados de "Bichinhos". Já uma sociedade do norte-americano Orton Hoover com Henrique Santos Dumont, sobrinho do inventor do avião, dera origem em 1931 à Empresa Aeronáutica Ypiranga, que cinco anos depois colocaria no ar o EAY-201, aeronave civil construída nas oficinas do Campo de Marte sob a supervisão do então capitão Montenegro. Mais adiante, em 1942, a Ypiranga foi vendida para o empresário Francisco "Baby" Pignatari, dono da Companhia Aeronáutica Paulista, que reprojetou o EAY-201 e o rebatizou de CAP-4A, mais conhecido como *Paulistinha* e do qual chegaram a ser fabricados 777 aparelhos. Pouco antes, entre 1935 e 1941, o tenente-coronel Antônio Guedes Muniz, um alagoano que participara ativamente dos movimentos tenentistas no Rio de Janeiro, também construíra 26 unidades seriadas do Muniz 7, o M-7, avião com asas duplas de madeira, fuselagem metálica e motor inglês Gipsy Major de 130 cavalos. No entanto, todos aqueles eram empreendimentos isolados, cujos resultados nem por sonho podiam ser comparados ao desempenho dos modernos aviões saídos dos hangares da indústria aeronáutica norte--americana.

Entusiasmado com a visita a Wright Field, Montenegro decidiu investir cada dólar que lhe restava na carteira em uma outra viagem, essa sugerida por um de seus melhores assistentes na Subdiretoria de Técnica Aeronáutica, o amazonense Arthur Soares Amorim, diplomado pelo Massachusetts Institute of Technology (MIT), um dos maiores centros de tecnologia do mundo, localizado em Boston. Engenheiro civil recém-formado e funcionário do Serviço Técnico da Aviação — órgão criado por Getúlio Vargas em 1934 para incentivar o estudo da engenharia aeronáutica —, Amorim integrara um pequeno grupo de civis e militares enviados em 1940 para estudar no MIT, já como parte do processo de aproximação que se verificava à época entre o governo brasileiro e os Estados Unidos. Ao retornar ao Brasil, locado na subdiretoria comandada por Montenegro, Amorim voltou falando maravilhas do MIT. E ao saber que o chefe iria aos Estados Unidos com a intenção de visitar a base aérea de Wright Field, sugeriu-lhe que não perdesse a oportunidade de dar uma esticada até Boston para ver o que se fazia por lá.

Com a ajuda providencial do amigo Miguel Lampert, Montenegro colocou mais alguns dólares no bolso e viajou para Boston. Chegou praticamente junto com uma violenta borrasca que deixara as ruas, parques e jardins da cidade cobertos por espessa camada de neve. Montenegro guardaria com desvelo para o resto da vida as fotos que tiraria tendo ao fundo a paisagem branca daquele rigoroso inverno em Boston. Mas o que ficaria de verdade em sua memória seria o labirinto de prédios, laboratórios, salas de aula, oficinas e departamentos espalhados pelos cerca de 680 mil metros quadrados que compunham o campus do MIT. Um gigantesco complexo dedicado inteiramente ao ensino e à pesquisa, que começara a receber os primeiros alunos em 1865 e a partir de então se revelara um inesgotável celeiro de cientistas, entre os quais figuravam vários vencedores do Prêmio Nobel. Na virada do século o MIT passaria a marca dos sessenta alunos e professores premiados pela Academia Sueca, sendo 26 Nobel de Física, doze de Química, treze de Economia, oito de Medicina e dois da Paz — entre estes o secretário-geral da ONU, o queniano Koffi Annan, mestre em administração pelo MIT e o primeiro negro a ocupar a direção do organismo. Os números revelam uma média assombrosa de um Nobel a cada dois anos, desde a criação do instituto.

Logo nos seus primeiros dias em Boston, Casimiro Montenegro encontrou-se com o major-aviador Oswaldo Nascimento Leal, recém-matriculado no curso de engenharia aeronáutica do MIT e seu antigo subordinado no Campo de Marte. Enquanto passeavam pelo campus coberto de neve, um entusiasmado Montenegro, tiritando de frio e vestido em um grosso casaco de lã sobre o uniforme da Aero-

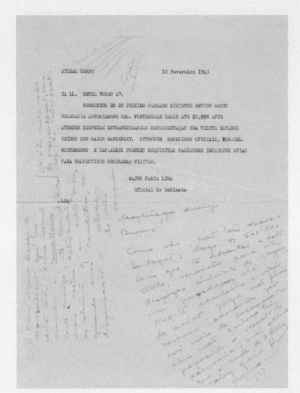

Apesar do corte na ajuda de custo e do frio que enfrentou em Boston (abaixo, com Miguel Lampert), Montenegro ia bater na porta certa: o lendário Massachusetts Institute of Technology, o MIT.

náutica brasileira, contou da viagem que havia feito dias antes a Wright Field e de como a base em Ohio havia enchido seus olhos. Confidenciou ao colega seu sonho: um dia ver reproduzido no Brasil algo similar àquela bem-sucedida empreitada norte-americana, experiência que, aliás, vinha comprovar, na prática, a tese de que o investimento maciço em tecnologia significava um retorno garantido para o desenvolvimento de uma nação. Há controvérsias sobre a reação que Nascimento Leal teria esboçado diante daquela inesperada observação de Casimiro Montenegro. Há quem assegure que, ao contrário do que se poderia esperar, o major Leal não achou que Montenegro perdera o juízo. Ao contrário, teria afirmado que compartilhava da mesma aspiração e feito uma observação que calaria fundo ao amigo: em vez de Wright Field, o exemplo estava ali mesmo, à volta deles, naqueles prédios que abrigavam a nata da inteligência científica mundial.

— Wright Field é uma coisa grandiosa, mas é uma unidade de operação tipicamente militar — teria ponderado o major Leal. — O Brasil precisa é de uma escola de alto nível para a formação de engenheiros aeronáuticos, uma instituição que seja voltada para a aviação de maneira geral, seja ela civil ou militar, e não apenas para cuidar dos assuntos específicos da Força Aérea.

Violet Leal, viúva do major Leal, falecido em 1961 no posto de coronel-aviador, diz recordar-se perfeitamente da noite em que o assunto voltou a ser discutido na mesa da sala de sua casa, em Boston, entre Montenegro e o marido dela. "Oswaldo não é muito citado nessa história toda, mas sei que ele teve uma participação decisiva nisso", garante. "Pouca gente, aliás, reconhece isso, pois meu marido era um homem que não gostava de aparecer, fazia as coisas e ficava nos bastidores. Era muito modesto, não tinha nada de cabotino." Montenegro, no entanto, em um depoimento gravado muitos anos depois, daria uma versão diferente para o episódio. Segundo ele, Leal teria achado inicialmente a ideia descabida. Não fazia sentido, teria afirmado o major, montar um sofisticado centro de pesquisa de engenharia aeronáutica no Brasil se o país podia perfeitamente continuar mandando alunos para estudar nos Estados Unidos. A ideia de inspirar-se no modelo do MIT teria sido dele próprio, Casimiro Montenegro.

Seja como for, o fato é: enquanto os outros oficiais que haviam viajado aos Estados Unidos já se preparavam para pegar no manche e voltar para casa pilotando os aviões adquiridos pelo governo brasileiro, Montenegro disparava telegramas aos seus superiores para solicitar uma prorrogação da visita técnica ao Massachusetts Institute of Technology. Como a causa em prol do desenvolvimento da tecnologia fora referendada pelos próprios documentos que deram origem ao Ministério da Aeronáutica, não foi difícil encontrar argumentos para obter uma licença especial para uma permanência maior nos Estados Unidos, durante a qual Montenegro faria um intenso programa de visitas aos vários departamentos que compunham o instituto. Foram ao todo 73 dias de trabalho fora do Brasil. O que significava, também, 73 noites à disposição do bom e velho Montenegro, que agora passara a contar com a salvadora verba de representação para cumprir a nova tarefa.

Além das viagens de trabalho a Boston e Washington, Montenegro esteve também em Los Angeles e Nova York, como atestam os suvenires que traria na sua bagagem de volta ao Brasil. Entre eles, o programa de um show a que assistiu numa mesa de pista do The Latin Quarter, casa noturna de quinhentos lugares que se autodefinia como "o mais excitante nightclub de Nova York" e oferecia a seus frequentadores uma programação variada, na qual cantores e orquestras se alternavam no palco com um plantel de belas dançarinas em trajes sumários, algumas delas de seios à mostra, um pecado capital para a puritana sociedade norte-americana de então. A fama da casa era tanta que o dono, Lou Walters (pai da futura jornalista Barbara Walters), acabaria abrindo filiais em Miami e Boston. No verso do programa guardado por Montenegro, ilustrado com gravuras de mulheres nuas, ficaram algumas dedicatórias e mensagens escritas por mãos femininas, iguais a esta:

I'll fly to Rio with you.
Love,
Bronia

Estrelas em início de carreira como Frank Sinatra e Tony Bennett costumavam se apresentar no The Latin Quarter. Mas naquela noite em que Montenegro esteve por lá, a principal atração foi um espetáculo em dois atos intitulado *Folies fantastiques*, no qual se incluía um apimentado esquete livremente adaptado das *Mil e uma noites*. Seguia-se um certo *Ballet on Fifth Avenue*, protagonizado por um animado grupo de *show-girls* e antecedido pela performance de Corinne e Tito Valdez, dupla que costumava se apresentar sem roupa no palco, apenas enrolada em um lençol branco. No mesmo envelope em que conservou o programa da casa de shows, Montenegro reuniu uma pequena coleção de cartões-postais de sua temporada norte--americana. Um deles, com a foto em sépia do luxuoso Olympic Hotel de Seattle em um dos lados, exibia no verso uma assinatura ilegível abaixo da seguinte mensagem, enviada para Montenegro no número 1781 da Orchid Avenue, em Los Angeles, endereço do hotel onde ele estava hospedado:

Montenegro,
        Seattle recorda-me a canção brasileira: "Ó que terra boa para se farrear". Espero que sintas o mesmo em Los Angeles.

Como era de esperar, quando Casimiro Montenegro enfim retornou ao Rio de Janeiro, em 14 de maio de 1943, a Bronia do The Latin Quarter não veio com ele. As noitadas em Nova York e Los Angeles tinham ficado para trás, embora guardadas com nostalgia no mesmo envelope, no fundo de sua gaveta de solteiro. O que realmente passara a ser uma obsessão para ele, a partir dali, era a ideia aparentemente excêntrica de se implantar um centro de engenharia aeronáutica de alto nível no país, algo inspirado na grandiosidade do MIT

Montenegro (à dir.) chega aos Estados Unidos com uma dúvida. Ele vai ter que decidir o que será melhor para o Brasil: fazer um novo Wright Field ou copiar o MIT?

e que viesse a substituir o deficiente curso no qual se diplomara na Escola Técnica do Exército um ano e meio antes, em 1941. Para a maioria dos colegas, contudo, aquilo soava como uma maluquice sem tamanho, uma utopia inalcançável. Além disso, havia mais coisas com que se preocupar naquele instante, argumentavam seus camaradas de farda. O momento, é verdade, não parecia propício para tamanho otimismo. Estávamos às vésperas da organização da Força Expedicionária Brasileira, instituída oficialmente em agosto daquele ano por Getúlio Vargas com o objetivo de enviar soldados para a guerra travada do outro lado do Atlântico. Mas desde o primeiro dia em que reassumiu suas funções na Subdiretoria de Técnica Aeronáutica, Montenegro não pensou mais em outra coisa. Tanto que transformou seu posto de trabalho em uma trincheira de onde passaria a travar outra guerra paralela e particular: convencer seus superiores, no Ministério da Aeronáutica, de que não estava tendo alucinações.

Com a ajuda do assistente Arthur Soares Amorim, o engenheiro amazonense diplomado no MIT que lhe sugerira a visita a Boston, Montenegro começou a traçar o primeiro esboço de seu mirabolante projeto. Estivesse ou não de acordo com a ideia desde o princípio, não há dúvidas de que o major Oswaldo Nascimento Leal logo passaria a servir como elemento de ligação fundamental entre Montenegro e o Massachusetts Institute of Technology. Era Leal quem o municiava de informações atualizadas sobre o funcionamento do instituto, incluindo detalhes como o valor dos salários pagos ao time de professores e funcionários de elite que lá trabalhavam. Afinal, a ideia de Montenegro era atrair mestres e doutores do MIT para o Brasil pagando-os em dólar e oferecendo-lhes condições de trabalho semelhantes — ou até melhores — às que tinham nos Estados Unidos. Não seria um investimento pequeno, ele sabia. Além do corpo docente qualificado, era preciso também dispor de uma infraestrutura à altura, na qual não podiam faltar laboratórios bem equipados e instalações compatíveis com o funcionamento de uma escola de ponta. Por isso, quem colocasse os olhos nos primeiros rascunhos do projeto não teria mais dúvidas de que Montenegro enlouquecera de vez.

Àquela altura, alguns de seus melhores amigos haviam partido para a guerra, como o major Nero Moura, que trocara o cargo de piloto oficial do presidente pelo de comandante do 1º Grupo de Aviação de Caça. A unidade tinha sido instituída por decreto em dezembro de 1943, e seus componentes, ao contrário dos soldados que participavam da Força Expedicionária Brasileira, não precisaram ser convocados: os cerca de 350 integrantes do Grupo de Caça, entre eles 43 pilotos, apresentaram-se espontaneamente, na condição de voluntários, o que solidificava a aura de heróis que os cercava. Nero Moura e seus comandados foram enviados a bases norte-americanas e treinados em aviões de bombardeio de última geração, a exemplo do Republic P-47 Thunderbolt, o mais moderno aparelho de combate da Força Aérea dos Estados Unidos e considerado o caça mais poderoso de toda a Segunda Guerra. Os treinamentos, conduzidos por pilotos americanos já experimentados nas frentes de combate, eram extremamente rigorosos e incluíam ações de interceptação, tiro aéreo, voos por instrumentos e simulações realísticas de combate no ar. As exigências pré-batismo de fogo eram tamanhas que pelo menos um dos voluntários brasileiros morreu antes do final dessa fase de exercícios, o segundo-tenente-aviador Dante Isidoro Gastaldoni, um gaúcho de 21 anos cujo avião entrou em parafuso após uma manobra mais arrojada e espatifou-se contra o chão de uma base americana no Panamá — um dos países onde os pilotos foram treinados. Antes de partir em direção ao front, o grupo sofreria outra baixa, a do tenente-intendente Alfredo Barcelos, que não suportou a pressão psicológica imposta pelo treinamento e se suicidou poucos dias antes do embarque para a Europa. Em outubro de 1944, após centenas de horas de voos preparatórios, os membros do 1º Grupo de Caça finalmente desembarcaram em território italiano entoando o grito de guerra que iria ser eternizado dali por diante como um dos símbolos máximos da Força Aérea Brasileira: "Senta a pua!".

Foram, ao todo, 5465 horas de voo nas 445 missões desfechadas pelos homens de Nero Moura na Europa. Entre elas, uma posta em ação três dias após o Natal daquele ano, às nove horas da manhã, quando duas esquadrilhas do 1º Grupo de Caça despejaram dezesseis bombas, de mais de duzentos quilos cada uma, sobre um conjunto de prédios ocupados pelo exército italiano na cidade de Porreta Terme, a setenta quilômetros de Pisa, base da operação. Onze bombas acertariam o alvo, colocando no chão nada menos que quinze edificações. Naquela mesma manhã, no Brasil, um pacato Casimiro Montenegro, promovido três meses antes a coronel-aviador, tomava um voo comercial com destino aos Estados Unidos. Sua missão era de paz. O destino final da viagem era exatamente o Massachusetts Institute of Technology, em Boston. Na mala ele levava o plano costurado ao longo de um ano e meio com a ajuda de Arthur Soares Amorim e do major Leal. Pretendia entregar o documento em mãos ao professor Richard Herbert Smith, chefe do Departamento de Engenharia Aeronáutica do MIT. Montenegro contava que o possível endosso de uma autoridade intelectual do porte de Smith, consultor do governo norte-americano na área da tecnologia aérea, seria um apoio inestimável à causa.

Da mesma forma que existem divergências sobre de quem partira a ideia para tomar o MIT como modelo em lugar de Wright Field, há também desacordos em relação à origem da decisão de bater à porta do professor Smith. Algumas fontes asseguram que o major Nascimento Leal fora de novo quem primeiro dera a sugestão a Casimiro Montenegro. Este, contudo, registrou em suas anotações pessoais que o crédito deveria ser dado a Soares Amorim. Como quer que tenha realmente acontecido, o certo é que Montenegro ficou frustrado ao chegar ao MIT e saber que a sala de Smith estava temporariamente vazia, pois conforme informação da secretária o professor fizera uma viagem inesperada sem previsão para a data de regresso. Desolado, Montenegro não viu outro jeito a não ser deixar o cartapácio nas mãos de Leal com a recomendação de que a repassasse ao professor Richard Smith assim que este retornasse a Boston. Dito isso, avisou que tomaria um avião de volta a Washington e que dali a al-

Montenegro janta com amigos e amigas no The Latin Quarter, a badalada casa de shows de Lou Walters em Nova York. E, na volta ao Brasil, traz a bagagem repleta de bilhetinhos, fotos e declarações de amor.

guns dias retornaria ao Brasil, onde aguardaria a resposta de Smith. Mas a desilusão de Montenegro foi curta. Ele ainda estava na capital norte-americana quando recebeu no hotel uma carta que lhe fora endereçada por Nascimento Leal. Quando abriu o envelope e leu o conteúdo, não coube em si de contentamento. A mensagem dizia que Smith não só retornara de viagem como já lera o plano e achara a ideia excelente, fazendo rasgados elogios à iniciativa de se criar um centro de pesquisa em tecnologia aeronáutica no Brasil. Podiam contar com seu aval se assim fosse preciso. Mas Leal reservara a melhor notícia para as últimas linhas: o professor prontificava-se a viajar para o Rio de Janeiro e a ajudar na tarefa de montar o "MIT brasileiro".

De volta ao Brasil, no dia 27 de fevereiro, Casimiro Montenegro não hesitou em pedir uma audiência com o ministro da Aeronáutica, Salgado Filho, para transmitir-lhe as notícias. O ministro recebeu Montenegro e ouviu dele uma proposta objetiva: contratar o professor Smith em regime temporário, por um período de seis meses, para que ele ajudasse a aprofundar o plano de criação da escola. Salgado Filho não opôs nenhuma objeção e autorizou o início das negociações para se trazer o especialista norte-americano. Montenegro pôs mãos à obra. Por meio do tenente-coronel Miguel Lampert, que continuava como chefe da comissão de compras em Washington, providenciou-se o convite oficial a Smith, em nome do Ministério da Aeronáutica. Coube a Lampert formalizar, por meio do ofício número 1175, datado de 24 de maio de 1945, a apresentação do professor do Massachusetts Institute of Technology Richard Herbert Smith ao subdiretor de Técnica Aeronáutica, coronel Casimiro Montenegro Filho:

> Apresento-vos o professor Smith. Tendo partido de vós a ideia da organização da referida escola, tenho a certeza de que dispensareis ao professor as atenções e assistências que merece e que vos são proverbiais.

O tom protocolar era exigência da crespa burocracia brasileira. Smith já estava de malas prontas e em pouco tempo ocupava a sala vizinha ao gabinete de Montenegro na subdiretoria, recebendo ainda como assistente direto um velho conhecido, seu ex-aluno de MIT, Soares Amorim. Mas o professor pouco tempo permanecia atrás da mesa de trabalho destinada a ele. Recém-chegado, fez uma série de viagens e visitas de avaliação in loco a diversas instituições de ensino no Rio de Janeiro e em São Paulo, inclusive escolas secundárias, universidades civis e cursos militares. Após esse trabalho, reuniu-se com Montenegro e Amorim para traçar um detalhado plano de ação, que ficaria conhecido como o "Plano Smith". A ideia era audaciosa: seria criada uma escola, denominada Instituto Tecnológico de Aeronáutica (ITA), destinada a formar engenheiros não só para exercerem funções estritamente militares, mas capazes também de atuar na aviação de um modo geral, inclusive civil. O instituto faria parte de uma estrutura maior, o Centro Técnico de Aeronáutica (CTA), que assumia abertamente o MIT como modelo e seria equipado com laboratórios de pesquisa para o desenvolvimento da tecnologia aérea no país. Havia uma condição que Smith considerava indispensável, mas que decididamente não cheirava bem a muitos dos hierarcas da Aeronáutica: o ITA teria que desfrutar de integral liberdade acadêmica e seu reitor deveria ser um civil, eleito por uma congregação formada pelos próprios professores. Smith bateu o pé: nem a administração de uma escola desse nível nem a chefia de laboratórios de altíssimo padrão técnico poderiam ficar sujeitas às regras típicas da disciplina militar. "O reitor de uma escola como o ITA", insistia Smith, "não poderá administrar pela autoridade e sim por consentimento."

Montenegro iria encontrar resistências naturais dentro da própria Aeronáutica. Assim, para preparar o terreno e começar a aplainar as prováveis críticas, achou que o professor Smith deveria promover uma palestra pública em que expusesse seus pontos de vista, aproveitando a ocasião para desenhar o cenário da aviação no Brasil e no mundo e traçar algumas projeções para as próximas décadas. Montenegro tinha certeza de que o assunto despertaria grande interesse. A chegada de Smith ao Brasil, em maio, coincidira com o fim da Segun-

Richard Smith, o homem do MIT, faz a profecia: "Creio que o Brasil seguirá melhor política não adquirindo aviões lá fora. Mesmo que estes lhe sejam oferecidos de graça".

da Guerra, com a vitória dos Aliados sobre o Eixo Alemanha-Itália--Japão. Era difícil, portanto, encontrar alguém que não estivesse se indagando sobre o futuro do planeta após o fim do conflito. Desse modo, a poeira dos campos de batalha ainda não havia sequer assentado quando no dia 26 de setembro de 1945 o professor Richard Smith postou-se diante do microfone para fazer a conferência intitulada "Brasil, futura potência aérea". O título era deliberadamente otimista e, ao mesmo tempo, provocador. Havia ali uma suposta profecia, mas também um convite subliminar à ação. Era sintomático ainda o fato de que o local escolhido para o evento não fosse nenhuma dependência do Ministério da Aeronáutica, mas sim o auditório do Ministério da Educação. Smith já começou surpreendendo a plateia ao afirmar que os próximos vinte anos é que seriam considerados, no futuro, como o período áureo da história da aviação brasileira. A maioria dos pilotos ali presentes se orgulhava de ter vivido, nas décadas heroicas de 1920 e 1930, o que se considerava a época de ouro por excelência da aeronáutica nacional. Mas incômodo maior ainda Smith provocaria nos presentes ao minimizar um tema que era uma questão de honra para a aviação nacional — o pioneirismo do brasileiro Santos Dumont sobre os norte-americanos irmãos Wright. "De nada serve discutir, no momento, a que país cabe a primazia na arte de voar", sentenciou Smith, em tom firme, enquanto ouviam-se os inquietos rangidos das poltronas no auditório. "O mundo inteiro herdou tais descobertas e todas as coletividades têm igual direito a desenvolvê-las", prosseguiu, no mesmo diapasão.

Smith conclamou logo em seguida os brasileiros a deixarem de ser meros consumidores de material militar produzido por outros países. Entre 1942 e 1945, a Comissão de Compras de Material instalada pelo Ministério da Aeronáutica em Washington havia adquirido nada menos de 1288 aviões norte-americanos. O professor do MIT achava aquela uma política pouco inteligente, ainda que se pudesse argumentar a favor dela que os equipamentos acabavam saindo para nós quase a preço de banana, pois os Estados Unidos vendiam-nos a baixo custo os modelos que iam sendo substituídos por outros mais modernos em sua força aérea. Era uma vantagem enganosa, argumentava Smith. Acabávamos adquirindo material que logo se tornava obsoleto e, portanto, de manutenção cara por causa do preço das peças sobressalentes, que se tornariam raras por estarem fora de fabricação e, assim, sujeitas às leis da oferta e da procura. Mas o maior problema em se comprar modelos estrangeiros, alertou, era o retardamento da indústria aeronáutica brasileira.

— É um péssimo negócio. Creio que este país seguirá melhor política não adquirindo aviões lá fora. Mesmo que estes lhe sejam oferecidos de graça.

O professor Smith explicou que a Segunda Guerra Mundial acelerara o progresso da engenharia aeronáutica de maneira fantástica. Segundo ele, no curto período de quatro anos, entre 1941 e 1945, a tecnologia aérea concentrara um progresso que em tempos de paz demandaria pelo menos duas décadas para acontecer. Os aviões de hélice e os motores de cilindros estavam com os dias contados. O futuro da aviação, previa ele, estava nos aparelhos com turbinas e impulsionados a jato e um pouco mais tarde o mundo assistiria ao domínio das aeronaves movidas a energia atômica. O radar, preconizou Smith, permitiria o que chamou de uma "perspectiva fascinante": tornar o voo sem visibilidade tão seguro quanto o voo visual. Ao final, foi taxativo. Só havia uma maneira de o Brasil não ficar atrás nessa corrida tecnológica:

— O Brasil só poderá tornar-se independente das outras nações pela criação de escolas superiores nos campos da engenharia aeronáutica e pela instalação de laboratórios de alto padrão científico.

Apesar da incredulidade generalizada da plateia, o futuro revelaria que os poucos que deram crédito às palavras de Smith, entre eles Montenegro, eram os que estavam certos.

8 O presidente Dutra agora encrenca com Oscar Niemeyer: comunista no ITA, não

Um mês antes de sua conferência no Ministério da Educação, Smith decolara do Rio de Janeiro a bordo de um C-47 em companhia de um grupo de engenheiros, civis e militares, e de alguns oficiais do Estado-Maior da Aeronáutica. Após uma hora e meia de voo em direção ao Sul, o avião pousou em um enorme descampado chamado Campo dos Alemães, nas imediações da pequenina e secular cidade de São José dos Campos, às margens do rio Paraíba. O aparelho de fuselagem roliça, com o símbolo da FAB pintado no leme, levantou uma nuvem de poeira vermelha, taxiou pelo piso esburacado e parou na porta de um decrépito hangar de madeira — até onde a vista podia alcançar, a única obra da mão humana nas imediações. Na porta dele já os esperava o coronel Montenegro. Depois dos cumprimentos protocolares ele saiu em passos rápidos, seguido por Smith e pelos demais visitantes, andou por alguns minutos no meio de uma vegetação rasteira, olhou para os lados, como se buscasse alguma referência, e parou:

— É aqui mesmo.

Abriu o rolo de papel vegetal que trazia sob o braço — um mapa aerofotogramétrico — e estendeu-o no chão, agachando-se e protegendo-o com algumas pedras, para impedir que o vento o levasse. Espetou o dedo em um determinado ponto e olhou para os recém--chegados, que haviam feito um semicírculo em volta dele:

— Neste lugar em que nós estamos vai ficar o primeiro túnel aerodinâmico...

Túnel aerodinâmico? Enquanto militares e paisanos se entreolhavam, Montenegro continuou:

— ... Mais à direita vamos construir o laboratório de motores. Naquela ponta será a área residencial, com as casas para os professores e os alojamentos para os alunos. Do outro lado, à esquerda, ficarão os edifícios escolares e laboratórios. No outro extremo será o aeroporto, que tanto servirá para as provas com aviões nacionais como alternativa para a aviação comercial que tenha São Paulo como destino...

No fim da tarde o professor Smith e seus colegas de viagem embarcavam de volta ao Rio como se de fato tivessem acabado de ver, naquele ermo ensolarado e coberto de poeira, a moderníssima instituição de ensino e pesquisa que Montenegro descrevera para eles. Na hora da despedida, na escada do avião, um dos oficiais da delegação não resistiu à frase:

— Até a vista, Júlio Verne!

O tempo mostraria que não era exatamente um exagero compará-lo ao genial autor do futurista *Vinte mil léguas submarinas*. Mas o discreto Montenegro estava menos interessado em elogios do que em construir seu sonho. A escolha do local para a instalação da escola demandara meses de pesquisas em várias regiões até recair sobre São José dos Campos, a única cidade a reunir todos os pré-requisitos arrolados por Montenegro como indispensáveis para receber a instituição: clima ameno, altitude em torno de setecentos metros, energia elétrica acessível, proximidade de grandes centros industriais e disponibilidade de vias de comunicação com o resto do país. Uma das antigas "cidades mortas" descritas por Monteiro Lobato, São José cumpria todas as exigências: dispunha de energia abundante e ficava a cem quilômetros do porto de São Sebastião, a oitenta de São Paulo e a 320 do Rio de Janeiro (só em 1951 a velha estrada de terra ligando o Rio a São Paulo daria lugar à via Dutra atual). A fama da boa qualidade do ar convertera a cidade em centro nacional de tratamento de tuberculosos, o que à primeira vista assustou alguns alunos e professores convidados, temerosos do risco de contaminação. Um dos futuros reitores do ITA, Marco Antônio Cecchini, lembra da advertência que lhe fizeram na primeira vez em que viajou a São José dos Campos:

— Não beba nem um copo d'água nem aceite uma xícara de café por lá, fique só dentro da área do CTA, não vá à cidade em hipótese alguma.

Naquela época dizia-se que os doentes ricos iam para Campos do Jordão e os tuberculosos pobres eram enxotados para São José dos Campos. De qualquer modo, contribuiu muito para a escolha do local do CTA também o fato de que em um lugar sem grandes perspectivas de desenvolvimento, como São José, o preço dos terrenos era muito baixo. E de fato em 1945 aquele município que cinquenta anos depois se converteria num polo internacional da indústria aeroespacial só contava com três indústrias de porte: uma fábrica de cobertores, a Tecelagem Parahiba, uma processadora de fios de raiom pertencente à francesa Rhodia e a Cerâmica Weiss. Dos seus 30 mil habitantes de então, 5 mil viviam na cidade e os demais se espalhavam pela zona rural.

Só muitos anos depois, já brigadeiro, é que Montenegro saberia que aquele lugar havia sido escolhido para a instalação de uma escola, décadas antes, por ninguém menos que Santos Dumont. Ao passar de trem pelo Vale do Paraíba, no começo do século, o inventor do avião fizera anotações que pareciam ter sido decalcadas no plano de Montenegro e que só viriam a público em 1918, no opúsculo intitulado *O que eu vi, o que nós veremos*, assinado por "Santos Dumont, inventor":

> É tempo, talvez, de se instalar uma escola de verdade num campo adequado. Margeando a linha da Central do Brasil, especialmente nas imediações de Mogi das Cruzes, avistam-se campos que me parecem bons. [...] Os alunos precisam dormir junto à escola, ainda que para isso seja necessário fazer instalações adequadas. [...] Penso que, sob

todos os pontos de vista, é preferível trazer professores da Europa e dos Estados Unidos, em vez de para lá enviar alunos. [...] Meu mais intenso desejo é ver verdadeiras escolas de aviação no Brasil. Ver o aeroplano, hoje poderosa arma de guerra, amanhã meio ótimo de transporte, percorrendo as nossas imensas regiões, povoando nosso céu, para onde, primeiro, levantou os olhos o padre Bartolomeu Bueno de Gusmão.

Ainda faltava muito chão, porém, para que Montenegro realizasse "o mais intenso desejo" do Pai da Aviação. A questão do valor do terreno, por exemplo, não era um mero detalhe, já que Montenegro calculara em 12 milhões de metros quadrados a área necessária para a implantação do projeto — algo equivalente aos bairros cariocas de Ipanema e Copacabana juntos, ou dez vezes a extensão do Parque do Ibirapuera, em São Paulo. Após ouvi-lo descrever o que pretendia instalar na sua cidade, o prefeito Pedro Mascarenhas capitulou: o município tinha uma gleba de terras devolutas de 9,2 milhões de metros quadrados e estava disposto a doá-las imediatamente. A Aeronáutica podia começar as obras quando quisesse.

Antes que fosse transformado em pedra e cal, no entanto, o projeto de Montenegro ainda iria experimentar alguns percalços. Como teria que passar um mês na Inglaterra, ele varou noites limando a Exposição de Motivos e o Plano de Criação do CTA que o chefe do Estado-Maior da Aeronáutica, brigadeiro Trompowsky, levaria ao presidente Getúlio Vargas para mera assinatura e aprovação, uma vez que seu conteúdo já havia sido objeto de entendimento entre todos os setores interessados.

O quadrimotor Avro York que levara o chanceler Anthony Eden ao Cairo e a Ialta foi enviado ao Brasil pela Royal Air Force para transportar a comitiva brasileira que visitaria a Grã-Bretanha — uma retribuição à viagem oficial que fizera ao Brasil o marechal do ar Sir Arthur Harris, comandante em chefe do Comando de Bombardeios da RAF. O chefe da comitiva, ministro Salgado Filho, foi acompanhado pelo brigadeiro do ar Vasco Alves Secco, vice-chefe do Estado-

-Maior da Aeronáutica, Casimiro Montenegro e mais três oficiais. No período em que passaram na Inglaterra, os brasileiros visitaram bases da RAF e fábricas de aviões e foram recebidos na Downing Street 10 pelo primeiro-ministro Clement Attlee. No dia 29 de setembro o grupo estava de volta ao Brasil.

Apesar de ter permanecido tão pouco tempo fora, ao voltar ao Brasil Montenegro encontrou a ditadura em coma profundo — o que, na verdade, não era muita novidade para ele. Os primeiros sinais de que o Estado Novo estava agonizante começaram a aparecer bem antes, no início de 1945. Em um gesto que apontava para a redemocratização, em abril Getúlio anistiara todos os presos políticos, reabrindo as comportas que em novembro de 1937, com a decretação do Estado Novo, tinham mergulhado o Brasil em uma das piores ditaduras de sua história. Com o fim da censura, o país exigia a convocação de uma Assembleia Nacional Constituinte e eleições diretas e secretas em todos os níveis — a começar do presidente da República. Mesmo depois de seu líder, Luís Carlos Prestes, ter passado dez anos na cadeia, e de sua mulher, Olga, ter sido deportada pelo governo para a Alemanha nazista para morrer em uma câmara de gás, os comunistas brasileiros continuavam apoiando Getúlio. Mal puseram os pés nas ruas, saídos de prisões de todo o país, os militantes do PCB se incorporaram ao chamado "queremismo", campanha que defendia a continuidade do presidente e cujas bandeiras eram "Queremos Getúlio" e "Constituinte com Getúlio". De concessão em concessão o ditador acabou convocando eleições presidenciais para dezembro daquele ano — pleito que ele, animado pelo movimento queremista, ameaçava disputar. Já era tarde demais. A mais visível manifestação de que o regime estava no fim aconteceu em outubro, quando João Alberto, velho camarada de Getúlio (de novo ocupando a chefia de Polícia do Rio de Janeiro), mandou dissolver com violência uma passeata queremista no centro da cidade. No dia 29 o ministro da Guerra, general Góes Monteiro, mandou um emissário ao Palácio do Catete para informar ao presidente que ele estava deposto. Entre os atos que Getúlio deixou sobre a mesa, à espera de sua assinatura, estava a Exposição de Motivos GS-19, com o Plano de Criação do CTA, que Armando Trompowsky, chefe do Estado-Maior da Aeronáutica, deixara com ele dias antes para assinar.

Era uma enorme falta de sorte, mas que felizmente ia durar pouco. Como não existia, claro, o cargo de vice-ditador, e o Congresso estava fechado desde 1937, assumiu a presidência o cearense José Linhares, presidente do Supremo Tribunal Federal, encarregado de dirigir o país até as eleições marcadas para dezembro, quando seriam escolhidos o novo presidente e a Assembleia Nacional Constituinte. E foi com apreensão que Montenegro recebeu a indicação de Linhares. Se com Getúlio o projeto do CTA/ITA tinha um defensor dentro do gabinete, o piloto Nero Moura, José Linhares era sabidamente alguém sem a mais remota intimidade com temas como aviação e tecnologia aeronáutica. "Aprovar esse projeto ainda vai nos custar muito trabalho", lamentou com os colegas, "porque o novo presidente não entende absolutamente nada do assunto." Para sua surpresa, horas depois de empossado Linhares anunciou que convidara para ser ministro da Aeronáutica alguém tão engajado como ele na luta pela criação do CTA: o brigadeiro Armando Trompowsky. Com isso, bastou atualizar o ofício que capeava a papelada, agora chamado Exposição de Motivos GS-20, de 16 de novembro de 1945, data que passaria a ser oficialmente a do nascimento tanto do CTA quanto do seu braço acadêmico, o Instituto Tecnológico da Aeronáutica (ITA).

José Linhares presidiu eleições limpas e democráticas como fazia tempo o Brasil não via. Até o velho e satanizado Partido Comunista pôde registrar seu candidato à Presidência, o engenheiro Iêdo Fiúza, ex-prefeito de Petrópolis. A disputa para valer, contudo, ia ficar entre dois homens que haviam desempenhado papéis opostos na história recente do Brasil. De um lado, pela recém-criada União Democrática Nacional (UDN) estava o romântico Eduardo Gomes, herói de 1922 em Copacabana e de 1924 em São Paulo, revolucionário em 1930 e legalista em 1932. Solteiro aos cinquenta anos, brigadeiro do ar e dono de um tipo físico que encantava as mulheres, seu slogan de campanha era o singelo "Vote no brigadeiro/ É bonito e é solteiro". Do outro lado, pelo PSD, disputava a eleição o carrancudo general mato-grossense Eurico Dutra, em tudo a antítese de seu adversário. Além de não ser bonito nem solteiro, Dutra quase sempre estivera em campos opostos aos de Eduardo Gomes: ausente em 1922, reprimira a Revolução de 1924 em São Paulo e ficara com Washington Luís em 1930. Depois de um breve degredo punitivo na então remota Ponta Porã, nos confins do Mato Grosso, em 1932 Dutra teve oportunidade de dar demonstrações inequívocas de sua conversão ao getulismo: ele não apenas recusa o convite do coronel Euclides Figueiredo (pai do futuro presidente da República, general João Baptista Figueiredo) para aderir aos paulistas como torna-se um dos principais responsáveis pela vitória do governo federal contra São Paulo. Em novembro de 1935, no comando da Vila Militar, no Rio de Janeiro, fora ele o responsável pelo aniquilamento, em menos de doze horas, da revolta comunista liderada por Luís Carlos Prestes. Com o mesmo vigor com que vencera os comunistas, em maio de 1938 Eurico Dutra, cada vez mais fiel a Vargas, participaria pessoalmente da repressão ao putsch da direita integralista que assaltara o Palácio Guanabara e isolara lá dentro o presidente e sua filha Alzira (em tiroteio com os "galinhas verdes", como eram chamados os fascistas nativos, Dutra sairia ferido com um tiro de raspão na orelha). E três anos antes daquelas eleições, em 1942, quando Getúlio reuniu seus homens de confiança para decidir de que lado o Brasil entraria na Guerra, ele não hesitou ao votar pela Alemanha nazista. A biografia de Dutra podia não ser a mais simpática, mas por trás da sua candidatura, apoiando-a, estava a sombra do ainda popular Getúlio Vargas. Ao serem abertas, as urnas revelaram que o Brasil preferira o homem da ordem: Dutra fora eleito com 3,2 milhões de votos (54,16% do total), contra 2 milhões obtidos por Eduardo Gomes e 500 mil pelo candidato comunista.

Junto com o novo presidente, tomara posse no dia 2 de janeiro de 1946 a Assembleia Nacional Constituinte. Casimiro Montenegro

Na delegação oficial de Salgado Filho (de chapéu, na foto acima) à Inglaterra, Montenegro (à dir., em cima, e à esq., embaixo) viaja no avião de Anthony Eden e é recebido pelo premier Clement Attlee.

sabia que em uma democracia as decisões importantes são tomadas não apenas nos gabinetes, como na ditadura, mas também no parlamento. E se a liberação de recursos e a aprovação de leis agora dependeriam de votações em plenário, era hora de conquistar também os deputados para a causa. Assim, poucas semanas após a posse ele repetiu o tour que fizera em agosto com o professor Smith e os oficiais do Estado-Maior, só que dessa vez a caravana era só de deputados. Um cargueiro C-47 teve que ser adaptado para acomodar as vinte excelências que viajaram ao Campo dos Alemães. O líder e organizador do grupo tinha sido seu primo Juracy Magalhães, ex-interventor na Bahia e antiga estrela tenentista que agora, já no posto de coronel, fora eleito constituinte pela UDN (uma das mais fortes trincheiras anti-Vargas) e se tornara um influente deputado. Entre os parlamentares convidados por ele estava um obscuro deputado federal pelo PSP do Rio Grande do Norte, Café Filho, que anos depois o destino elevaria ao cargo de presidente da República. No meio do poeirão de São José dos Campos, Montenegro repetiu para deputados vindos de vários pontos do país o roteiro e o discurso que fizera em agosto:

— Aqui vai ficar o primeiro túnel aerodinâmico, ali os laboratórios de motores, ali as casas para os professores e os alojamentos para os alunos, naquela ponta o aeroporto...

No fim da tarde, quando caminhavam em direção ao avião que fervia sob o sol, Juracy segurou o primo pelo braço, para se distanciarem do resto do grupo, e confidenciou:

— Montenegro, me desculpe, mas eu não acredito que deste mato de onça vá sair alguma coisa. O que eu puder fazer, e que estiver ao meu alcance, será feito. No que você precisar de mim, eu estou pronto. Mas eu quero dizer, desde já, que eu não acredito em nada disso.

Qualquer pessoa de bom senso que lesse o *Diário Oficial* publicado alguns dias depois certamente concordaria com Juracy Magalhães. O Ministério da Aeronáutica abrira um concurso público para escolher o projeto arquitetônico e urbanístico da obra a ser construída em São José dos Campos. Impresso em letras miudinhas e ocupando vinte páginas do jornal, o memorial descritivo feito por Montenegro revelava, em detalhes, as dimensões daquele sonho maluco. Em um mundo destroçado pela Segunda Guerra, que deixara hordas de famintos e refugiados espalhadas pelo planeta, Montenegro propunha que se investisse uma cordilheira de dinheiro público para a construção de uma instituição sem paralelos, nem mesmo nos países mais ricos.

Só a área destinada às residências reservadas aos alunos e às famílias de professores e funcionários ocupava 50 mil metros quadrados, uma área equivalente a cerca de oito estádios do Maracanã. E não eram casas quaisquer. A moradia prevista para um professor, por exemplo, incluía biblioteca, escritório, hall, quatro salas (visita, estar, jantar e almoço), três quartos, dois banheiros, dependências de empregada, lavanderia, garagem e dormitório para motorista, tudo construído em material de alto padrão e dividido em dois pavimentos. Além das trinta residências individuais para o corpo docente mais qualificado, seriam construídos cem apartamentos para os professores assistentes e outros setecentos para os demais funcionários. Os trabalhadores casados responsáveis por serviços como limpeza e manutenção do campus receberiam um apartamento funcional de no mínimo dois quartos, e os solteiros, de um quarto só. Os alojamentos coletivos para abrigar 1500 alunos dispunham de vestiários com armários individuais e salas de leitura e estudo. Havia ainda um restaurante com pé-direito duplo, capaz de atender a oitocentas pessoas simultaneamente, dispondo de frigorífico, armazém para víveres, padaria e pastelaria, além da copa e cozinha completa, idealizada "em padrão americano".

A escola propriamente dita funcionaria em um complexo de mais de 100 mil metros quadrados, com gabinetes individuais para os professores, meia centena de salas de aula e desenho, duas bibliotecas com capacidade total para 300 mil volumes, quatro conjuntos de escritórios para a administração, dois grandes auditórios — um para seiscentos e outro para 1200 lugares, ambos equipados para teatro e cinema —, cantinas, salas de recreação, posto bancário, correios, posto telefônico, sala de imprensa e vestiários. Isso sem falar nos cerca de 10 mil metros quadrados reservados à área dos primeiros laboratórios e no hospital a ser instalado em um parque independente de 50 mil metros quadrados, com playground e clínica infantil. A zona recreativa teria um clube social equipado com salão de danças, palco, bar e chapelaria. Haveria ainda duas piscinas olímpicas e uma menor, para crianças. Os professores, funcionários e alunos contariam com um ginásio de esportes coberto e uma área de jogos, onde haveria um campo de futebol, dez quadras de voleibol, seis de basquete, seis de tênis e seis pistas para atletismo, além do estádio com arquibancada para 10 mil espectadores. E, para completar, um grande cineteatro com plateia, camarotes e galerias com capacidade para 2 mil espectadores. Além das zonas residencial, de lazer e ensino, haveria um parque de manutenção de 1350 metros quadrados ocupado com oficinas para carpinteiros, marceneiros, pintores, metalúrgicos, fundidores, borracheiros, eletricistas, estofadores, lanterneiros, lustradores, bombeiros e vidraceiros, entre outros ofícios.

Como aquilo não era mesmo tarefa para amador, acabaram se apresentando apenas quatro escritórios de arquitetura — os maiores do país, todos dirigidos por nomes consagrados: Afonso Eduardo Reidy, Benedito de Barros, Marcelo Roberto e, o mais festejado deles, o jovem Oscar Niemeyer, de 39 anos, que em 1936 participara, com o amigo Lúcio Costa e com a maior estrela da arquitetura mundial, o suíço Le Corbusier, do projeto do prédio do Ministério da Educação, no Rio de Janeiro — uma das primeiras manifestações da arquitetura moderna no Brasil. Em 1940 ele próprio se tornara um nome internacional ao projetar na capital mineira, a pedido do prefeito de Belo Horizonte, Juscelino Kubitschek, o arrojado conjunto arquitetônico da Pampulha. Em outubro de 1945, um ano antes de disputar a concorrência do CTA, Niemeyer seguira o caminho de muitos de seus amigos intelectuais de esquerda, como os escritores Jorge Amado e Graciliano Ramos, o pintor Candido Portinari e o historiador Caio Prado Jr., e se filiara ao recém-legalizado Partido Comunista Brasileiro. Em 1946 ele enfrentaria a primeira de uma coleção de dores de cabeça que a militância comunista iria lhe provocar pelo resto de sua longa vida. Convidado a dar um curso na Universidade Yale, Niemeyer teve seu visto de entrada nos Estados Unidos negado pelo governo americano. Se o preço para obter o visto era desfiliar-se do partido, como sugeriu o cônsul dos Estados Unidos no Rio, então Yale que esperasse. O aborrecimento iria se repetir meses depois, quando recebeu um convite de Le Corbusier para fazer com ele, a quatro mãos, o projeto do prédio-sede da ONU, organismo recém-criado para dar lugar à antiga Liga das Nações. A importância do trabalho que Niemeyer iria realizar nos Estados Unidos não sensibilizou o Departamento de Estado, e o visto foi novamente negado. Foi preciso que o norueguês Trygve Halvdan Lie, primeiro secretário-geral da ONU, interviesse pessoalmente junto ao secretário de Estado James Byrnes para que o veto fosse suspenso e o visto finalmente concedido. Semanas depois ele já curtia o inverno nova-iorquino, trabalhando no escritório de Le Corbusier.

No final de março Niemeyer recebeu em Nova York um telegrama do Ministério da Aeronáutica do Brasil com uma ótima notícia: a comissão presidida pelo ministro Trompowsky escolhera como vencedor o seu projeto para o complexo do CTA/ITA. Ele mal havia festejado a boa nova, uma semana depois, quando um amigo ligou do Rio de Janeiro para dizer que circulava um boato na cidade dando conta de que o presidente Dutra vetara o seu nome, por ser comunista. O projeto escolhido passaria a ser o segundo colocado na concorrência. Niemeyer não acreditou no que ouvia. Caminhou alguns quarteirões até o prédio onde funcionava provisoriamente a sede da ONU e procurou seu velho amigo Oswaldo Aranha, gaúcho que fora o homem forte do getulismo por quase quinze anos e que agora era chefe da delegação brasileira no novo organismo internacional. Com a voz baixa de sempre e um leve sotaque carioca, o arquiteto foi direto ao assunto:

— Ô Aranha, no Brasil estão dizendo que o Dutra vetou o meu nome para fazer o projeto do ITA porque eu sou comunista. Você sabe alguma coisa sobre isso?

O embaixador pareceu tão surpreso com a notícia quanto ele. Afinal de contas, ser comunista no Brasil deixara de ser crime, pois o PCB era um partido tão legal quanto o PSD do presidente Eurico Dutra. Aranha atribuiu o boato ao clima de intrigas que sempre envolve concursos, mas apenas para tranquilizar Niemeyer ficou de ligar para o Brasil e se inteirar do assunto. No dia seguinte chamou o arquiteto a seu escritório e revelou o que ouvira: infelizmente não era uma futrica, mas uma informação oficial. Sem nenhuma sustentação legal, o presidente de fato vetara seu nome e exatamente pela razão que lhe haviam dito: porque ele era comunista. "O Dutra disse que isso é assunto de segurança nacional e ponto-final. Sei que é uma merda, Oscar", desabafou Aranha, "mas o pior é que, vindo o veto de quem veio, como você sabe, não cabe recurso."

Visto à distância o gesto do presidente poderia parecer implicância ou perseguição pessoal a Montenegro, com quem Dutra já criara encrencas antes (como quando, num ofício pouco polido, o proibira de dar instrução a civis no Campo de Marte, em São Paulo). Nada disso. Essa era uma preocupação sincera do presidente, que parecia acreditar que prédios projetados por um comunista poderiam contaminar a ideologia dos jovens que viessem a estudar neles. A sorte é que Montenegro não estava interessado em discussões ideológicas, mas em construir o ITA. E se o melhor projeto era o de Oscar Niemeyer, o presidente que o perdoasse, mas era o projeto de Oscar Niemeyer que seria executado. Contrariando todas as lições de disciplina e hierarquia que aprendera em mais de vinte anos de caserna, Montenegro estava decidido a derrubar, no peito, o veto do presidente da República.

9 Wallaucheks, Theodorensens e Schrenks: Montenegro cria uma babel às margens do rio Vidoca

Quem esperava um escarcéu se enganou. Como era de seu temperamento, Montenegro ia solucionar o problema sem alarde. Seu plano era de altíssimo risco e se descoberto provocaria reações imprevisíveis de Dutra. Ligou para os Estados Unidos e pediu que Oscar Niemeyer viajasse imediatamente ao Brasil. No primeiro encontro com o arquiteto, abriu o jogo:

— O presidente da República de fato vetou seu nome porque o senhor é comunista e isso é algo com que não posso concordar. Se seu projeto foi o vencedor, ele é que será executado. O senhor arranje alguém de sua confiança para assinar o contrato em seu lugar com o Ministério da Aeronáutica e o resto é por minha conta.

Conseguir quem assinasse o contrato era fácil. Para formalizar o trabalho com a Aeronáutica, Niemeyer escolheu dois de seus melhores amigos, o engenheiro Fernando Saturnino de Brito e o arquiteto Rosendo Mourão — este, tão comunista quanto ele, passaria incólume pelo crivo de Dutra. Difícil para Niemeyer seria aguentar a palpiteira permanente de Montenegro. A primeira mudança que ele propôs dizia respeito à delimitação do terreno: o arquiteto defendia que o espaço do CTA/ITA fosse cortado ao meio pela via Dutra, ainda em obras, sob a qual seriam construídos dois túneis que permitiriam a circulação livre pelo campus. Montenegro foi contra, alegando que se dispunham de uma área de quatrocentos alqueires, mais do que suficiente para a instalação do projeto, os recursos a serem gastos com os dois túneis poderiam ser aplicados em outra obra. Montenegro pediu alterações também no projeto das casas dos professores, que originalmente teriam três pavimentos e acabaram ficando com apenas dois, e em algumas "paredes inclinadas demais" de um núcleo de residências. Mas o arquiteto concordou com todas as alterações e em pouco tempo enchia os olhos de todos com as primeiras perspectivas do projeto.

Ainda com os traços elegantes de Niemeyer na memória, Montenegro entrava em um cinema de São Paulo, semanas depois, quando viu no saguão a maquete de um novo empreendimento imobiliário da capital paulista. Ficou tão impactado com o que vira que pensou em mandar fazer uma semelhante para o ITA. Anotou o nome do autor, grudado em um minúsculo cartão num canto da caixa de vidro: José Zanine Caldas. Sem saber, Montenegro estava, uma vez mais, escolhendo o melhor. Aos trinta anos e sem qualquer formação acadêmica, o baiano Zanine já era um nome respeitado no mundo da arquitetura brasileira. Sua pequena empresa de maquetes no Rio havia realizado trabalhos para gente do porte de Lúcio Costa e do próprio Niemeyer. O sucesso das maquetes criadas para o conjunto do CTA/ITA abriu-lhe as portas para um novo mundo. Convidado por Casimiro para desenhar todo o mobiliário do complexo de São José dos Campos, ele concebeu uma linha baseada nos então revolucionários pés-palito que, meio século depois, continuavam modernos e, sobretudo, inteiros. Embora ainda permanecesse trabalhando como maquetista, a nova experiência mudaria sua vida. Terminada a encomenda do ITA, Zanine permaneceria em São José dos Campos, onde montou uma fábrica de mobiliário doméstico cujo design seria reconhecido mundialmente e até reverenciado, muitos anos depois, com uma exposição no Museu do Louvre, em Paris. Montenegro transformou as maquetes de Zanine — algo realmente bonito e interessante de se ver — no novo objeto de sedução dos incrédulos e em um instrumento a mais para silenciar os adversários do seu projeto, que estavam se tornando perigosamente numerosos.

Ele sabia que maquetes não iam mudar a cabeça de ninguém, mas era preciso estar atento a todos os flancos. Para se prevenir contra boicotes dentro do próprio Ministério, Montenegro montou uma equipe só com gente de sua estrita confiança. Quando o ministro Armando Trompowsky assinou, em janeiro de 1946, a portaria que instituía a comissão responsável pela organização do CTA, estrategicamente subordinada à Subdiretoria de Técnica Aeronáutica comandada por Montenegro, este convidou para integrá-la um trio tão comprometido quanto ele com o projeto de São José dos Campos. E, como sempre, só chamou gente brilhante. Bastava uma rápida olhadela nos currículos de cada um dos três integrantes do grupo para saber que eles não só compartilhavam dos mesmos propósitos de Montenegro, mas acima de tudo eram profissionais altamente qualificados. O primeiro deles, engenheiro aeronáutico formado com louvor pelo MIT, era o tenente-coronel aviador Benjamin Manoel Amarante, ex-colega de turma de Arthur Soares Amorim, o dileto assistente de Montenegro que passara a trabalhar com o professor Richard Smith. O segundo era o capitão-aviador Aldo Weber Vieira da Rosa, diplomado em engenharia pela Universidade de Stanford com passagem por Harvard. O terceiro, o arquiteto Hélio de Oliveira Gonçalves, desde o início fora o responsável pela implantação do projeto arquitetônico e um dos defensores da manutenção de Niemeyer como titular. Uma equipe capaz de blindar qualquer tentativa de interferência externa sobre a comissão.

Mas não se podia abrir a guarda e Casimiro Montenegro tratou de pôr em prática uma estratégia que se mostraria duplamente eficaz. Conforme ele propusera ao ministro Trompowsky, a chamada Comissão de Organização do Centro Técnico de Aeronáutica (que ficaria mais conhecida pela sigla Cocta) passara a desfrutar, por decreto, de total autonomia administrativa. Era a forma encontrada para driblar, por um lado, os impedimentos legais que poderiam surgir caso a comissão ficasse à mercê da ortodoxia dos regimentos militares, o que inviabilizaria a independência acadêmica preconizada no Plano Smith. Ao mesmo tempo, a autonomia salvava a comissão de cair, de outro lado, no emaranhado legal que disciplinava o serviço público e na camisa de força a que era submetido o funcionamento do ensino superior no Brasil. Se o ITA nascesse ligado a qualquer instituição pública de ensino superior, por exemplo, um salário como os que eram pagos aos professores estrangeiros — em torno de 58 mil reais mensais, em valores de 2023 — geraria milhares de ações judiciais pelo país afora, de professores brasileiros exigindo isonomia com os Wallaucheks, Fengs e Smiths que Montenegro importava de todo o planeta. Por isso mesmo, a comissão teria um orçamento próprio, estipulado para os primeiros cinco anos em 148 milhões de cruzeiros, o equivalente a 355 milhões de reais em valores de 2023, não incluídas aí as pesadas despesas com a construção física do centro. Com tudo isso tornava-se público que, apesar das visíveis oposições existentes no seio da própria Aeronáutica, Montenegro obtinha franco apoio da cúpula do Ministério, que também acabara de autorizar seu escritório em Washington a intermediar a contratação de professores e a compra de material norte-americano de novíssima geração para equipar o CTA. O sonho de Montenegro, quem diria, antes visto como uma simples doidice, estava começando a ganhar corpo.

Ele tinha consciência, contudo, de que era indispensável eleger prioridades pois os recursos seriam liberados parcialmente, em doses homeopáticas. A tarefa mais imediata era iniciar os serviços de terraplenagem e a instalação da infraestrutura necessária ao projeto, o que compreendia até mesmo a construção de uma barragem no rio Vidoca, que passava perto do terreno escolhido para a instalação do CTA, e onde deveria ser instalada uma grande estação de tratamento de água para abastecer o futuro empreendimento. Aos poucos, um a um, os prédios desenhados por Niemeyer também começaram a sair do papel vegetal e a alterar, com seus telhados sinuosos, a paisagem das cercanias de São José dos Campos. A biblioteca, o grande auditório e os blocos onde funcionariam as salas de aula e a admi-

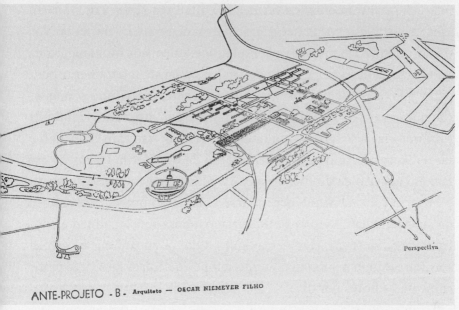

© Oscar Niemeyer/ AUTVIS, Brasil, 2023.

Montenegro convida Oscar Niemeyer para projetar o conjunto do ITA e chama para conceber o mobiliário interno um novato que seria reconhecido mundialmente, o baiano José Zanine Caldas. Meio século depois, seus móveis continuavam sólidos e modernos.

nistração estavam entre os primeiros edifícios a serem erguidos em meio ao formigueiro em que se transformara o canteiro de obras. Não demorou muito para se perceber que o expediente de Montenegro na Subdiretoria de Técnica Aeronáutica passara a ser inteiramente ocupado pela tarefa de pôr o Plano Smith em execução. Outra constatação que logo se tornou óbvia é que a Cocta, que surgira no âmbito da subdiretoria, já se tornara maior do que ela. Por isso, em 25 de março de 1949, um decreto presidencial tratou de transformar o que já era fato em questão de direito: uma reorganização da comissão nomeava o próprio coronel Montenegro para a chefia do órgão, liberando-o da subchefia da Diretoria de Material, embora funcionalmente continuasse adido a ela. Mas a essa altura todos já sabiam que o coronel Casimiro Montenegro havia muito tempo se dedicava à Cocta praticamente 24 horas por dia.

Enquanto o CTA continuava a ser erguido, os primeiros professores estrangeiros começaram a ser contratados, gerando frequentes curtos-circuitos com a pétrea burocracia brasileira. Um deles ocorreu quando Montenegro, depois de meses de insistência, obteve o tão esperando "sim" de um dos mais respeitados técnicos norte-americanos, o engenheiro Charles Stanton, que na época era diretor de Rotas Aéreas dos Estados Unidos, um cargo apenas dois degraus abaixo do posto de ministro de Transportes. O Cocta mantinha no seu escritório dos Estados Unidos o advogado paulista Paulo Ernesto Tolle, que ajudara Montenegro a criar o enxuto arcabouço jurídico do CTA/ITA, agora encarregado de redigir os contratos dos professores sem ferir a legislação de qualquer dos dois países. No dia de assinar festivamente seu contrato de trabalho na embaixada brasileira, Stanton anunciou que, em vez de apenas se licenciar, estava se demitindo de seu cargo nos Estados Unidos, como demonstração de seu apoio ao projeto do coronel Montenegro, e que embarcaria com toda a família nos próximos dias. Já no Brasil, ao final de um mês de trabalho, quando os cursos do ITA ainda funcionavam no Rio de Janeiro, um agora constrangido Stanton informou a Montenegro que o pagamento de seu

O presidente Eurico Dutra (*no centro*) visita o ITA. Segundo Montenegro (*dir.*), foi um governo que não ajudou o ITA, mas também não atrapalhou.

salário não havia sido autorizado. Depois de alguns telefonemas descobriu-se que o Tribunal de Contas, por uma questão burocrática qualquer, rejeitara o contrato de trabalho do norte-americano. Montenegro não era de dar murros na mesa. Quando todos os auxiliares imaginavam que veriam uma explosão, ele reagiu serenamente:

— Vai ser uma desmoralização para nós se o Stanton tiver que voltar para os Estados Unidos porque faltou um atestado de vacina da avó dele. Eu vou dobrar o Tribunal de Contas, mas isso pode demorar. Então nós vamos pagar hoje o salário do professor, nem que esse dinheiro tenha que sair de uma fatura de tijolos.

No dia seguinte o salário estava nas mãos de Stanton, mas não saiu de uma fatura de tijolos. Sem que ninguém mais soubesse, Montenegro conseguiu com um amigo de São Paulo, o empresário José Mindlin, então presidente das indústrias Metal Leve, um empréstimo pessoal para que o problema fosse resolvido. A um auxiliar que lembrou que aquela não era uma operação legal, Montenegro respondeu: "Pode ser ilegal, mas não é imoral". Uma semana depois, o diretor do CTA guiava mais um *sightseeing* de senhores engravatados sob o sol forte de São José: eram os ministros do Tribunal de Contas, convidados para ver de perto onde iam parar os recursos que eles aprovavam (e muitas vezes rejeitavam) para o Cocta. Os obstáculos pareciam não ter fim: um dia era um veto político, outro dia uma dificuldade burocrática. Quando as coisas pareciam entrar nos eixos, Montenegro foi informado de que a Light, a poderosa multinacional canadense responsável pela distribuição de energia em quase todo o Sudeste brasileiro, ameaçava executar um antigo projeto de construir uma rede de alta-tensão cujas torres e cabos cortariam no meio o terreno — e, portanto, as salas de aula, laboratórios e residências — do CTA/ITA. A princípio tudo indicava que aquele seria um problema menor, mas quando Montenegro procurou a direção da companhia, pedindo que o trajeto da rede elétrica fosse mudado, um arrogante funcionário respondeu com outra solução:

— O senhor, se quiser, que mude o projeto do ITA. Nossa rede vai passar exatamente no lugar em que foi projetada.

Ele não se afetou com a grosseria: se era assim, então o remédio era recorrer ao ministro da Aeronáutica, que com uma penada poria fim à questão — a favor do ITA, claro. Mas Trompowsky estava fora do Brasil e deixara o Ministério nas mãos do brigadeiro Gervásio Duncan, que não se animou a mexer naquele vespeiro:

— Você é louco, Montenegro! Vai caçar briga com a Light? Ninguém neste país tem força para enfrentar a Light.

Era verdade. Instalada no Brasil desde o fim do Império, a São Paulo Tramway, Light and Power Company Limited era conhecida como o "polvo canadense", tal a quantidade de tentáculos que estendera pelas áreas de produção, utilização e venda de eletricidade e estabelecimento de linhas férreas, telegráficas e telefônicas no Brasil. Políticos costumavam afirmar, debochadamente, que para ser presidente da República o candidato precisava, antes, pedir permissão a Sir Alexander Mackenzie, o homem da Light no Brasil. O jornalista Assis Chateaubriand, dono da rede Diários Associados, chegara a escrever em um editorial, ao defender a empresa dos ataques de grupos nacionalistas, que, "se fosse outro o nível mental da nossa gente, o dia do aniversário da Light deveria ser feriado nacional". Montenegro, porém, não entregava os pontos tão facilmente e resolveu bater nas portas do Palácio do Catete. Por intermédio do amigo Hélio Macedo Soares, que assessorava o governo na área de energia, pediu socorro ao presidente. Outro golpe: Dutra mandou Macedo Soares dizer-lhe que o governo não desembolsaria um centavo. Se o ITA não queria mudar seu projeto, o ITA que pagasse pelo capricho, mas com recursos do seu próprio orçamento. O problema voltava à estaca zero. Montenegro teve que começar tudo de novo e retornar à Light, desta vez para negociar o custo de mudança da rede elétrica, já que mudar o projeto do ITA era algo que não passava por sua cabeça. Calculou-se quanto custaria a alteração, Montenegro pechinchou o quanto pôde e afinal bateu o martelo. Quando o acordo foi fechado, o indicado pela Light para a negociação fez uma reveladora afirmação:

— Olha, coronel, este foi o negócio mais sério que a Light já fez no Brasil. Estamos habituados a negociar com o governo há muitos anos, mas esta foi a primeira vez que não tivemos que pagar comissão para ninguém, nem lidar com orçamentos superfaturados.

E assim, pedra por pedra, Montenegro ia erigindo sua catedral. Em 1947, quando terminou a seleção da primeira turma de alunos que iriam cursar o ITA — que ainda funcionaria por três anos no Rio, em prédios da Aeronáutica na Ponta do Calabouço, junto ao Aeroporto Santos Dumont — o professor Richard Smith redigiu um documento reservado de sete páginas, dirigido ao comando do Cocta, que funcionou como um jato de água fria para ele. Os currículos e os professores da escola criada por Montenegro tinham um nível tão alto que os estudantes brasileiros não estavam preparados para frequentá-la. A constatação dessas enormes deficiências dos nossos jovens, no entanto, não pareceu assustar o professor. Em seu documento ele primeiro apontava algumas condições básicas do sistema brasileiro de ensino médio que teriam que ser obrigatoriamente corrigidas para que o ITA "pudesse transformar o pessoal formado pelas escolas secundárias em bons profissionais". Segundo Smith, a primeira condição era quase cultural. Sempre com muito cuidado para não ferir suscetibilidades nacionais, ele cortava fundo como um bisturi:

A média dos estudantes brasileiros do curso secundário precisa ser mais ou menos reeducada com respeito a hábitos de trabalho e mesmo, em alguns casos, a hábitos de honestidade. A maioria dos rapazes brasileiros que completam o curso secundário nunca foi instruída sobre como estudar nem educada para arcar com as responsabilidades de um programa normal de estudos. A maior parte deles não sabe tirar proveito de uma biblioteca, ou fazer consultas, ou aproveitar um professor durante uma conferência particular. Muitos estudantes de cursos secundários também lucrariam consideravelmente em um ambiente escolar de perfeita honestidade e integridade, o qual, infelizmente, nem sempre existe nas escolas secundárias, mas que será um fato no Instituto Tecnológico da Aeronáutica.

O Estado-Maior do ITA: os brasileiros Jeremias Chrispim, Luiz Cantanhede, Casimiro Montenegro, Marco Antônio Guglielmo Cecchini e Oscar Spínola, o belga René Marie Vandaele e o suíço Charly Künzi.

O linguajar cauteloso de Smith, ao falar de "ambiente escolar de honestidade", não deixava dúvidas de que ele se referia a uma praga presente em dez entre dez escolas brasileiras: a cola. Se entre nós costumava ser vista até como uma virtude, uma esperteza, no ITA a cola era imperdoável. E, ao contrário do que se possa imaginar, isso não era uma imposição herdada da caserna. Jamais foi preciso que qualquer professor exercesse alguma espécie de vigilância contra ela. Isso porque no ITA passou a vigorar, desde o início, o que se convencionou chamar de "disciplina consciente", implantada pelo professor Joseph Morgan Stokes, segundo reitor da instituição, que delegou, em ato insólito e corajoso, ao Centro Acadêmico Santos Dumont competência para os alunos, em caráter exclusivo, fiscalizar, julgar e propor à administração medidas disciplinares, inclusive a de desligamento de aluno faltoso, ou seja, os próprios alunos eram corresponsáveis pela manutenção das regras de convivência dentro da comunidade acadêmica. Foi uma experiência que deu certo. Não se tratava de simplesmente incentivar uma atmosfera de autodisciplina, em que cada indivíduo se conscientiza de seu papel dentro do grupo e se submete passivamente às normas predeterminadas, sob o risco de receber alguma penalidade caso as infrinja. Era algo mais sofisticado do que isso: as regras não eram estabelecidas pela direção da escola ou por qualquer outra instância superior, mas sim pactuadas entre os alunos, que também se encarregavam de sua execução. Por isso, se alguém porventura um dia fosse pego colando, não cabia à escola aplicar-lhe qualquer espécie de punição. A "disciplina consciente" se encarregava de excluí-lo dos quadros da instituição. Mas como o exercício cotidiano do conceito era levado a sério e assumido por todos, cola era algo muito raro de acontecer. O mesmo valia para o cuidado e a manutenção das instalações físicas da escola, impedindo que houvesse carteiras riscadas, pichações em banheiros e má utilização dos equipamentos das salas de aula, alojamentos e laboratórios. Mas não paravam na cola as queixas de Smith. Ele apontava também, como grave deficiência do ensino médio brasileiro, a crença equivocada de que a competência profissional depende inteiramente do conhecimento de teoria básica. Para o professor, isso representava apenas metade dos requisitos para o êxito na prática profissional. "Esse é o maior defeito na preparação dos estudantes brasileiros do curso secundário para as instituições de ensino superior", dizia em seu paper. "Ele conduz a muitos erros, tanto na educação como na prática profissional."

Mesmo com pouco tempo de Brasil, Richard Smith já sabia que se fosse esperar o governo brasileiro corrigir, em todo o sistema de ensino médio, vícios que haviam se arraigado ao longo de décadas, o melhor era voltar para os Estados Unidos e adiar o projeto do ITA para o milênio seguinte. A única maneira de solucionar o problema era criar uma escola preparatória, que funcionaria paralelamente ao ITA, encarregada de recapacitar os alunos já aprovados nos concursos de admissão, mas cuja formação estivesse abaixo dos padrões exigidos pelos currículos do instituto:

> A melhor solução é criar um novo tipo de escola, separada da universidade, mas sob a orientação desta, constando dos dois primeiros anos letivos com um ano mais atrasado de rememoração para aqueles que a necessitarem. Em uma escola dessa espécie os defeitos apontados podem ser corrigidos. Por conveniência chamarei a essa escola apenas Escola Fundamental.

E não eram só conceitos morais que o ITA implantava em sua rotina. Uma exigência havia sido feita por todos os professores convidados, a começar por Richard Smith: liberdade de cátedra e autonomia acadêmica. O problema é que esses pré-requisitos, assegurados em contrato a cada um deles, não desciam pela garganta de muita gente no governo, sobretudo no Ministério da Aeronáutica. Na primeira minuta do "Plano Geral" do ITA enviada a Trompowsky e Dutra, Montenegro não deixava dúvidas quanto à questão, ao afirmar que "a liberdade acadêmica e a autonomia didática e disciplinar da Congre-

A burocracia não paga o salário do americano Charles Stanton (acima) e Montenegro arranca os cabelos: "Vai ser uma desmoralização para nós se o Stanton tiver que voltar para os Estados Unidos porque faltou um atestado de vacina da avó dele".

gação dos Professores constituem condição indispensável do sucesso do ensino — e essa é, na verdade, a orientação seguida pelas principais universidades do mundo". O parágrafo que tratava disso, escrito por ele e por Tolle, era ainda mais cristalino:

> As decisões da Congregação não estão sujeitas a reforma ou substituição por parte de qualquer autoridade; podem, no entanto, ser anuladas pelo presidente da República, por proposta do ministro da Aeronáutica, quando violarem a lei ou contrariarem os superiores interesses nacionais.

Em português fluente, ali estava escrito que, salvo o presidente da República, no ITA mandariam apenas os professores do ITA. Ou, como preferiam dizer os adversários cada vez mais agressivos do projeto, "na Fazenda do Montenegro manda apenas o Montenegro". Isso mesmo: a instituição que iria revolucionar o perfil tecnológico do Brasil era chamada, ao nascer, de "Fazenda do Montenegro". Indiferente às críticas, ele prosseguia na sua interminável corrida de obstáculos. Entre muitos de seus colegas de farda eram enormes as resistências à ideia de fazer do CTA/ITA um centro de excelência aberto a toda a sociedade. Para esse grupo, do qual fazia parte o próprio Eduardo Gomes, o conjunto deveria ser, sim, um centro formador de quadros qualificados e de tecnologia aeronáutica, mas destinados exclusivamente à Força Aérea Brasileira — que, afinal, era quem pagava a altíssima conta das excentricidades de Montenegro.

Apesar de tudo, ele não tinha do que se queixar. Um balanço dos cinco anos do governo Dutra, que já estava chegando ao fim, revelava um saldo altamente favorável ao CTA/ITA. Todos os professores indicados tinham sido contratados, o cronograma das obras em São José era cumprido à risca e os raros estouros de orçamento haviam sido cobertos com dotações extraordinárias do Ministério. Muito do que Montenegro tinha alcançado até ali, é verdade, devia ser creditado na conta do ministro Trompowsky, um ardoroso defensor das demandas do CTA/ITA junto ao presidente da República, e também ao discreto mas eficiente trabalho realizado no Congresso pelo ex--ministro da Aeronáutica Salgado Filho, agora senador pelo Rio Grande do Sul. E isso fazia Montenegro temer pelo resultado das eleições presidenciais marcadas para outubro de 1950. Um ano antes do pleito os dois candidatos favoritos já tinham sido lançados por seus respectivos partidos: pela UDN, de novo Eduardo Gomes. Para enfrentá-lo o PTB lançara Getúlio Vargas, que depois de uma espécie de exílio voluntário em sua fazenda gaúcha de São Borja havia voltado à cena política. Para ser seu vice Getúlio convidou o deputado Café Filho, o potiguar que visitara São José dos Campos em companhia de Juracy Magalhães. Se o eleito fosse Vargas, nenhuma mudança muito profunda deveria ser operada nos rumos do projeto de Montenegro. Se o povo, no entanto, escolhesse Eduardo Gomes, aí sim, as perspectivas seriam as mais desanimadoras.

O getulismo estava fragmentado. O Partido Social Democrático (PSD), que ele criara em 1945, agora tinha candidato próprio, o mineiro Cristiano Machado. Alguns de seus velhos camaradas, como Oswaldo Aranha e Góis Monteiro, tinham ido para a oposição e apoiavam a candidatura de Eduardo Gomes. Quando faltavam dois meses para as eleições, Getúlio saiu de seu refúgio em São Borja e iniciou uma verdadeira blitzkrieg eleitoral. Embora já não fosse mais um jovem, em 53 dias ele visitou 54 cidades espalhadas pelos vinte estados brasileiros. Além de carregar pelo país a bandeira nacionalista que defendia a propriedade social das riquezas naturais, o ex-ditador afirmava ser candidato não de um partido político, mas "dos humildes, dos pobres, dos desempregados".

Em julho o jornalista Carlos Lacerda publicaria na sua *Tribuna da Imprensa* (jornal abertamente pró-UDN, e para cuja fundação Montenegro contribuíra simbolicamente, adquirindo uma ação por mil cruzeiros) um áspero e provocativo artigo contra Getúlio, cuja candidatura acabara de ser oficializada junto ao tribunal eleitoral. Naquelas linhas era possível antever que a temperatura política ia subir muito no Brasil, e em bem pouco tempo. "O sr. Getúlio Vargas, sena-

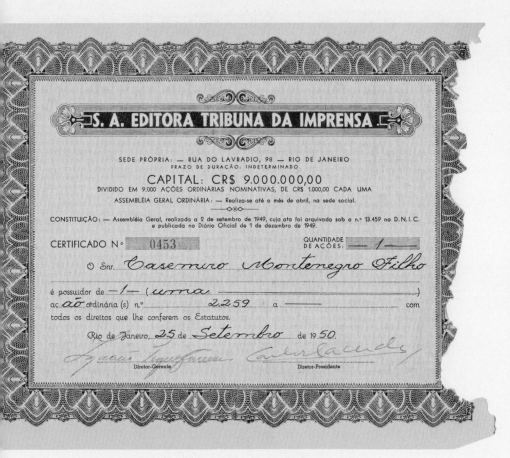

Nos guardados de Montenegro, a prova de que havia "DNA udenista" no sangue do marechal: para ajudar Carlos Lacerda na guerra contra Vargas, uma ação da Tribuna da Imprensa.

dor, não deve ser candidato à Presidência", escreveu Lacerda, para martelar em seguida: "Candidato, não deve ser eleito. Eleito, não deve tomar posse. Empossado, devemos recorrer à revolução para impedi-lo de governar". Nunca se soube se foi ou não uma resposta, mas semanas depois Getúlio daria uma entrevista em São Paulo em tom funesto e, como o tempo diria, profético. "Sei que me elegerei mas não chegarei ao fim do meu mandato. Terei que lutar, mas será que resistirei? Se não me matarem, até quando meus nervos poderão aguentar?", se perguntava o candidato, para ele próprio responder: "Uma coisa lhes digo. Não poderei tolerar humilhações. Tenho 67 anos e pouco me resta de vida. Quero consagrar esse tempo ao serviço do povo e do Brasil. Quero, ao morrer, deixar um nome digno e respeitado".

A primeira parte do vaticínio cumpriu-se no dia 3 de outubro daquele ano: Getúlio ganhou as eleições com 3,8 milhões de votos (quase 50% do total), contra 2,3 milhões dados a Eduardo Gomes e 1,6 milhão a Cristiano Machado. Mais pela derrota do brigadeiro do que pela vitória de Getúlio, Casimiro Montenegro respirou aliviado. Se a segunda parte da previsão do presidente eleito não se cumprisse, e ele conseguisse levar seu mandato até o fim, o sonho de construir o CTA/ITA ganharia mais cinco anos de fôlego.

10 Um negócio da Inglaterra: toneladas de algodão em troca de setenta aviões a jato

Casimiro Montenegro estava com uma taça de champanhe na mão quando o aniversariante, coronel-aviador Nero Moura, chamou-o de lado para uma conversa reservada. Como Nero havia acabado de se desquitar e morava sozinho em um apartamento na rua Hilário de Gouveia, em Copacabana, a comemoração de seus 41 anos de idade era realizada na casa de um amigo e vizinho de bairro, o também coronel Dario Azambuja. Minutos antes, a chegada do advogado Miguel Teixeira provocara um rebuliço na sala, onde cerca de quarenta convidados brindavam à data. Todo mundo sabia que Teixeira era íntimo do presidente eleito. Getúlio tomaria posse no dia seguinte à festa, 31 de janeiro de 1951, e ainda não anunciara o ministério. Assim, o fato de Nero Moura ter sumido por alguns minutos e se trancafiado numa sala com Teixeira foi motivo de inevitáveis especulações. Na conversa com Montenegro, Nero Moura revelaria o motivo da ausência e lhe daria duas notícias, uma boa e outra má.

— Montenegro, não diga nada a ninguém até amanhã, mas o Getúlio vai me nomear ministro da Aeronáutica.

Era sem dúvida uma boa nova, que fez Montenegro exultar. A nomeação do amigo seria a garantia de que o ITA continuaria a receber pleno apoio do Ministério, afastando qualquer risco de que os ferrenhos opositores do projeto chegassem ao poder e promovessem uma eventual virada de mesa. Era o maior temor que Montenegro alimentara nos últimos meses, quando ainda não havia nenhuma

155

segurança de que o futuro ministro daria continuidade à adesão irrestrita que o CTA recebera do brigadeiro Trompowsky.

— Mas, Nero, qual era mesmo a má notícia? — indagou Montenegro.

— Pois é. Você vai ter que deixar a direção do CTA para me ajudar lá no Ministério.

Montenegro gelou. O trabalho no Centro Técnico de Aeronáutica tornara-se para ele algo tão vital quanto o ato de respirar. Tirá-lo de lá equivaleria quase a uma condenação à morte. Assim, recorreu a todos os argumentos para dissuadir Nero Moura daquela ideia que lhe pareceu absurda. Mas o futuro ministro permaneceu inflexível e explicou que precisaria rodear-se de aliados sinceros no gabinete, pois era evidente que sua nomeação iria encrespar muita gente na Aeronáutica. Como era apenas coronel, os colegas de patente superior poderiam considerar a escolha de seu nome uma grave quebra de hierarquia. Foi exatamente para falar sobre isso que Miguel Teixeira viera à festa, tomara uma taça de champanhe e depois fora embora. Getúlio, que havia feito o convite oficial a Nero naquela tarde, pedira que Teixeira o avisasse agora que alguns brigadeiros estavam se reunindo para articular uma reação contra ele. O recado de Getúlio dizia ainda que no dia seguinte bem cedo, antes da entrevista coletiva na qual anunciaria a composição do novo ministério, Nero deveria localizar o brigadeiro Eduardo Gomes para informá-lo antecipadamente da escolha e, mais que isso, colocar à sua disposição qualquer cargo que porventura desejasse na estrutura da pasta. Getúlio acreditava que o gesto funcionaria como um antídoto contra a insatisfação do grupo de oficiais que eram fiéis simpatizantes do brigadeiro.

Diante de tais argumentos, Montenegro viu-se obrigado a ceder. Mas combinou com Nero que sua cadeira no CTA continuaria reservada e apenas emprestada a alguém que não deveria mexer uma única vírgula em quaisquer dos projetos em andamento. Para todos os efeitos, ele se afastaria de São José dos Campos, mas continuaria a dar ordens por lá. Nero não só concordou como ofereceu a Montenegro a chefia da Diretoria de Material, deixando-o em uma posição estratégica em relação ao CTA. Afinal, pelo regulamento do Ministério da Aeronáutica, cabia à DM responder por uma quilométrica lista de atribuições, que incluíam "manutenção, suprimento, armazenamento, distribuição, revisão, reparação, recuperação, aquisição, fabricação e outras funções que lhes forem atribuídas para o reparo e a eficiência do material aéreo, das instalações, da maquinaria e dos equipamentos para manutenção da infraestrutura aeronáutica". O regulamento determinava ainda que a DM era responsável pelo "controle e mobilização da indústria aeronáutica no país". Em poucas palavras, Montenegro continuaria com a faca e o queijo nas mãos. No dia seguinte ao aniversário, conforme recomendara Getúlio, Nero Moura procurou Eduardo Gomes e o encontrou logo às sete da manhã, de shorts e camiseta, jogando tênis na quadra privativa dos oficiais da Base Aérea do Galeão. Esperou que o brigadeiro finalizasse a partida e o chamou para tomar um cafezinho na lanchonete ali ao lado. Enquanto esvaziavam as xícaras, Nero falou, esforçando-se para não demonstrar constrangimentos:

— Brigadeiro, o presidente vai me nomear ministro e solicitou que eu lhe transmitisse a imensa satisfação que ele teria em que o senhor colaborasse comigo no Ministério, escolhendo qualquer posto que lhe agrade.

O brigadeiro Eduardo Gomes olhou para o coronel, deu um último gole no café e comentou sem rodeios, mas no tom mais polido que lhe foi possível:

— Nero, o presidente é a única pessoa que pode escolher os ministros. Ele tem autoridade para escolher qualquer brasileiro. Está no seu pleno direito.

Antes de se levantarem da mesa, Eduardo Gomes repeliu a oferta para que escolhesse o cargo que lhe aprouvesse. Agradeceu a distinção, mas disse que não aceitaria trabalhar para um governo contra o qual duelara nas urnas. Nero parecia não saber, mas poucos dias antes o próprio Getúlio Vargas chegara a convidar Eduardo para o cargo de ministro da Aeronáutica, e ele recusara. Se já havia rejeitado o posto máximo, não iria aceitar nada abaixo disso. Seu lugar continuaria a ser na oposição a Getúlio, embora garantisse que não permitiria que nenhum colega tentasse impedir a posse de Nero Moura. Dito isso, despediu-se friamente. Mais tarde ficaria novamente irritado ao receber a informação de que Nero havia convocado Casimiro Montenegro para chefiar a Diretoria de Material. A condição de velho amigo dos tempos do Correio Aéreo não impediu Eduardo Gomes de telefonar para Montenegro para cobrar dele recusa semelhante:

— Você é coronel. E as diretorias do Ministério são reservadas apenas para quem tem patente de brigadeiro — recriminou.

A histórica amizade entre eles, já estremecida pela oposição do brigadeiro aos princípios que estavam norteando a criação do ITA, havia azedado de vez. Montenegro ainda tentou argumentar que aquele era um cargo de confiança do ministro e que se sentia no direito de exercê-lo por ser oriundo da primeira turma da Escola de Aviação. O amigo não se convenceu. Ao contrário, retrucou dizendo que Nero Moura estava semeando a cizânia e comprando briga com o topo da corporação, pois nomeara outros coronéis para postos reservados a brigadeiros, a exemplo de Nelson Lavanère-Wanderley, a quem fora confiado o Comando de Transportes Aéreos. Eduardo previu sérias turbulências nas passagens de comando de oficiais mais graduados para outros de menor patente. Contrariando tal previsão, porém, não se registrou nenhum mal-estar no dia em que o brigadeiro Raymundo Aboim, que se despedia do cargo, passou o bastão da Diretoria de Material ao coronel Casimiro Montenegro. Os dois, afinal, eram camaradas de longa data. Aboim, um apaixonado pela causa da defesa indígena, levara Montenegro algumas vezes em suas expedições pelo Xingu, quando chegaram a assistir por diversas vezes ao Quarup, a cerimônia religiosa xavante de culto aos mortos.

A primeira cena vivida por Montenegro na nova função anunciava o que seriam os três anos dele à frente da Diretoria de Material. Antes de lhe passar o comando, atrás de uma escrivaninha empanturrada de memorandos e ofícios a despachar, o brigadeiro Aboim levantou as pernas da calça e exibiu um par de canelas pontilhadas por eczemas. Segundo ele, eram as consequências das muitas preocupações — e de todas as aporrinhações — inerentes ao cargo. Montenegro riu e disse que, se era assim, quem ia ficar com problemas nas pernas não seria ele, mas seus subordinados. E bastou uma semana de trabalho do novo chefe para que o pessoal lotado na Diretoria de Material percebesse que ele falava sério. Os quatro anos à frente da Cocta, com os incontáveis malabarismos para se esquivar da paralisante burocracia governamental, tinham dado a Montenegro um tirocínio administrativo singular, centrado na delegação de tarefas e cobrança de responsabilidades. Sua primeira medida foi dividir a montanha de papéis em pilhas menores, separando-as por assunto. Depois, mandou chamar, um por um, os responsáveis de cada área e cobrou deles a tramitação imediata dos documentos, marcando dia e hora para que as questões encaminhadas fossem devolvidas a ele com todas as providências já devidamente tomadas. Assim, em um aparente passe de mágica, Montenegro deixou a mesa de despachos inacreditavelmente vazia. Outra coisa que o incomodou desde o primeiro dia foi o grande número de pessoas aguardando na antessala para serem recebidas em audiência. Para espanto do ajudante de ordens, no primeiro dia de trabalho Montenegro pediu que mandassem entrar todo mundo ao mesmo tempo. Depois de providenciar cadeiras para aquele mundaréu de gente, Montenegro perguntou, pessoa por pessoa, o motivo que a havia levado ali. A cada resposta recebida, ele encaminhava o interlocutor ao auxiliar ou à respectiva divisão que iria tratar do problema. De uma hora para outra, como diria um caipira da bucólica São José dos Campos de então, o "homem limpou o rancho".

"O segredo de administrar é colocar a equipe para trabalhar", era o lema de Montenegro. Curiosamente, ao contrário do que muitos subordinados poderiam imaginar no primeiro momento, em vez de deixá-los afogados em tarefas infindáveis, o "método Montenegro" de gerência produziu efeito inverso. Como cobrava prazos para a realização de cada tarefa, tornou-se impossível empurrar uma questão para a frente, adiando sua resolução. Em poucos dias, portanto, o serviço estava concluído e a pauta de trabalho estava limpa. A racionalização do tempo permitiu que, poucos meses depois, Montenegro determinasse que nenhum funcionário precisaria mais trabalhar aos sábados na Diretoria de Material, abolindo por conta própria o meio expediente obrigatório de três horas previsto pelo regulamento do Departamento Administrativo do Serviço Público, o Dasp, quartel-general da burocracia brasileira à época. "Essas pessoas moram longe, não tem sentido fazê-las pegar um trem em Saquarema para passar apenas três horas aqui e voltar", argumentou. Nero Moura ficou preocupado. "O que vamos dizer para o Dasp?", indagou-lhe pelo telefone. "Não vamos dizer nada, eles não irão entender mesmo", respondeu Montenegro. "Mas e se eu precisar falar com você em pleno sábado?", replicou o ministro. Montenegro disse que Nero não se preocupasse, pois faria um sistema de escalas e haveria sempre alguém de plantão na diretoria, com todas as informações sobre em que lugar ele poderia ser localizado. Antes de desligar, aproveitou e pediu permissão para deixar de ir toda sexta-feira ao Ministério para os despachos semanais. "Minha mesa está vazia, não tem necessidade", explicou. "Venha então só para a gente bater papo", sugeriu Nero, rindo.

O ministro estava seguro de que Montenegro era um administrador sério. A Diretoria de Material, portanto, estava em boas mãos. Ninguém desconhecia que por movimentar grandes somas de dinheiro em compras governamentais a DM era potencialmente uma porta aberta para negociatas e cartéis. Com efeito, não demorou muito para Montenegro perceber que em muitas licitações os concorrentes combinavam o preço entre si e, em sistema de rodízio, decidiam por antecipação o vencedor. Naquele jogo de cartas marcadas, era praxe fornecedores superfaturarem o valor final dos produtos, multiplicando-o várias vezes em relação ao preço real de mercado. Para se precaver

Apesar dos desmentidos, Montenegro (à dir.) vai à Holanda para comprar o Fokker S-14, um jato capaz de voar a 720 km/h, velocidade quase inacreditável para a época.

contra prováveis espertalhões, Montenegro passou a mandar sempre três oficiais, vestidos à paisana, pesquisar preços na praça antes de cada licitação. Assim, quando os fornecedores inflacionavam o valor dos contratos, ele simplesmente anulava a concorrência. "O camarada ganhava, mas não levava. Se na empresa dele o produto saía por tantos cruzeiros, eu não ia pagar um centavo a mais", relembraria mais tarde em entrevista. De imediato, os fornecedores pediram uma reunião com o chefe da Diretoria de Material, que ouviu deles a confissão: utilizavam-se daquele tipo de expediente porque os pagamentos por parte do Ministério da Aeronáutica, como de resto em todas as repartições públicas no Brasil, demoravam muito a ser honrados, o que os deixaria em evidente prejuízo caso praticassem valores normais de mercado. O coronel Montenegro advertiu-os de que não aceitaria mais esse tipo de manobra enquanto estivesse sentado naquela cadeira. Mas firmou ali um compromisso de honra: sua gestão cumpriria rigorosamente os prazos de pagamento previstos pelo edital de cada licitação.

— Se isso não acontecer, os senhores podem voltar aqui e me cobrar satisfações. E nem precisam passar por meu ajudante de ordens, entrem direto, sem bater na porta.

É verdade que ele era um administrador austero, mas à frente da Cocta já dera mostras de que, se fosse possível, até mágicas faria para tocar um processo adiante. Como da vez em que constatou não haver mais dotação orçamentária, em determinado período fiscal, para comprar tambores vazios de combustível. Pois Montenegro não hesitou em recorrer a uma solução pouco ortodoxa. Abriu uma licitação para compra de gasolina e especificou que o produto teria que ser fornecido em tambores — exatamente iguais aos que ele queria. Resultado: o tradicional fornecedor de combustível para o governo brasileiro, a poderosa empresa norte-americana Standard Oil, perdeu a concorrência para um pequeno fabricante brasileiro de tambores, que conseguiu oferecer o menor preço na licitação. A multinacional chiou, ameaçou recorrer, mas não conseguiu demonstrar que Montenegro cometera qualquer irregularidade.

162

Mas o que provocaria controvérsia de verdade seria um grande contrato assinado pelo Ministério da Aeronáutica, por meio da Diretoria de Material, com a companhia holandesa Fokker, fabricante de alguns modelos clássicos da aviação militar mundial, entre eles o triplano DR-1, celebrizado na Primeira Guerra pelas mãos do piloto alemão Manfred von Richthofen, o "Barão Vermelho". Para escapar das determinações do Tratado de Versalhes, que em 1919 proibiu a Alemanha derrotada de desenvolver tecnologia militar, o fundador da empresa, Anthony Fokker, desmontou as oficinas e transportou todo o material para os Países Baixos, de onde era originária a família de seu pai. Lá fundaria a N.V. Nederlandsche Vliegtuigenfabriek Fokker, inaugurando uma indústria aeronáutica em uma terra até então conhecida apenas por seus diques, moinhos de vento, tulipas e tamancos. Em maio de 1952, Anthony Fokker, apelidado de "Holandês Voador", recebeu em Amsterdam uma carta com papel timbrado do Ministério da Aeronáutica brasileiro, propondo um contrato para fabricar, no Rio de Janeiro, aviões saídos diretamente das pranchetas de seus projetistas. No dia 25 daquele mesmo mês, um domingo, o coronel Casimiro Montenegro embarcou para a Europa. Levava na pasta de trabalho uma proposta de contrato que consistia no pagamento de 98,5 milhões de cruzeiros, cerca de 45 milhões de reais, pela compra de duzentos aviões da Fokker a serem construídos no Brasil, aí incluídas cinquenta unidades do S-14, um jato capaz de voar a 720 km/h, velocidade quase inacreditável para a época.

Mas havia mais dinheiro em jogo. O contrato com a Fokker envolveria ainda a abertura de uma nova empresa no Brasil, a Fokker Indústria Aeronáutica S/A, com capital misto de 20 milhões de cruzeiros (cerca de 23 milhões de reais, em valores de 2023) divididos meio a meio entre a companhia holandesa e um grupo de empresários nacionais. Dos 10 milhões de cruzeiros a serem investidos pela Fokker, a metade seria em dinheiro vivo e a outra metade paga em serviços e royalties. O negócio parecia vantajoso para ambas as partes. O Brasil teria uma promissora fábrica de aviões a jato, incorporaria a tecnologia dos holandeses e a Fokker faria um investimento relativamente pequeno para abrir uma subsidiária no Rio de Janeiro. Mas o acordo ganharia ares de escândalo ao ser noticiado pela imprensa. O brigadeiro Eduardo Gomes foi quem iniciou o tiroteio, questionando o fato de o governo brasileiro pretender colocar dinheiro público "para viabilizar uma empresa de capital privado" e, ainda por cima, estrangeira. Eduardo criticou também qualquer negociação que fosse feita pelo Ministério da Aeronáutica para a compra de jatos, pois segundo ele esse tipo de propulsão ainda se encontrava em fase de experiências.

Uma semana depois de retornar da Holanda, Casimiro Montenegro precisou apagar o incêndio ateado pelo brigadeiro. Ele tinha convicção de que não havia nada de errado em incentivar a formação de um empreendimento econômico que, mais do que simplesmente fabricar aviões em série, iria transferir alta tecnologia aeronáutica para o país. O principal produto que a Fokker tinha a nos oferecer, explicava Montenegro, era o conhecimento, algo imaterial e que por isso não apareceria nas planilhas financeiras da empresa a ser instalada no Brasil. Mas, diante da grita geral, preferiu ganhar tempo. Assim, negou aos jornalistas que sua viagem tivesse relação com um possível contrato oficial com a Fokker ou mesmo com qualquer outra empresa internacional. "Podemos desmentir notícias veiculadas de que o coronel Casimiro Montenegro — diretor do Departamento de Material da Aeronáutica — tenha adquirido ou esteja interessado em adquirir os planos do Fokker a jato", estampou o jornal *A Noite* em sua edição de 9 de julho de 1952. "O coronel citado regressou ao Rio há uma semana, tendo permanecido cerca de trinta dias na Europa, visitando parques aeronáuticos", justificava a notícia. Mas quem conferisse as anotações da caderneta de oficial de Montenegro veria que ele esteve sim, mais precisamente entre 25 de maio e 27 de junho, na sede holandesa da Fokker, com a devida autorização do Ministério da Aeronáutica.

O que ninguém sabia é que Montenegro aproveitara a viagem

para tentar pôr de pé um projeto ainda mais audacioso. Por causa da derrota da Alemanha na Segunda Guerra e dos tratados que colocaram em quarentena mais uma vez os investimentos em tecnologia militar naquele país, os alemães estavam impedidos de continuar desenvolvendo pesquisas científicas na área. Montenegro pretendia assim atrair de lá os melhores cérebros no setor da aviação, oferecendo-lhes todas as condições para prosseguir seus trabalhos no Brasil. Por meio do capitão Aldo Weber Vieira da Rosa, catarinense que era membro da Cocta e falava alemão fluentemente, procurou outra legenda da engenharia aeronáutica da época, o professor Henrich Focke — que apesar da semelhança dos sobrenomes não tinha qualquer parentesco com Anthony Fokker, o "Holandês Voador". Focke era o homem que em 1937 tinha colocado para voar o primeiro helicóptero de que se tem notícia, o Focke-Achgelis FW-61. Diante da impossibilidade de seguir com seus experimentos em decolagem vertical na Alemanha, ele animou-se com a ideia de vir ao Brasil. Enquanto continuava a negar, pelos jornais, que estaria cogitando trazer um braço da Fokker para o país, Montenegro convenceu o ministro Nero Moura a fazer um convite formal a Henrich Focke para trabalhar no CTA, em São José dos Campos. Focke poderia trazer da Europa toda a equipe de que necessitasse para fabricar aqui o que se anunciava como uma das mais espetaculares invenções aéreas já vistas pelo mundo: o convertiplano, um híbrido de helicóptero e avião que decolava na vertical, impulsionado por quatro rotores, e depois prosseguia o voo na horizontal, podendo atingir velocidades de até 500 km/h.

Para o visionário Montenegro, aquilo era uma revolução aeronáutica. Mas não podia imaginar que a engenhoca só viria a ser industrializada dali a três décadas, pela Grã-Bretanha, sob o nome de *Sea Harrier*, o gigantesco caça testado com enorme sucesso pelos ingleses na Guerra das Malvinas, em 1982. Mesmo depois de tantos anos, a única novidade revelada ao mundo pelo *Sea Harrier* era a sua capacidade, como o convertiplano, de pousar e decolar na vertical. O entusiasmo de Montenegro convenceu Nero Moura, que autorizou o

Com Nero Moura (de branco, ao centro) no Ministério da Aeronáutica, a "Fazenda do Montenegro", como os inimigos chamavam o ITA, ia viver quatro anos sem aborrecimentos.

envio de uma correspondência oficial a Henrich Focke, estabelecendo as bases de seu contrato: salário fixo de 18 mil cruzeiros (cerca de 23 mil reais de 2023), com direito a casa mobiliada no CTA e comissão de 5% sobre o preço de cada aparelho que viesse a ser fabricado no Brasil, além de mais 50% sobre o lucro proveniente da venda desses equipamentos pelo Ministério da Aeronáutica para outros países. O professor Focke receberia ainda uma bonificação de 25 mil dólares, dividida em três parcelas, pagas respectivamente após a assinatura do contrato, quando de sua chegada ao Brasil e no momento em que o primeiro protótipo levantasse do chão. Sem perspectivas em uma Alemanha demolida pela guerra, Focke não pensou duas vezes. Em poucos meses ele já estaria instalado em uma casa projetada por Oscar Niemeyer e decorada com os móveis desenhados por Zanine. Depois dele, chegariam outros dezesseis engenheiros estrangeiros para trabalhar no projeto do convertiplano, a maioria alemães. Todos os dias, saindo de casa a caminho dos laboratórios do CTA, lá ia o empertigado professor Focke com pilhas de papel debaixo do braço, equilibrando-se na garupa de uma motocicleta NSU alemã, pilotada por um de seus assistentes, o húngaro Joseph Kovacs. "O professor segurava o chapéu com o cabo do guarda-chuva, mas sem perder a dignidade pedante e típica dos nascidos em Bremen", recordaria mais tarde o próprio Kovacs.

A chegada dos alemães do chamado Grupo Focke também serviu de munição para que os críticos de sempre voltassem a fazer pontaria contra o Centro Técnico de Aeronáutica. As denúncias de que rios de dinheiro público continuavam descendo pelo ralo da "Fazenda do Montenegro" recrudesceram. Aquela história de avião que subia no ar como se fosse um helicóptero mais parecia conversa fiada. Por isso, não demorou muito e o projeto do convertiplano passou a ser apelidado, jocosamente, de "conversoplano". Mas dessa vez as oposições não pipocariam só do lado de fora do campus. Montenegro logo seria chamado a administrar um conflito que começava a ser gerado no seio do próprio CTA: o corpo de engenheiros liderados pelo professor Focke não parecia muito disposto a se integrar com os professores do ITA. Criou-se uma espécie de polarização entre os alemães e os demais estrangeiros. "Não sei se isso era fundamentado na inveja, em razões étnicas com origens na guerra ou nos privilégios de contratos polpudos", especularia o húngaro Kovacs, que também se sentira meio excluído pelo Grupo Focke, embora fosse da mesma equipe e falasse fluentemente o alemão. Em meio a tudo isso, o mistério sobre a instalação da Fokker no Brasil logo se tornou um segredo de polichinelo. Era impossível manter um contrato daquela envergadura sem dar o necessário conhecimento à opinião pública. No dia 7 de agosto de 1953, o ministro Nero Moura assinou o contrato com a Fokker Indústria Aeronáutica S/A, representada por um dos acionistas da participação nacional na empresa, o empresário Vasco Pezzi. Com isso, a temperatura das críticas aumentou. Mas ainda não chegara nem perto de seu ponto máximo de ebulição.

Uma das atribuições de Montenegro como diretor de Material era a manutenção e atualização da frota aérea do país, algo de tal responsabilidade que ele não podia deixar em segundo plano. Seu propósito de instalar uma indústria brasileira de aviação, é óbvio, teria que ser tocado a médio prazo. A Fokker ainda não começara a operar e o projeto do convertiplano do professor Focke, de tão complexo, ainda nem saíra do papel. Embora isso contrariasse um dos princípios básicos da histórica palestra do professor Smith no Ministério da Educação, era preciso comprar equipamento estrangeiro para reequipar a FAB e dotá-la de aeronaves mais modernas, compatíveis com o avanço experimentado na aviação na última década. Em pleno cenário da Guerra Fria, período marcado pela polarização mundial entre Estados Unidos e União Soviética, o Estado-Maior da Aeronáutica decidiu que deveriam ser comprados, preferencialmente, aviões norte-americanos. Contudo, em represália ao fato de o presidente Getúlio Vargas não ter enviado soldados brasileiros para a guerra fratricida que coreanos do Sul e do Norte travavam desde 1950, com ingerência direta dos Estados Unidos e da União Soviética, o governo de Washington vetou o negócio. Não havia alternativa senão procurar outro fornecedor. A nova escolha recaiu sobre a Inglaterra, que produzia o Gloster Meteor, o primeiro avião britânico movido a jato, capaz de voar a inacreditáveis 952,5 km/h, quatro vezes a velocidade de uma bala de fuzil. Por questão de economia — e para serenar os ânimos dos que diziam que o governo não cansava de jogar fortunas pela janela do Ministério da Aeronáutica —, Getúlio sugeriu pessoalmente ao ministro Nero Moura que, em vez de dinheiro vivo, oferecesse aos ingleses produtos agrícolas brasileiros como pagamento pelos aparelhos. Feita a oferta de se trocar aviões por sacas de grãos, os ingleses regatearam. Até aceitavam uma possível barganha, mas queriam, no lugar de produtos agrícolas, madeira de lei.

— Madeira é o mesmo que dólar — disse Getúlio a Nero Moura, balançando a cabeça negativamente. — Mas se eles quiserem, estou cheio de algodão...

De fato, havia um estoque de 7 milhões de toneladas de algodão abarrotando os armazéns do Banco do Brasil. Como o produto estava em alta no mercado internacional, os ingleses aceitaram o negócio: queriam 14 mil toneladas de algodão — no valor de 4,1 milhões de libras esterlinas — em troca de setenta jatos Gloster Meteor. Se foi fácil, porém, convencer os britânicos a fazer o escambo, a mesma tranquilidade não se repetiria na hora de convencer a opinião pública interna sobre a lisura da transação. No parlamento, os deputados da conservadora UDN, reunidos em torno da chamada "banda de música" — assim apelidada por causa de seus discursos ruidosos e orquestrados no plenário da casa —, consideraram a operação um descalabro moral e financeiro, verdadeiro atentado contra a honra e as finanças nacionais. Do alto da tribuna, um dos regentes da fanfarra udenista, o deputado baiano Aliomar Baleeiro, brandia a edição da revista britânica *The Economist* na qual se noticiava o acordo entre Brasil e Inglaterra. Baleeiro denunciava que o governo ia entregar o valioso algodão nacional na bacia das almas, com valores bem inferiores à real cotação do mercado. E o pior, esbravejava o deputado, era que os tais aviões a jato, geringonças descritas pelo Ministério da Aeronáutica como a oitava maravilha do mundo, não eram uma unanimidade entre os especialistas em aviação. A autoridade profissional do brigadeiro Eduardo Gomes, um dos que ainda não se convencera da viabilidade dos motores com propulsão a jato, era invocada como a prova cabal de que o país poderia estar caindo em um milionário conto do vigário. A repercussão negativa chegou a provocar vacilações dentro do próprio governo. O ministro da Aeronáutica, Nero Moura, acompanhado do ministro da Fazenda, Horácio Lafer, levou o contrato com a Gloster para ser analisado pelo presidente Getúlio Vargas em um despacho conjunto. Getúlio leu e lavou as mãos: "Esse assunto é com vocês: decidam", disse o presidente, dando a audiência por encerrada. Já fora da sala de despachos, Horácio Lafer e Nero Moura se entreolharam.

— E agora, Nero? — perguntou Lafer.

— Agora temos que tomar uma decisão. Se algo der errado, se o negócio for malfeito, se a imprensa sair gritando, assumimos a responsabilidade e o presidente nos demite. Se tudo correr bem diremos que foi o presidente que mandou fazer. Como ministros, nossa obrigação é protegê-lo.

Naquele mesmo dia, Nero Moura chamou Casimiro Montenegro em seu gabinete e lhe passou a missão: viajar imediatamente para a Inglaterra e trazer os Gloster Meteor, os primeiros aviões a jato que o Brasil receberia em toda a sua história. Poucos dias antes da partida, o coronel Montenegro cruzou em um corredor com o brigadeiro Eduardo Gomes, que continuou intransigente: para ele, o Ministério da Aeronáutica estava fazendo uma enorme besteira. "O Eduardo não acompanhava o desenvolvimento. Ele não tinha visão", escreveria mais tarde Montenegro em suas lembranças sobre o episódio, em um caderninho espiral de folhas pautadas, no qual rabiscava o esboço de suas memórias. Na mesma página de anotações, registrou um trecho do rápido diálogo que teve naquela hora com o brigadeiro:

— Montenegro, sou contra a compra dos Gloster. Eu não gosto de jatos.

— Desculpe-me, Eduardo. Você pode não gostar. Mas os outros oficiais da FAB vão adorar.

À meia-noite do dia 31 de agosto de 1953, Montenegro partiu para Londres a fim de cumprir a insólita missão de trocar aviões a jato por toneladas de capuchos de algodão. Ao contrário das outras viagens que já fizera ao exterior, sempre acompanhado apenas por colegas de farda, desta vez levaria consigo uma companhia bem mais agradável: a sobrinha Antonietta, filha de seu irmão mais velho, Júlio Montenegro. Apesar de Casimiro Montenegro ser um solteirão de 49 anos e Antonietta, também solteira, uma jovem de 29 — e a despeito dos inúmeros registros de relações consanguíneas na família —, ninguém ousaria pôr em dúvida as intenções do coronel quando ele convidou a sobrinha para uma viagem à Europa. Todo mundo sabia que Londres estava em festa, ainda impregnada pelo doce buquê do champanhe consumido nas comemorações pela coroação da rainha Elizabeth II, ocorrida três meses antes. As ruas permaneciam enfeitadas de flores e luzes. Nem as notícias desse clima de romantismo em que vivia a capital britânica foram suficientes para que a família pudesse imaginar a incrível novidade que os dois, Montenegro e Antonietta, trariam na volta de lá.

11 A bela Antonietta fisga o tio Mimiro: a carreira de galã chega ao fim aos cinquenta anos

Era uma moça bonita, de olhar castanho-escuro. Os cabelos curtinhos lhe deixavam o pescoço longilíneo à mostra, e todos os seus gestos eram de uma elegância sem afetação. Casimiro Montenegro a pusera no colo quando ele era cadete e ela um bebezinho rechonchudo, a filha do meio do mano Júlio. Quando menina, escrevera pecinhas de teatro que apresentava nas festas da família, arrancando aplausos e sorrisos dos parentes, entre os quais sempre estava o tio Mimiro, que era aviador e usava uma bela farda cinza. Maria Antonietta — assim mesmo, com dois tês — nascera em Salvador, na Bahia, em cuja alfândega o pai trabalhara como fiscal e onde conhecera sua mãe, Alice Spínola, uma baiana que mais parecia suíça. Crescera numa casa ensolarada a meia quadra da praia, na rua Cira, em Santos, para onde o pai fora transferido. Muitas vezes ela vira o tio Mimiro aterrissar seu hidroavião Savoia-Marchetti ali perto, em plena areia, atração imperdível para a meninada e para as moças santistas, que não cansavam de acenar seus lencinhos brancos em direção ao sorridente piloto.

Ela própria, Antonietta, tornou-se uma mocinha charmosa, que tocava piano com desenvoltura, aluna que fora de dona Dadinha, a vizinha que era filha do advogado, jornalista, político e escritor Vicente de Carvalho. Apesar do conservadorismo de Júlio Montenegro na criação das duas filhas, em sua casa também respiravam-se ares de intimidade com os livros e com a cultura. Uma das amigas de Antonietta dessa época, a futura escritora Anna Maria Martins, revelaria que a primeira vez que ouviu falar do modernista Mário de Andrade na vida foi justamente na biblioteca familiar de "seu Júlio". Mas Antonietta, que sempre era vista com um romance de Marcel Proust debaixo do braço, também adorava andar de bicicleta e tomar banho de mar. Extrovertida, irradiava simpatia, e todos diziam que, mesmo quando estava envergando o tradicional uniforme do Stella Maris, colégio de freiras francesas no qual estudava, ela era a própria sofisticação em pessoa. Herdara essa qualidade da mãe, dona Alice, mulher de hábitos requintados, que sempre andava com belos vestidos e sem um único fio de cabelo fora do lugar. Exigente, Maria Antonietta tivera poucos namorados. Continuava solteira aos 29 anos por absoluta falta de competência do rebanho de rapazes que se derramavam à sua volta, sem que jamais algum deles tivesse conseguido romper a distância regulamentar que ela lhes impunha, fosse nos fins de semana do Tênis Clube de Santos ou nas festinhas juvenis do Parque Balneário Hotel.

Os pais também não deixavam por menos: faziam marcação cerrada e não haviam permitido que a filha sequer estudasse balé no Theatro Municipal de São Paulo, como ela desejava, pois não queriam vê-la bailarina e, principalmente, viajando sozinha. Mas quando fez vinte anos Antonietta finalmente conseguiu autorização da família para fazer um curso de decoração no Museu de Arte de São Paulo, o Masp, época em que ficou hospedada na casa da amiga Heloísa Maria do Amaral, prima de sua amiga Anna Maria Martins e sobrinha da pintora Tarsila do Amaral. Aproveitou a temporada paulistana para frequentar o Teatro Brasileiro de Comédia (TBC), no qual despontavam estrelas como Cacilda Becker e Tônia Carrero, e para conhecer alguns redutos dos chamados "anos dourados" na noite paulista, a exemplo da célebre boate Oásis e do não menos famoso Nick Bar, imortalizado por um romântico samba-canção do compositor Garoto na voz aveludada de Dick Farney. Mas, também em São Paulo, por mais que se esforçassem, os rapazes não conseguiam conquistar as atenções daquela jovem santista de finos modos e rosto angelical, que tomava chá todo final de tarde com o tio João Montenegro na confeitaria Vienense ou na livraria Jaraguá, conhecido ponto de encontro de intelectuais e artistas e propriedade do fundador do TBC, Alfredo Mesquita. Fã ardorosa do cinema francês, Antonietta finalmente poderia escolher sozinha os filmes que queria ver. Em Santos, só era autorizada a assistir a fitas que houvessem passado pela censura prévia dos pais, que pessoalmente se certificavam um dia antes se não haveria nenhuma cena imprópria aos olhos imaculados da filha. Quando, por exemplo, ... E o vento levou estreou no Roxy, cine que viria a instalar a primeira sala com ar-condicionado em Santos, ela fora proibida de assistir ao clássico estrelado por Clark Gable e Vivian Leigh, pois seu Júlio considerou que a rebelde Scarlet O'Hara era um péssimo exemplo. Do mesmo modo, a mãe selecionara rigorosamente as páginas que a filha poderia ler do romance Rebecca, a mulher inesquecível, best-seller da escritora inglesa Daphne du Maurier, embora a liberasse para ver a adaptação do mesmo livro levada às telas por Alfred Hitchcock.

Por isso, as idas a São Paulo eram ansiosamente aguardadas por Antonietta. E quando o tio Mimiro a convidou para ir à Europa com ele, quase não acreditou que finalmente faria a sua primeira viagem ao exterior. Montenegro explicara ao irmão Júlio que o Ministério da Aeronáutica lhe dera o direito de levar uma companhia. Inicialmente pensara em chamar outra sobrinha, Maria Neisse, filha de Yoyô Montenegro, mas ela trabalhava e não podia ausentar-se por mais de um mês do emprego. Então, se o irmão concordasse e ela quisesse, poderia levar Maria Antonietta. Júlio não viu problemas em autorizar a viagem da filha, já que ela estaria sob os cuidados de um tio, que por sua vez iria junto com outros dois oficiais-aviadores, os coronéis João Adil de Oliveira e Oswaldo Pamplona, ambos casados e acompanhados das respectivas esposas. Já no avião, a caminho da Europa, Antonietta desconfiou que talvez não tivesse feito bom negócio, pois todos naquele quinteto eram bem mais velhos do que ela, o que a fez sentir-se deslocada do grupo. Contudo, na primeira escala, no Aeroporto de Orly, em Paris, uniu-se à comitiva uma cunhada do coronel Pamplona, da mesma idade que ela, e que passou a lhe fazer companhia. Enquanto Montenegro e os dois colegas cumpriam obrigações oficiais na capital francesa, acompanhados das respectivas senhoras, as duas moças aproveitavam para conhecer lojas, visitar galerias de arte, assistir a balés e desfiles de moda. "Como fui educada em colégio francês, no qual as freiras diziam que tínhamos duas pátrias — a França e o Brasil —, adorei Paris, passeamos a cidade inteira e só lamentei não conhecer a casa de Marcel Proust", recordaria Antonietta anos depois. Da capital francesa todos foram à Holanda, para uma visita técnica às oficinas da Fokker, antes de finalmente chegarem à Inglaterra, onde Montenegro cumpriria a missão junto aos fabricantes dos jatos Gloster. Mal desembarcou em Londres, Antonietta, que fumava escondido dos pais, comprou uma longa piteira e um isqueiro Dunhill, antigo desejo de consumo. Na cerimônia oferecida aos oficiais brasileiros na embaixada brasileira em Londres, ela apareceu de piteira e vestido longo preto, o que a fazia uma espécie de sósia de Audrey Hepburn, a atriz que acabara de estrelar naquele ano um de seus maiores sucessos, *A princesa e o plebeu*, filme que lhe valeria o Oscar de melhor atriz. Na solenidade, todos se perguntavam quem era aquela moça tão bela, "uma verdadeira embaixatriz", ouvira Maria Antonietta mais de uma vez. Tais comentários parecem ter feito Montenegro se sentir o próprio Gregory Peck. "Acho que foi nessa festa que Casimiro começou pela primeira vez a prestar atenção em mim e a me ver como mulher", recordaria Antonietta.

No meio da viagem o coronel Montenegro separou-se do grupo e viajou sozinho aos Estados Unidos, para contatos com o escritório da comissão de compras do Ministério da Aeronáutica em Washington. Por isso, Antonietta voltou para o Brasil sem o tio. "Fiquei triste quando ele viajou", confessaria Antonietta mais tarde. Contudo, se houve algo mais do que um simples flerte entre a solenidade na embaixada em Londres e a volta dos dois ao Brasil, esse é um segredo que a discrição de ambos nunca revelaria a ninguém. Se o namoro começou ali ou só um pouco mais tarde, impossível saber. Mas o fato é que a prima Sônia, que morava em Fortaleza e estava passando férias no Rio de Janeiro, foi a primeira a notar que começara a nascer um certo clima romântico entre Maria Antonietta e o tio Mimiro. Antes de voltar para casa, em Santos, Antonietta decidira passar mais alguns dias no Rio, na casa de tia Rachel, a Nenê, irmã de Montenegro. Numa manhã de domingo ela e Sônia, durante um passeio em Copacabana, estavam se refrescando em uma sorveteria no Posto 2, bem próximo ao célebre restaurante Lido, quando viram Montenegro passar com seu enorme Buick verde-escuro conversível, de capota baixa e apinhado de belas cariocas bronzeadas de sol. Antonietta largou a taça de sorvete ao meio e, para espanto de Sônia, começou a chorar. Enquanto o sorvete derretia e Antonietta derramava sofridas lágrimas, a prima entendeu o que estava acontecendo.

No caminho de volta para a casa de tia Nenê, Antonietta abriu o jogo e pediu a cumplicidade de Sônia para armar uma pequena vingança contra Montenegro, que ficara de aparecer por lá na hora do almoço. Quando ele chegou, Antonietta não apareceu à mesa e ficou o tempo todo trancada no quarto, sem atender aos insistentes chamados que a prima havia combinado fazer. O próprio Montenegro batucou na porta, também sem obter resposta. "Não adianta, tio Mimiro, antes de se trancar aí ela me falou que estava com muita raiva, mas não quis me explicar por quê." Montenegro sentou-se à mesa, disse para a irmã Nenê que estava meio sem fome, comeu pouco e foi embora com cara de aflito. Mais tarde ligou para Sônia e perguntou se Antonietta já havia saído do quarto. Ela mentiu. Disse que não, que a prima continuava lá dentro, sem responder a ninguém. "Então é melhor eu ir aí e arrombar esta porta", exasperou-se Montenegro. "Pode ter acontecido uma desgraça." Sônia achou que a brincadeira estava indo longe demais e contou a verdade: Antonietta havia armado toda aquela cena porque vira o Buick transformado em verdadeiro harém sobre rodas.

— Chama essa cabrita aí! — exigiu Montenegro do outro lado da linha.

Antonietta pôs o fone de baquelite preto no ouvido, respondeu com monossílabos às explicações do tio e desligou. Depois de colocar o aparelho no gancho, com ar vitorioso, ela avisou a Sônia que Montenegro viria à noite pegar as duas, no Buick, para levá-las ao cinema. Mas de novo combinou que se faria de difícil, inventaria estar com dor de cabeça e recusaria o convite. Na hora marcada, antes que Antonietta pudesse lançar mão da desculpa esfarrapada, Sônia antecipou-se e disse ao tio que ela é quem estava meio indisposta, com enxaqueca, sugerindo que fosse assistir ao filme sozinho com Antonietta. Naquela noite, quando voltaram do cinema, Casimiro Montenegro contou à irmã, Nenê, que ele e Antonietta estavam namorando. Ao contrário do que se poderia esperar em qualquer outra família — mas nunca entre os endogâmicos Montenegro —, a irmã não achou nada estranho. Enquanto Montenegro falava com Nenê, Antonietta tentava ligar para a casa dos pais, em Santos. Naquela época, com as interferências de praxe e as dificuldades de se conseguir uma linha disponível, fazer um interurbano era uma verdadeira proeza. Assim, em meio a um festival de zumbidos e chiados, dona Alice ouviu a voz da filha que tentava avisar-lhe, aos berros para conseguir ser ouvida do outro lado, que Montenegro iria nos próximos dias a Santos.

— Mamãe, diga para o papai que o tio Mimiro... Quer dizer, o Casimiro... Está indo aí para pedir minha mão em casamento.

Dona Alice, que nunca conseguira compreender direito aquele amontoado de matrimônios consanguíneos na família do marido, quase desmaiou. O dr. Júlio, contudo, ficou muito feliz com a notícia de que ia ser sogro do irmão e cunhado da própria filha. Ademais, outro irmão dele, o mais velho de todos, Carlos Augusto Montenegro, casara com uma prima, filha do irmão de seu pai. E um dos manos mais novos, Eduardo, casaria igualmente com uma sobrinha, tornando-se genro de seu segundo irmão mais velho, José Casimiro

Acima: na volta da viagem, Montenegro (de terno escuro) vai a Santos e pede em casamento ao irmão Júlio (de cabelos brancos) a mão da sobrinha Antonietta (à dir., no centro da foto).

Acima, os noivos Montenegro e Antonietta, junto de amigos íntimos e dos pais dela: agora, além de irmão mais velho, Júlio era também seu sogro. Ao lado, Antonietta e a irmã, Helena.

"Yoyô" Montenegro. Em meio àquele cipoal em que se transformara a árvore genealógica da família, o mais difícil era acreditar que o quase cinquentenário Mimiro iria finalmente abandonar a vida de convicto solteirão. Em Fortaleza, o mano Alfredo, o mesmo que duas décadas antes lhe conseguira a passagem no navio do Loide para o Rio de Janeiro, estranhou quando recebeu uma carta em que Casimiro lhe pedia um favor: conseguir e enviar para ele uma cópia de sua certidão de batismo no Ceará. "Para que será que, numa altura dessas da vida", comentou Alfredo com a esposa, Emília, "o Mimiro quer uma cópia do batistério dele?" "Ora, só pode ser para casar", comentou ela, lembrando ao marido que a Igreja católica fazia a exigência daquele documento para autorizar a cerimônia do casamento religioso. "O Mimiro, casado? Ora, essa é boa…", descartou. Mas quando Alfredo enfim soube que a futura noiva seria Maria Antonietta, achou que a coisa começava a fazer algum sentido. "Vai casar com uma sobrinha? Ah, então pode ser verdade", comentou.

A prima Sônia recordaria mais tarde, com bom humor, que uma das maiores dificuldades iniciais de Antonietta foi deixar de chamar Montenegro de tio: "Ué, Sônia, como é que eu vou chamá-lo agora? De tio Mimiro não dá. De Mimiro é quase a mesma coisa. Vou ter que me acostumar a tratá-lo por Casimiro. Estranho, não é?". Quando Montenegro percebeu isso, resolveu brincar com o embaraço da namorada. De propósito, ao sentir que Antonietta queria dirigir-se a ele, ficava um pouco distante e fazia de conta que não estava atento, apenas para obrigá-la a pronunciar o seu nome. "Sônia, como é que eu saio dessa agora?", desesperava-se Antonietta. O namoro iniciado naqueles primeiros dias de outubro foi meteórico e o casamento ficou marcado para fevereiro do ano seguinte. Depois de oficializado o romance, Montenegro aproveitaria os finais de semana daí por diante para levar Antonietta à casa de campo (que recebera em troca de um Cadillac conversível, em 1946) ao pé de uma grande montanha, no verdejante Vale da Boa Esperança, em Itaipava, distrito de Petrópolis, a cerca de sessenta quilômetros do Rio de Janeiro. Apesar de ter passado mais de um mês com Antonietta na Europa, Montenegro agora não mais se permitia viajar sozinho com ela enquanto não estivessem devidamente casados e, por isso, levava junto com eles a irmã Nenê, que ficava responsável pela sobrinha. Antonietta conhecia bem Itaipava. Quando mais moça, passeara por aqueles gramados da casa do tio e certa vez uma de suas primas, Maria José, chegou a suspirar, deslumbrada pela paisagem: "Já pensou, Maria Antonietta, se isso aqui fosse nosso?". Anos depois, a mesma Maria José recordaria a cena com um sorriso: "Não é que a danadinha da Antonietta acabou mesmo sendo a dona da casa do tio Mimiro?".

Cerca de vinte dias depois de chegar com Antonietta da viagem à Europa, o coronel Montenegro seria promovido a brigadeiro do ar, passando a integrar o seleto grupo de oficiais-generais da Aeronáutica. Assim, nos ombros da farda de gala com que iria ao casamento civil, já pôde exibir com orgulho as duas estrelas a que passara a ter direito a partir de 23 de outubro de 1953. Quatro meses depois da promoção, com menos de cinco meses entre namoro e noivado, Montenegro e Antonietta ajoelhavam-se aos pés do altar da capela Mayrink, uma romântica igrejinha dos tempos do Brasil colonial, localizada em meio ao verde da floresta da Tijuca e decorada com painéis de Portinari. O local fora escolhido por Antonietta por causa do charme do lugar e porque ela fizera a opção por uma cerimônia simples, sem nenhuma ostentação, mas com tudo de muito bom gosto, como era de seu feitio. Montenegro aprovou a ideia imediatamente, pois também imaginara uma celebração discreta, com poucos convidados, já que não era mesmo chegado a grandes solenidades. O único colega a quem convidou foi o ministro Nero Moura. Contudo, ao recordar anos mais tarde o casamento da prima realizado naquele 25 de fevereiro de 1954, Sônia Montenegro continuaria preferindo acreditar que eram outros os motivos que resultaram na escolha da distante capelinha. "Isso foi para não ouriçar a mulherada que vivia atrás do tio Mimiro. Acho que Maria Antonietta tinha medo de que elas fizessem escândalo na porta da igreja."

Quando apresentou a certidão de casamento à divisão administrativa da Diretoria de Material para ser feita a comunicação do novo estado civil, o livro de registro dos oficiais informou: "Casado com Maria Antonietta Spínola Montenegro, sob regime de comunhão de bens, tendo a contraente passado a assinar-se Maria Antonietta Spínola Montenegro" — como eram da mesma família, ela não precisou alterar o sobrenome. Os dois foram morar no mesmo local em que Montenegro residia desde 1941, no terceiro andar do número 118 da rua Copacabana, alugado por 555 mil-réis à família de Tobias Rego Monteiro, historiador, banqueiro e ex-senador da República. A decoração daquele pequeno apartamento de dois quartos, sala de estar e cozinha, até então habitado por um homem solteiro, sofreria uma mudança radical nas mãos de Antonietta. Uma de suas primeiras providências foi fazer uma espécie de "faxina" geral em toda a tranqueira que Montenegro colecionava desde os tempos do Correio Aéreo, o que incluía também uma desordenada montanha de artefatos indígenas colhidos nas viagens feitas ao lado do brigadeiro Aboim. Corre na família a história de que Antonietta também tratou de tirar de vista a enorme coleção de fotos de indígenas — nuazinhas em pelo, é óbvio — que Montenegro mantinha espalhadas pela casa. Um dia, durante esse trabalho de redecoração, uma amiga teria visitado o casal e pedido para usar o banheiro, quando então deparou-se com uma profusão de arcos, flechas, tambores, chocalhos e centenas de fotos e cartas femininas, tudo jogado dentro da banheira, pronto para ser levado dali direto para o lixo. Não se sabe bem como conseguiu tal proeza, mas Montenegro salvou daquela verdadeira devassa algumas recordações das viagens que fizera ao exterior, em particular os suvenires do inesquecível The Latin Quarter e das noitadas em Buenos Aires.

A lua de mel propriamente dita resumiu-se a um final de semana na casa de Itaipava. Um mês após o casamento, Montenegro precisaria acompanhar o ministro Nero Moura em uma missão pelo Nordeste, em visitas às bases aéreas em Recife, Natal e Fortaleza. Aproveitaria para levar a esposa junto e emendaria a viagem oficial com os trinta dias de férias a que tinha direito naquele ano. A ideia era permanecer algumas semanas com Antonietta na casa de parentes no Ceará, para matar as saudades da família, poder comer de novo as saborosas peixadas com molho de camarão e deitar na rede armada no alpendre da casa em que nascera. Mas a caderneta de oficial do brigadeiro Montenegro revelaria que os planos foram interrompidos um pouco antes da hora: "Gozou apenas 25 dias de férias, referentes ao exercício anterior de 1953, visto ter reassumido suas funções na Diretoria de Material em 30 de março de 1954". O que o tom protocolar da anotação não deixava perceber eram os motivos para que a viagem de núpcias de Montenegro e Antonietta fosse encurtada: uma grave crise política tomara conta do país e, em especial, do Rio de Janeiro. Nero Moura ordenara que todos os seus auxiliares estivessem de plantão em seus respectivos postos. Ninguém nem de longe poderia imaginar o desfecho daquela história.

12 Montenegro assina o manifesto dos brigadeiros contra Vargas: o Tenentismo está no fim

Quando retornou da viagem de núpcias, Montenegro encontrou o Brasil em chamas. O grau de radicalização da guerra da oposição contra o governo era tamanho que em breve ele seria inevitavelmente colocado diante de duas únicas saídas. A primeira era ficar com Getúlio e Nero Moura, que até ali tinham assegurado recursos materiais e liberdade de funcionamento para o CTA/ITA. A outra opção — seguir a maioria de seus companheiros de farda e juntar-se aos que queriam derrubar Vargas — continha um ingrediente que poderia ser fatal para seus planos: o líder incontestе da oposição era também o adversário mais vistoso do projeto de Montenegro, o brigadeiro Eduardo Gomes.

Nos primeiros dias do ano o ministro do Trabalho, João Goulart, anunciou um aumento de 100% para o salário mínimo, o que elevaria a remuneração mensal de um operário do Rio, por exemplo, para 3800 reais, em valores de 2023. A proposta seria recebida sem protestos, não fosse o fato de que isso era mais que o soldo mensal pago pelas Forças Armadas a um segundo-tenente. A comparação fermentou ainda mais a agitação dentro dos quartéis. No começo de fevereiro o ministro da Guerra, general Ciro do Espírito Santo Cardoso, recebeu um documento que ficaria conhecido como o "Manifesto dos Coronéis". Nele, 81 coronéis e tenentes-coronéis do Exército protestavam contra a exiguidade de recursos destinados às Forças Armadas e rejeitavam a ideia de que um operário sem qualificação viesse a ganhar mais que um oficial do Exército. Entre os signatários estavam os coronéis Amaury Kruel, Jurandir Mamede e Sizeno Sarmento e os tenentes-coronéis Golbery do Couto e Silva, Sílvio Frota e Ednardo d'Ávilla Mello. Embora a imprensa já tivesse ventilado trechos do memorial e revelado os nomes de alguns de seus signatários, o ministro da Guerra manteve o documento engavetado até o dia 18 de fevereiro, quando finalmente levou-o a Getúlio, dando-lhe notícia da gravidade da situação. No dia 19 o presidente demitiu o general Espírito Santo, nomeando para seu lugar o general Zenóbio da Costa, e três dias depois repetiu a dose, afastando Goulart do Ministério do Trabalho. A rápida e inesperada reação adiaria a crise por mais algum tempo.

Quem imaginava que aquelas concessões aos militares prometiam um Getúlio Vargas bombeiro nos meses seguintes espantou-se com o incendiário que discursou aos operários no dia 1º de maio, em Petrópolis. Após anunciar que decretara um aumento do salário mínimo — dos mesmos 100% prometidos por Jango —, ele se desmanchou em elogios a seu ex-ministro do Trabalho e radicalizou o discurso, encerrado com uma emocionada palavra de ordem:

— Hoje estais com o governo. Amanhã sereis o governo.

A partir dali as crises brotavam do chão, como cogumelos. A *Tribuna da Imprensa*, o obscuro jornal para cuja criação Montenegro contribuíra, parecia disposto a cumprir as ameaças prometidas a seus leitores durante a campanha presidencial: "… Empossado, devemos recorrer à revolução para impedi-lo de governar". Em seus editoriais o jornalista Carlos Lacerda se referia ao presidente da República como "o patriarca do roubo" e "o gerente-geral da corrupção no Brasil". Temendo represálias físicas às suas provocações, Lacerda passou a andar permanentemente cercado por uma pequena guarda pessoal formada por jovens oficiais liberados da Diretoria de Rotas Aéreas por Eduardo Gomes, que se revezavam para protegê-lo. Na madrugada do dia 5 de agosto o jornalista voltava a sua casa na rua Tonelero, em Copacabana, quando foi vítima de uma série de disparos. Ele próprio sobreviveria com um ferimento a bala no pé, mas o oficial da

Missa pela alma do major Vaz: no centro da guerra contra Getúlio destacava-se a figura hierática de Eduardo Gomes.

Força Aérea que o acompanhava, o major Rubens Florentino Vaz, de 32 anos, morreu na hora, com dois tiros no coração. Ao chegar ao Hospital Miguel Couto, carregado por soldados de um pelotão da Polícia da Aeronáutica, Lacerda encontrou uma multidão de jornalistas e políticos em torno da figura hierática do brigadeiro Eduardo Gomes, comandante da unidade onde servia o major Vaz. Menos de 24 horas depois dos tiros, uma assembleia convocada para o Clube da Aeronáutica reuniu seiscentos oficiais das três Armas, que exigiam a imediata apuração do crime e punição dos responsáveis.

As ligações entre o atentado e o Palácio do Catete emergiram em poucos dias. Entrincheirado na *Tribuna*, Lacerda disparava torpedos cada vez mais pesados contra Getúlio. Depois de pedir a renúncia do presidente, acusando-o de ser o mandante do crime, passara a pregar abertamente a derrubada de Vargas por um golpe militar. Como o revólver usado para matar o major Vaz era uma arma privativa das Forças Armadas, a Aeronáutica decidiu que aquele era um crime militar. Esmagado de um lado pela pressão dos colegas de farda, e de outro pela lealdade a Getúlio, o ministro Nero Moura não teve alternativa senão autorizar a instauração de um Inquérito Policial Militar destinado a apurar o crime, transferindo da polícia para a Aeronáutica o controle sobre o inquérito. Após o ato oficial, o ministro se demitiu do cargo, dando o lugar ao brigadeiro Epaminondas Gomes dos Santos. A partir dali todas as investigações e interrogatórios seriam concentrados na Base Aérea do Galeão — agora rebatizada com o nome de "República do Galeão".

As más notícias não paravam de chegar ao Catete. Na manhã do dia 17 uma patrulha de duzentos soldados e oficiais da Aeronáutica, comandados pelo coronel Délio Jardim de Matos e pelo cineasta e piloto civil Carlos Niemeyer, consegue finalmente capturar nas matas de Tinguá, no estado do Rio, o elo entre o assassino e o Catete: Climério Euribes de Almeida, o membro da guarda pessoal de Getúlio que contratara o pistoleiro Alcino do Nascimento para matar Lacerda. No Galeão, Climério confessa ter sido contratado por Gregório Fortunato, o "Anjo Negro" que chefiava a guarda pessoal do presidente. "O crime é do Catete", acusou Carlos Lacerda, "e agora só falta tirar Getúlio do Catete." Preocupado, o presidente pede a seu ajudante de ordens, o major-aviador Hernani Fittipaldi, que chame Gregório ao gabinete e, com um exemplar da *Tribuna* nas mãos, tem com ele, na frente do oficial, um curto diálogo:

— Gregório, você tem alguma coisa que ver com isso aqui?

— O senhor perdeu a confiança em mim, presidente?

— Confiança é outra coisa. Pode ir embora.

Levado preso ao Galeão, Gregório é submetido a sucessivas sessões de tortura e acaba confessando tudo e assumindo integralmente a responsabilidade pelo crime. As pressões para que Getúlio renuncie tornam-se insuportáveis. Na manhã de 22 de agosto Eduardo Gomes chama uma assembleia de brigadeiros no Clube de Aeronáutica e lê para eles a íntegra dos depoimentos dos implicados no crime — todos eles direta ou indiretamente ligados aos homens de Gregório. A reunião varou o dia e terminou às cinco da tarde com a aprovação de um manifesto exigindo a renúncia do presidente — como já haviam feito a Marinha e o Exército. Promovido a brigadeiro fazia dez meses, Montenegro foi convocado e sabia que não tinha muitas alternativas: ou ficava com o governo ou com seus camaradas de armas. No íntimo ele não concordava com a campanha de Lacerda contra Getúlio. O comportamento radical e abertamente golpista do jornalista no decorrer da crise deixaria em Montenegro uma impressão muito negativa dele. E gostava menos ainda daquele namoro da Aeronáutica com o jornalista, mas era inegável que Getúlio cometera um erro fatal ao dar a um desqualificado como Gregório Fortunato o poder de que o Anjo Negro desfrutava no Palácio do Catete. Os quase trinta anos de caserna, porém, falaram mais alto. Aberto pela assinatura de Eduardo Gomes, o documento seria subscrito pelos outros 29 brigadeiros ali reunidos, entre os quais estavam seus companheiros Ivan Carpenter, Henrique Dyott Fontenelle, Raimundo Aboim e Márcio de Souza e Mello. Na versão que seria entregue ao presidente, os nomes dos signatários foram organizados por ordem de patente e antiguidade, o que fez com que o de Montenegro só aparecesse no fim da lista, em 24º lugar.

Ao ter notícia do Manifesto dos Brigadeiros, o ministro da Justiça Tancredo Neves — um homem famoso pelos dotes conciliatórios — também radicaliza e propõe a prisão de todos os signatários e o envio de mensagem ao Congresso pedindo a decretação do estado de sítio. Antes mesmo de ser submetida a Getúlio, a sugestão de Tancredo é vetada pelos três ministros militares, general Zenóbio da Costa, almirante Renato Guilhobel e brigadeiro Epaminondas. O documento dos brigadeiros é levado ao presidente pelo marechal Mascarenhas de Morais, chefe do Estado-Maior das Forças Armadas. Embora com a serenidade de sempre, Getúlio reagiu com dureza:

— Não posso concordar com isso, marechal. Querem me escorraçar daqui como se eu fosse um criminoso. Estou muito velho para ser desmoralizado e já não tenho razões para temer a morte. Daqui só saio morto.

Em um gesto desesperado, alguns oficiais do Exército fiéis ao presidente pediram autorização para prender Eduardo Gomes, mas já não havia mais remédio. Quando o Brasil começava a despertar, na manhã de 24 de agosto, Getúlio se matou com um tiro no coração. Em instantes tudo mudou. As rádios só interrompiam a transmissão de marchas fúnebres para breves flashes sobre os acontecimentos ou para ler e reler, dezenas de vezes, a carta-testamento deixada por Vargas, cujo último parágrafo aumentava ainda mais a dramaticidade do momento:

Aos que pensam que me derrotaram respondo com a minha vitória. Era escravo do povo e hoje me liberto para a vida eterna. Mas esse povo de quem fui escravo não mais será escravo de ninguém. Meu sacrifício ficará para sempre em sua alma e meu sangue será o preço do seu resgate. Lutei contra a espoliação do Brasil. Lutei contra a espoliação do povo. Tenho lutado de peito aberto. O ódio, as infâmias, a calúnia não abateram meu ânimo. Eu vos dei a minha vida. Agora vos ofereço a minha morte. Nada receio. Serenamente dou o primeiro passo no caminho da eternidade e saio da vida para entrar na História.

Os homens que pediam sua cabeça e que na véspera eram aplaudidos nas ruas como heróis tiveram que se esconder para escapar da fúria popular. Ao ser informado do suicídio de Getúlio, Lacerda foi levado para a Base Aérea do Galeão. No final da tarde seria retirado de lá, de helicóptero, por um grupo de oficiais da Aeronáutica, e instalado em um lugar seguro na Ilha do Governador. O líder da UDN, deputado Afonso Arinos, teve que pedir proteção policial para sua casa, depois de receber telefonemas ameaçadores. No centro da cidade, a polícia abriu fogo contra um grupo que tentava incendiar os prédios da embaixada dos Estados Unidos e da Esso. Na Cinelândia, onde se localizava a sede do PTB, uma grande multidão ouviu nos alto-falantes a leitura da carta-testamento. Em seguida, após dar "vivas" a Vargas, gritavam "abaixo a Aeronáutica", "abaixo os americanos", "morra o brigadeiro" e "morra Lacerda". Os jornais que haviam circulado de manhã com manchetes contrárias ao governo eram retirados das bancas e incendiados. Os Diários Associados, a *Tribuna* e o *Globo*, veículos mais identificados com a campanha anti-Vargas, tiveram as sedes invadidas por hordas de manifestantes que empastelaram suas gráficas e atearam fogo em bobinas de papel.

Não houve tempo sequer para especulações a respeito dos rumos do novo governo, chefiado por Café Filho. O cadáver de Getúlio não tinha chegado a São Borja, onde seria sepultado, e no Palácio do Catete já funcionava aquele que Montenegro chamaria de "o governinho do Café". Para que não restassem dúvidas a respeito da orientação política a ser seguida, o novo presidente anunciou o nome mais esperado de sua equipe, o do ministro da Aeronáutica. O escolhido fora ele mesmo, o chefe militar indiscutível da campanha que levara o governo às cordas e o presidente ao suicídio: o brigadeiro Eduardo Gomes. A nomeação de Eduardo caiu como uma bomba no CTA/ITA,

Em 1930 eles estavam todos com a Revolução, mas agora estão juntos, contra Getúlio. Entre outros, sentados, Juarez Távora e Eduardo Gomes. Em pé, o primo Juracy Magalhães; na ponta direita, Casimiro Montenegro.

e havia motivos de sobra para isso. Trinta anos de arestas, arranhões e fissuras acumulados por Eduardo e Montenegro — desde as primeiras divergências sobre a pertinência do Correio Aéreo até a discordância sobre a nomeação de Nero Moura para o Ministério e o desacordo em torno da compra de aviões a jato — foram resolvidos em uma única semana e com uma só canetada. No dia 1º de setembro, por meio de um seco ato administrativo, Montenegro foi exonerado do cargo de chefe da Diretoria de Material e mandado de volta à direção do CTA. O que à primeira vista poderia parecer um retorno a seu devido lugar logo se revelou uma retaliação. A experiência dos últimos três anos e meio havia mostrado que a cadeira de diretor de Material tornara-se estratégica para que os projetos CTA/ITA continuassem sem turbulências. Para evidenciar isso bastava o acordo fechado no ano anterior com a Fokker para construção dos primeiros jatos no Brasil, com a devida transferência de tecnologia para os engenheiros nacionais. Pois foi ali que o ministro Eduardo Gomes promoveu uma de suas primeiras intervenções à frente da pasta.

Um mês após a posse do governo, o brigadeiro Montenegro recebeu um ofício reservado do major-aviador Luciano Guimarães de Souza Leão, representante do Ministério da Aeronáutica junto à Fokker no Brasil. O documento, datado de 23 de setembro, comunicava que havia sido expedida uma ordem verbal, vinda do gabinete do novo ministro, mandando suspender todos os pagamentos à Fokker a partir daquela data. No ofício, um atônito major Souza Leão pedia instruções a respeito do que fazer ao seu superior imediato, no caso o brigadeiro Montenegro, que mesmo exonerado do cargo ainda respondia interinamente pelo expediente da diretoria. "A suspensão de pagamentos sem base em razões legais ou contratuais poderá trazer incalculáveis prejuízos, por se tratar de medida unilateral, deixando o governo a descoberto e sujeito a ser responsabilizado", ponderava o major. Montenegro encaminhou imediatamente um ofício ao gabinete de Eduardo Gomes, em que dizia estranhar a ordem. Em linguagem protocolar, tomando o cuidado de não ferir a hierarquia, ele pedia informações ao ministro sobre "a maneira de proceder com referência à ordem verbal de Vossa Excelência". Como resposta soube que a decisão de suspender os pagamentos à companhia holandesa fora tomada em cima "dos resultados de uma análise técnico-financeira" dos contratos com a Fokker.

Montenegro obteve uma cópia da tal análise e descobriu tratar-se de um panfleto sem assinatura ou qualquer outra indicação de autoria em suas cinco páginas datilografadas e redigidas em tom preconceituoso e incompatível com a polidez típica dos documentos oficiais. "Sem investir um níquel no negócio, um grupo de espertos chefiados por judeus de má tradição conseguiram uma pepineira", dizia o texto, fazendo uma referência aos acionistas brasileiros (Jorge Ludolf, Francis Kann, Emerick Kann e Jorge Aqsel). O principal argumento daquela "Breve análise técnica do contrato Fokker", como se autointitulava o documento, era o de que o Ministério estava "queimando dinheiro" para manter a Fokker no Brasil, especialmente no projeto de construção dos S-14 a jato — os tais que desde o começo tinham sido objeto da desconfiança de Eduardo Gomes. O documento classificava o acordo como "a maior burla da história industrial do Brasil" e chamava atenção para uma cláusula que previa a possibilidade de a Fokker importar qualquer peça que não fosse fabricada aqui. Assim, deduzia o redator do documento, a empresa iria resumir sua atividade a desmontar aviões já construídos na Holanda, trazê-los para o país, remontá-los e vendê-los ao governo com valores inflacionados. "O preço de cada avião fabricado aqui será de cerca de 5 milhões de cruzeiros. Esse modelo, construído na Holanda pela Fokker e adquirido pronto, custa a importância de 2 786 500 cruzeiros. Vai assim a Aeronáutica exaurir seus orçamentos para pagar por um avião a jato o dobro do verdadeiro valor do construído lá fora, só para dizer que ele é *made in Brazil.*" Ao final, concluía: "Trata-se de uma linha de montagem de material desconhecido, estrangeiro, que pagaremos a peso de ouro sob o pretexto da criação de uma indústria aeronáutica nacional".

Naquele mesmo dia, um indignado Montenegro soube que o ministro Eduardo Gomes entregara os contratos da Fokker também ao tenente-coronel-aviador Aldo Weber Vieira da Rosa, a quem caberia analisar e opinar sobre o espinhoso assunto. Não que Montenegro fizesse qualquer reparo à competência ou ao caráter de seu colega Vieira da Rosa, mas submeter um brigadeiro do ar ao julgamento de um tenente-coronel era mais que uma humilhação. Aquilo era "um flagrante desrespeito à hierarquia e à disciplina, tão importantes para as Forças Armadas", registraria ele em seus apontamentos. Por uma medida de prudência, Montenegro submeteu os contratos à auditoria do economista alemão Walter Heuer, que dirigia no Rio de Janeiro um conceituado escritório de consultoria financeira e tinha grande intimidade com assuntos ligados à aviação, pois fora um dos fundadores do Sindicato Condor (empresa pioneira do transporte aéreo civil brasileiro nos anos 1920, mais tarde rebatizada de Cruzeiro do Sul e, décadas depois, incorporada pela Varig). Após três páginas de arrazoado técnico, Heuer concluía que a Fokker era uma empresa idônea e que o contrato com o Ministério da Aeronáutica havia sido fechado com garantias suficientes ao governo, sem nenhuma irregularidade do ponto de vista contábil. O documento elaborado pelo tenente-coronel Vieira da Rosa por ordem do ministro, por sua vez, chegava a idênticas conclusões. Uma por uma, Vieira da Rosa desmontara todas as acusações que haviam baseado a decisão de Eduardo Gomes de interromper os pagamentos. "Há evidente má-fé na informação do documento em análise, misturada com um esforço deliberado de ignorar os fatos e as circunstâncias como são, comparando bananas com tijolos", dizia o relatório. Segundo ele, os números apresentados pela "análise técnica" eram falaciosos, pois omitiam que o valor de cerca de 5 milhões de cruzeiros para um S-14 construído no Brasil era o preço bruto, que portanto incluía o lucro, as despesas de administração e os impostos; enquanto o valor de 2 786 500 cruzeiros para um aparelho do mesmo tipo montado na Holanda referia-se ao custo de produção de cada aparelho. Refeitas as contas, Vieira da Rosa reconhecia que ainda havia uma diferença entre o custo final dos dois aviões, um montado no Brasil, outro na Holanda, por volta de 1 milhão de cruzeiros. Mas esse era um valor que permaneceria no Brasil, na forma de compras feitas a empresas brasileiras fornecedoras, pois também não seria verdadeira a acusação de que todas as peças e componentes dos aparelhos eram importados. Além de as chapas de alumínio, vergalhões e tubos de aço utilizados no S-14 já estarem sendo fabricados nacionalmente, os engenheiros do CTA estariam prestes a produzir equipamentos mais sofisticados e que, gradualmente, também seriam integrados aos jatos da Fokker. O documento entregue ao ministro concluía que era exatamente este o sentido mais amplo do contrato com a companhia holandesa: criar condições para que, a médio prazo, o Brasil passasse a desenvolver componentes para equipar não só aviões estrangeiros, mas também seus próprios aviões.

Na primeira audiência que teve com o ministro Eduardo Gomes, Montenegro muniu-se do minucioso relatório assinado por Walter Heuer, documento mais do que suficiente para dissipar qualquer dúvida a respeito da lisura dos contratos com a Fokker. Montenegro sentou-se, abriu algumas pastas sobre a mesa e começou a falar:

— Eu estou aqui, Eduardo, para lhe explicar como é que foram realizados os contratos...

Ele nem chegou a terminar a frase. O ministro interrompeu-o:

— Montenegro, você está aqui para me explicar o que temos que fazer para rescindir esses contratos.

A audiência chegou ao fim, mas os contratos da Fokker, não. A contragosto Eduardo Gomes foi obrigado a mantê-los, diante de um argumento levantado por Walter Heuer: como tinham sido registrados no Tribunal de Contas da União, os contratos não poderiam ser rompidos unilateralmente, pois isso acarretaria indenizações milionárias à Fokker. Contudo, se não se podia simplesmente exterminar a companhia com um único golpe, era possível deixá-la morrer aos poucos de inanição. Assim, a partir do final de 1954 tornaram-se constantes os atrasos nos pagamentos previstos pelo Ministério da Aeronáutica à Fokker, que consequentemente perdeu a capacidade de honrar as entregas de aeronaves. Em três anos a empresa pediria concordata, tendo fabricado cerca de 150 aviões de treinamento. Nenhum deles a jato, como queria Eduardo Gomes.

As divergências sobre o caso Fokker, na verdade, apenas expunham publicamente a fratura que estava pondo fim à velha camaradagem entre Montenegro e Eduardo. Até bem pouco tempo antes ainda era possível ver os dois confraternizando nos começos de noite nas quadras de tênis na sede do Botafogo, clube de que ambos eram sócios. Quando chegavam ao conjunto esportivo e davam com os portões fechados, Montenegro e Eduardo ofereciam aos transeuntes o privilégio de ver um brigadeiro e um marechal do ar fardados escalando o alambrado que cerca as quadras do Botafogo.

A declarada oposição de Eduardo Gomes aos projetos de Montenegro se tornaria visível logo após a posse do governo Café Filho. Daquela época difícil ficariam alguns registros feitos à mão por Montenegro em seu caderninho:

> Aquele período foi péssimo. O Eduardo fez de tudo para desprestigiar o CTA. Costumava pegar um avião no Rio e chegar de surpresa ao CTA para se encontrar com um grupo de oficiais-alunos do ITA. Estes oficiais eram liderados pelo major Burnier, que tudo fazia para prejudicar o CTA, porque não se conformava com o sistema do ITA, com a presença de alunos civis etc. Muitas vezes eu, diretor do CTA, nem sabia que o ministro estava no centro, reunido no restaurante com esses oficiais. O Eduardo ia para lá para ouvir os comentários do Burnier e de seus liderados.

O Burnier a quem Montenegro se referia era o major-aviador João Paulo Moreira Burnier, e sua visceral oposição ao ITA residia, segundo a unanimidade dos testemunhos de seus ex-colegas e professores, no fato de ter ele cometido o único pecado capital previsto nos códigos da "disciplina consciente" da instituição: a cola. Esse era um dos raros delitos na vida acadêmica do ITA cuja punição era o autodesligamento da escola, o que de fato aconteceu com Burnier. O registro manuscrito deixado por Montenegro afirma, sem meias palavras, que Burnier foi apanhado colando e deixou o ITA por isso. "O caso da cola do Burnier desmoralizou tanto o grupo dele, perante os professores e alunos civis", escreveu, "que depois daquilo até o Eduardo Gomes deixou de aparecer no CTA." Ex-colegas e ex-professores do acusado confirmam as informações dadas por Montenegro, mas ninguém fala do assunto com o gravador ligado, como se o fantasma do truculento Burnier ainda pudesse vir atormentá-los.

13 O poeta Schmidt canta em prosa um milagre brasileiro: a "Conspiração de São José"

No retorno a São José dos Campos, o brigadeiro Casimiro Montenegro encontrou o Centro Técnico de Aeronáutica de pernas para o ar. Na Diretoria de Material exercera a prerrogativa que lhe concedera o ministro Nero Moura de nomear quem bem entendesse para dirigir o Centro. Nos quatro anos anteriores, de 1951 a 1954, o CTA passara pelas mãos de cinco diferentes diretores, todos limitados apenas a lustrar a cadeira para uma futura volta de Montenegro. Mas agora o último deles, o coronel-aviador Oswaldo Ballousier, resolvera sair atirando para todos os lados. No dia 10 de setembro de 1954, no discurso de transferência do cargo para o coronel Dirceu de Paiva Guimarães (a quem caberia a direção interina do CTA enquanto Montenegro, já exonerado, ainda respondesse pelo expediente da Diretoria de Material), Ballousier causou perplexidade geral nos presentes pelo tom de seu discurso: "Salvo algumas exceções, o ITA é feito por pessoas que só se batem por interesses pessoais", afirmou. "O instituto tem sido conduzido por homens que foram buscar nos tapetes dos gabinetes galardões deprimentes, já que não têm méritos para os conseguir em encontros francos e leais." Houve quem visse naquela referência à lealdade alguma espécie de referência ao nome de Oswaldo Nascimento Leal, o ex-aluno do MIT que fora incorporado à equipe de professores do ITA desde a primeira hora e que, descontente com a chefia de Ballousier, pedira afastamento do centro alguns meses antes. Mas, em última análise, as acusações de Ballousier ameaçavam respingar era na farda do próprio Montenegro, pois ninguém desconhecia o fato de que, do alto de seu gabinete na Diretoria de Material, ele continuara a exercer total influência sobre o CTA.

A trombada entre Oswaldo Ballousier e Casimiro Montenegro vinha sendo anunciada havia algum tempo. Conduzido à chefia do CTA em novembro do ano anterior, Ballousier colidira primeiro com o reitor do ITA, o professor André Johannes Meyer, após afirmar que os alunos do instituto estariam cometendo "atos incompatíveis com a disciplina", e citava como exemplo o consumo de bebidas alcoólicas nos alojamentos. Meyer saiu em defesa dos estudantes e logo se criou uma atmosfera de animosidade mútua entre diretor e reitor, o que levaria Ballousier a se queixar por carta a Montenegro, na qual definia o cenário do ITA como "em estado de sublevação". Da Diretoria de Material, Montenegro tentou pôr panos mornos na questão e, em julho, antes de estourar a crise na Fokker, convidou Oswaldo Ballousier para ser o representante do Ministério da Aeronáutica junto àquela companhia, numa clara manobra para afastá-lo do CTA. Ballousier recusou o convite em carta contundente, escrita com caligrafia nervosa e na qual afirmava ainda ter muito o que fazer no CTA. "Em minha ação administrativa, até o presente momento, não expedi nenhuma ordem propriamente minha", escreveu, como a lembrar que não esquecera de que estava ali pelas mãos do próprio Montenegro, "mas apenas tratei de moralizar o que aqui encontrei", ressalvou. "Procurei desenvolver um ambiente em que qualquer família possa viver sem constrangimentos, em particular aqueles que contam em seu seio com filhos adolescentes." Ballousier dedicou um parágrafo inteiro para dizer que admirava Montenegro, mas logo em seguida argumentava que não poderia sair cabisbaixo pela porta dos fundos, pois com isso passaria um atestado de desprestígio a si próprio: "Quero continuar minha vida e minha carreira com a capacidade de deixar às minhas filhas um nome respeitado".

Até ali Ballousier apenas tornava públicas divergências intestinas. A certa altura do discurso, porém, ao dirigir-se diretamente aos alunos, o coronel carregou na pimenta ideológica ao advertir os estudantes: "Não vos deixeis influenciar pelas ideias que procuram provar a universalidade da ciência ou a internacionalização do cientista, pois elas nada mais fazem do que sovietizar o raciocínio do indivíduo livre". Diante da incredulidade generalizada e da revolta em especial dos professores estrangeiros ali presentes, Ballousier prosseguiu, ainda mais incisivo: "Conservai-vos insensíveis ao bombardeio desses verdadeiros ciclotrons das demagogias que visam transmutar o patriota, corrompendo-o e desfibrando-o". Presente à cerimônia, o engenheiro Oswaldo Fadigas, mestre pelo Massachusetts Institute of Technology e professor do ITA desde 1952, descreveria muito tempo depois o mal-estar provocado pelas palavras de Ballousier:

— O professor Luiz Cantanhede era o presidente da Congregação e presidia a mesa. Quando o Oswaldo Ballousier começou a fazer aquele discurso tão depreciativo, foi um constrangimento. Nem o Cantanhede, que não era um cara estourado, ficou insensível àquilo. Levantou-se e saiu da sala, como protesto. Atrás dele saímos todos nós, professores. A sala ficou vazia.

O discurso provocativo de Ballousier receberia uma imediata moção de repúdio por parte da Congregação dos Professores do ITA, que disseram não alimentar a presunção de que o instituto fosse perfeito, mas não podiam admitir a acusação indiscriminada de que a escola fosse um antro de interesses pessoais. E muito menos aceitavam a afirmação de que estavam incentivando a "sovietização" do ITA por considerarem a ciência um bem de toda a humanidade. "A afirmação de Sua Excelência mostra claramente um completo desconhecimento do espírito que criou o CTA", rebatia o texto dos professores encaminhado a Ballousier no dia seguinte, com cópia para Montenegro. "Ao contrário do que Sua Excelência parece acreditar, atualmente só em território sob domínio comunista se pode encontrar uma ciência nacional. E mesmo assim os cientistas soviéticos já se correspondem com os de outros países e comparecem a congressos científicos, em outras nações."

Caberia a Montenegro tentar pacificar os ânimos internos em sua volta ao CTA. Sem desfrutar do prestígio de antes no Ministério da Aeronáutica (agora comandado pelo brigadeiro Eduardo Gomes), ele iria enfrentar problemas muito mais graves do que administrar os remordimentos de Ballousier. Bastaram algumas semanas para Montenegro perceber que o ITA deixara mesmo de ser prioridade para o Ministério. O atraso na liberação de verbas — agora repassadas a conta-gotas — trouxe graves consequências, apontadas no relatório elaborado pelo reitor André Meyer, em caráter reservado, e encaminhado a Montenegro depois de seu retorno. Por exemplo, tinham sido suspensas as novas admissões de professores pelo simples fato de que, com as obras interrompidas por falta de recursos, não havia acomodações suficientes para mais ninguém além dos que já estavam instalados lá. O reitor informava também que havia problemas mais graves: com a queda vertical no valor dos salários dos docentes, já se registravam casos de perda de professores para a iniciativa privada e para outras universidades.

No período da fundação do ITA Montenegro fizera malabarismos administrativos para evitar que os professores contratados pelo instituto fossem incluídos no quadro de funcionários do serviço público federal. Assim, a solução foi contratá-los como prestadores de serviço, incluídos em uma chamada "Verba 3" do governo, a salvo das regras draconianas do Dasp e das exigências do Tribunal de Contas. Mas a longo prazo a estratégia que parecera brilhante começou a apresentar furos. Estar fora do serviço público significava estar fora também dos reajustes salariais regulares e de todos os demais benefícios adquiridos por servidores públicos com o mesmo tempo de trabalho que um professor do ITA. As distorções tinham chegado a tal ponto que funcionários burocráticos do CTA passavam a ganhar mais do que professores assistentes e técnicos especializados. Segundo apontamentos do próprio Montenegro nessa época, uma secretária estenógrafa e bilíngue, por exemplo, com salário de 12 mil cruzeiros, ganhava mais do que um pesquisador em início de carreira no

ITA, que recebia por volta de 9 mil, o mesmo salário de um bom datilógrafo. O engenheiro Oswaldo Fadigas se lembraria sem nenhuma saudade desses tempos bicudos:

— Houve uma fase em que, para abastecer o carro, eu encostava alguns metros antes do posto, pegava um galão e ia comprar apenas um litro de gasolina, como se fosse socorrer alguém. Tudo para não passar vergonha de ter que pedir para colocar só um litro no tanque, porque não tinha dinheiro para mais do que isso.

A situação se agravara a tal ponto que Montenegro passaria a relativizar até mesmo o que para ele sempre fora um dogma: a dedicação exclusiva de seus professores e técnicos ao ITA. Certa feita, um de seus auxiliares diretos, o oficial Pedro Ivo Seixas, formado pelo próprio instituto, recebeu uma proposta para fazer um bico: dar aulas em uma outra escola de engenharia, localizada em uma cidade nas proximidades de São José dos Campos. "Eu tinha filhos para criar e precisava mandar dinheiro para minha mãe, em Pernambuco, mas me sentia constrangido a aceitar a proposta, pois havia meu compromisso original com o ITA", contaria anos depois, revelando o diálogo que teve ao submeter o assunto ao diretor do CTA:

— Brigadeiro Montenegro, fui convidado para dar aula em outro lugar, em horário diferente dos meus serviços aqui. Irei lá nas noites de quarta-feira e no sábado. Mas preciso de sua autorização — falou Seixas.

— Minha resposta, infelizmente, é não. Você trabalha conosco e, pela regra, não pode ter outra função fora do CTA. Não posso abrir precedentes.

Como já esperava aquela resposta, Seixas levantou-se, pediu licença para se retirar, mas, quando já ia saindo da sala, Montenegro o chamou de volta:

— Seixas, saiba que eu sou contra essas escolinhas de engenharia que fazem por aí. Se você sair daqui já cansado da jornada de trabalho, que tipo de aula vai dar por lá?

— O senhor tem razão, brigadeiro — respondeu Seixas, conformado e cabisbaixo.

Mas, inesperadamente, Montenegro reconsiderou:

— Por outro lado, se você não for, vão colocar lá um camarada qualquer. Melhor que seja você, que é sério e tem conhecimento. Vá lá e pegue o emprego.

Enquanto procurava encontrar meios para resolver a questão do achatamento dos salários no ITA, Montenegro recebeu um outro documento enviado pelo reitor André Meyer que mais parecia um tiro de misericórdia. Também sob o carimbo de "Reservado", as treze páginas datilografadas faziam um diagnóstico desalentador: "Embora não possa admitir isso publicamente, estou convencido de que a Escola está ameaçada de decadência e que já sofreu grandes danos e que sofrerá mais ainda no futuro próximo", dizia o texto assinado por Meyer. "Cerca de 60% dos professores do Departamento de Estruturas, que está há tempo sem um chefe efetivo, querem rescindir os contratos. Se não for possível substituir esse pessoal, será necessário cortar aulas nesse departamento durante o segundo semestre — um prejuízo que levará anos para consertar e que poderá danificar muito a reputação da escola."

Acuado, Montenegro pensou em desencadear uma grande campanha pública em favor da sobrevivência do ITA e do CTA. Para isso, convidaria formadores de opinião e jornalistas dos mais diferentes veículos para visitarem São José dos Campos e constatarem, com os próprios olhos, a grandiosidade daquele projeto de que poucos brasileiros já haviam ouvido falar e que, ainda menos gente sabia, estava correndo o risco de naufragar em seu nascedouro. Mas, discreto como sempre, evitaria que os holofotes da mídia recaíssem sobre si próprio. Durante tais visitas, ele permaneceria ausente, para que os jornalistas colhessem suas impressões junto à própria comunidade de alunos, professores e técnicos do centro. Um dos que toparam o convite foi o poeta e editor carioca Augusto Frederico Schmidt, intelectual respeitado, autor de livros incensados pela crítica nacional, alguns traduzidos no exterior. Schmidt era amigo do empresário Paulo Montenegro, sobrinho de Casimiro que cinco anos antes adquirira o controle acionário de uma empresa de pesquisas que se tornaria uma gigante no setor de mercadologia e opinião pública, o Ibope. Após conhecer o campus, Schmidt desfraldou e empunhou a bandeira do CTA em uma série de três artigos publicados nas páginas do *Correio da Manhã*. O primeiro, ainda em janeiro de 1955, intitulava-se "Conspiração em São José dos Campos" e fazia uma verdadeira louvação a Casimiro Montenegro definindo-o, com sofisticada ironia, como um "incorrigível conspirador". Depois de lembrar os tempos do brigadeiro de revolucionário em 30 e da fase heroica do Correio Aéreo, o artigo dizia:

A técnica conspiratória do brigadeiro Montenegro obedece a um princípio escandaloso, principalmente em nosso país: ele procura alcançar os seus objetivos sem atrair a atenção sobre sua pessoa. Prefere o silêncio à dissimulação; não gosta de exibir-se, mostrar-se, pôr-se em evidência. Parece um homem frio, pela sua reserva, mas saiba a nação que se trata de um verdadeiro mas convertido fanático, de um homem insistente, determinado, diferente da maioria dos brasileiros. Nunca vi o brigadeiro Casimiro Montenegro, não sei como é fisicamente — se é alto ou baixo, alourado ou moreno. Ouvira falar vagamente na existência desse homem, como no de muitos outros companheiros seus de armas. O que estou escrevendo, relativamente a essa figura diferente de cidadão, resulta da circunstância de ter descoberto eu, tardiamente, a realização que passará à história do desenvolvimento nacional como a Conspiração de São José dos Campos.

[...] Não estando presente o brigadeiro Casimiro Montenegro, os seus colaboradores sentiram-se à vontade para cometer as maiores indiscrições a respeito do chefe, do fundador, do conspirador-mor desse movimento de desafio à mediocridade, ao atraso, à incompetência, ao negativismo, à incompreensão dos muitos que visam impedir que este país ocupe o lugar que lhe está assinalado pelas suas próprias condições naturais. Se o brigadeiro Montenegro estivesse a meu lado, a sua discrição, seu gosto pelo silêncio e essa espécie de timidez ou sobriedade que todos nele observam teriam contido os seus homens, militares e civis, que em São José dos Campos encarnam e mantêm uma das mais extraordinárias aventuras que estão sendo executadas em nossa terra.

Tomei conhecimento de quem é Casimiro Montenegro pelo entusiasmo que ele desperta nos seus colaboradores. Não é um entusiasmo fácil, uma dessas doenças que certos homens carismáticos provocam em seguidores e partidários. O diretor do Centro Técnico de Aeronáutica inspira, ao contrário disso, um sentimento normal, uma espécie de consciência nos que o ajudam no seu trabalho. Ele não é, para os seus próximos, um deus, uma dessas figuras de condutor indiscutível; nada, absolutamente nada disso. O que reconhecem no brigadeiro, principalmente os que o ajudam, é alguém que sabe trabalhar seriamente, alguém que possui um objetivo honesto a atingir e a quem não faltam perspectiva, visão larga, penetração da realidade, simplicidade de raciocínio e esse idealismo que participa da essência poética ou criadora do homem.

Os dois artigos seguintes de Augusto Frederico Schmidt no *Correio da Manhã* seguiriam o mesmo tom entusiasmado, dessa feita referindo-se ao ITA como "a melhor e mais autêntica universidade brasileira". Justamente no momento em que Montenegro tentava convencer o "governinho do Café" e o brigadeiro Eduardo Gomes de que o CTA estava à beira da insolvência, Schmidt entoava o mantra de que, se o Brasil tomasse o CTA como modelo para a educação e para a administração pública, não haveria dúvida de que o país encontraria o caminho do desenvolvimento e, ao mesmo tempo, do saneamento moral. "Se fosse aplicado ao Brasil o espírito que preside o Centro Técnico de Aeronáutica, veríamos que aos poucos seriam sufocados os gritos histéricos dos políticos que identificam as suas derrotas e desgraças individuais com o destino da nacionalidade." O Ministério da Aeronáutica, contudo, permanecia indiferente a tais argumentos, sempre invocando o discurso da austeridade financeira para justificar o fechamento das torneiras que antes irrigavam o ITA. Schmidt replicava que a austeridade estava sendo confundida com o obscurantismo. "Haverá alguma coisa mais austera que a formação de homens aptos e bem preparados para a ação criadora?", indagava ele. "Haverá coisa mais austera do que ir buscar, seja lá em que parte do mundo for, professores de primeira ordem, a fim de que sejam realmente da mais alta qualidade os ensinamentos proporcionados aos jovens?", completava. "O que chamo de austeridade é isto: nenhuma contrafação, nenhuma influência nacionalista na escolha dos homens, mas o critério do valor exato."

Enquanto Schmidt prosseguia naquela verdadeira cruzada, o CTA continuava a perder fôlego. Um novo relatório reservado do reitor André Meyer a Montenegro analisava os efeitos da criação do segundo instituto instalado no Centro Técnico de Aeronáutica, o Instituto de Pesquisas e Desenvolvimento, o IPD, fundado em outubro de 1954. Enquanto o ITA era encarregado do ensino e da formação de profissionais na área da engenharia aérea, o IPD, como indicava o próprio nome, deveria se concentrar no desenvolvimento de projetos de pesquisa, inclusive em cooperação com a iniciativa privada, para criar as condições propícias ao surgimento da indústria aeronáutica no país. Contudo, no entender de André Meyer, naquela situação de dificuldades extremas os recursos necessários à manutenção adequada do IPD estavam vampirizando o próprio ITA. "Uma das falhas deste grande e valoroso país é a existência de muitos empreendimentos não acabados. O CTA, infelizmente, não está se livrando de ser uma exceção. Agora compreendo melhor este fato: uma nova inspiração sempre mata inspirações anteriores", lamentava Meyer.

Era no IPD, por exemplo, que passara a funcionar o projeto do convertiplano, o híbrido de avião e helicóptero, desenvolvido pela equipe do professor alemão Henrich Focke. O fato de o projeto continuar apresentando dificuldades de execução por causa de sua complexidade só agravava as insatisfações do Ministério da Aeronáutica. O temperamento dos técnicos alemães subordinados ao professor Focke também provocava atritos com os demais membros do CTA.

"O Grupo Focke era um laboratório de psiquiatria quase perfeito", confessaria Joseph Kovacs, o húngaro da equipe. Entre seus colegas havia um certo sr. Brussmann, veterano especialista em transmissões mecânicas que trabalhara na BMW — e que era titular de um dos maiores salários do CTA. "Brussmann ficou sozinho em uma sala, diante de uma prancheta com uma folha de papel vegetal pregada por percevejos, com uma velha e amarelada régua de cálculo nas mãos. Durante dias, talvez semanas, ele apenas olhava para o papel branco da prancheta, fumando sem usar fósforos ou isqueiro, pois acendia um cigarro no outro", recordaria Kovacs. "A chefia chegou a pensar que não havia feito um bom negócio com a sua contratação, quando um dia a coisa desabrochou: em poucas horas Brussmann encheu a prancheta com os incompreensíveis desenhos da transmissão do convertiplano." Havia também o não menos imprevisível piloto de provas do paraquedas do grupo, sr. Eiebegott, que Joseph Kovacs desconfiava ter sido escolhido para a função por causa do pouco peso e da pequena estatura: "Era o menor alemão que já vi na vida". Numa madrugada, por volta das três da manhã, o despertador do sr. Eiebegott disparou a tocar de maneira estridente, acordando todos os moradores dos apartamentos vizinhos ao seu. Ele não teve dúvidas: abriu a janela e jogou o despertador lá de cima, que se espatifou no chão. Em vez de desanuviar o ambiente e servir de motivos para boas anedotas, aquele tipo de comportamento só ajudava a cristalizar a ideia de que o pessoal do professor Focke era um bando de alemães nazistas e malucos, a mais perfeita caricatura do cientista louco dos filmes no cinema. Era com gente assim, diziam os opositores do CTA, que o Ministério da Aeronáutica estava gastando o dinheiro público.

Principal destinatário das críticas dos adversários e das legítimas queixas dos professores, Montenegro teria que exercitar a paciência para vencer mais aquela crise. Não havia dúvidas de que, na melhor das hipóteses, a situação só deveria melhorar em janeiro do ano seguinte, 1956, quando terminassem o governo Café Filho e a passagem de Eduardo Gomes pelo Ministério da Aeronáutica. Os

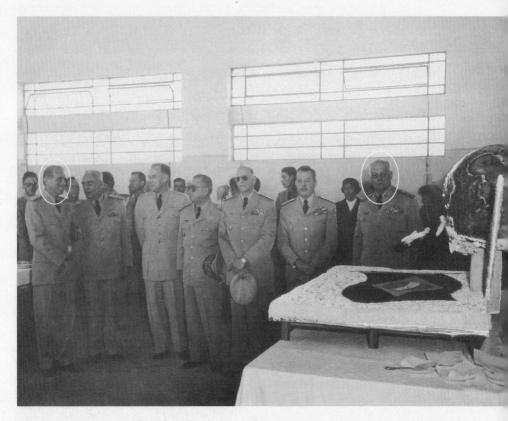

Montenegro, à esq., recebe Eduardo Gomes, à dir., em visita ao ITA.
O novo ministro da Aeronáutica não se impressionava com os modernos
laboratórios, mas com o desleixo dos estudantes, "incapazes
até de arrumar as próprias camas".

dados da sucessão presidencial tinham sido lançados no final de julho, com quatro chapas na disputa. Pela coligação PSD-PTB, herdeira do legado getulista, saiu candidato o governador de Minas, Juscelino Kubitschek, que tinha como vice o ex-ministro do Trabalho de Vargas, *Jango* Goulart. A UDN escolheu um militar de grande respeitabilidade moral, o general Juarez Távora, herói tenentista que havia participado das revoltas de 1922 e 1924, da Coluna Prestes e da Revolução de 30 e que também se afastara de Getúlio; seu vice era Milton Campos, antecessor de JK no governo mineiro. Concorriam ainda, pelo PSP, o governador paulista Adhemar de Barros, um pândego milionário que fora interventor em São Paulo entre 1938 e 1941 (e que aprendera a pilotar nas mãos de Casimiro Montenegro, em 1931, no Campo de Marte), e pelo PRP o antigo líder integralista Plínio Salgado. A tensão política era tanta que as eleições do dia 3 de outubro tiveram que ser realizadas sob a proteção de tropas federais. Abertas as urnas, soube-se que a escolha feita pelos brasileiros recaíra sobre a dupla Juscelino-Jango, eleitos com 3,07 milhões de votos (contra 2,6 milhões dados a Juarez, 2,2 milhões a Adhemar e 714 mil a Plínio Salgado).

Juscelino tinha obtido apenas 36% dos votos, mas isso não invalidava nem tirava a legitimidade de sua eleição, uma vez que a Constituição em vigor no Brasil assegurava a vitória ao mais votado, sem qualquer referência a maioria absoluta. Não era essa, entretanto, a interpretação da UDN e de setores militares a ela vinculados, dentre os quais luzia a figura do brigadeiro Eduardo Gomes, que defendiam que os eleitos não deveriam ser empossados. Falando em nome do grupo, o jornalista Carlos Lacerda, agora eleito deputado federal, incendiava a Câmara com pregações golpistas. O estopim da crise foi aceso em um cemitério. No dia 1º de novembro, durante o sepultamento do general Canrobert Pereira da Costa, o coronel Jurandir de Bizarria Mamede fez um discurso em nome do Clube Militar defendendo a mesma tese da UDN: os eleitos não deveriam ser empossados. Decidido a punir Mamede por quebra de hierarquia e disciplina, o ministro da Guerra, general Henrique Lott, encontrou resistência por parte do presidente Café Filho. Eduardo Gomes jogou ainda mais lenha na fogueira, ao comunicar ao general Lott que ele também era contra a punição de Mamede. Dias depois Lott saberia que aquela não era uma questão de princípio para o ministro da Aeronáutica: quando o brigadeiro Luís Neto dos Reis deu uma entrevista ao *Correio da Manhã* defendendo o respeito à Constituição e a posse dos eleitos, Eduardo Gomes não hesitou em mandar prendê-lo por dez dias — por quebra de hierarquia e disciplina militares.

O brigadeiro Montenegro estava em São José dos Campos às voltas com suas contas de chegar, borderôs e notas de empenho, na manhã de 11 de novembro, quando recebeu ordens do gabinete do ministro para se deslocar imediatamente para São Paulo, em farda de campanha. Embora Antonietta estivesse grávida de sete meses do segundo filho, Marcos (o primogênito, Fábio, nascera em fevereiro de 1955), ele sabia que teria que ir, pois ouvira pelo rádio as notícias dos últimos acontecimentos. Inconformado com a decisão de Café Filho de não permitir a punição de Mamede, Lott pedira demissão do Ministério da Guerra e ficara de transmitir naquela manhã o cargo a seu sucessor. Durante a madrugada, porém, mudou de ideia e decidiu impedir — agora ele não tinha dúvidas — o golpe contra a posse de Juscelino que estava sendo tramado em conluio pela UDN, por Carlos Lacerda e setores militares liderados por Eduardo Gomes e Juarez Távora, o candidato udenista que fora derrotado por JK. No auge da crise, o presidente Café Filho, que vinha mantendo complacente e silenciosa concordância com as manobras golpistas, internou-se inesperadamente em um hospital, alegando um problema cardiovascular, e deu posse ao presidente da Câmara, o mineiro Carlos Luz, como presidente da República. Pelo que Montenegro ouvira em comunicações por rádio com unidades militares vizinhas, à uma hora da manhã daquela sexta-feira Lott resolvera agir: reassumiu o Ministério da Guerra, mandou tanques cercarem o Palácio do Catete, o prédio da Companhia Telefônica e os quartéis suspeitos de lealdade aos golpistas. Também tinha sido cercado por tropas o jornal *Tribuna da Imprensa*, que naquele dia circularia com a manchete "Não podem tomar posse" e um editorial que não deixava margem a dúvidas quanto às intenções dos golpistas:

> É preciso que fique claro, muito claro, que o presidente da Câmara não assumiu o governo para preparar a posse dos srs. Juscelino Kubitschek e João Goulart. Esses homens não podem tomar posse, não devem tomar posse, não tomarão posse.

Ao saber da decisão de Lott de resistir, o ministro Eduardo Gomes tomou um avião e voou para São Paulo, na ilusão de que o governador Jânio Quadros poria o estado a serviço do golpe. Antes de partir, Eduardo colocou a Aeronáutica em prontidão, determinou que todos os oficiais da Arma se dirigissem à capital paulista para encontrá-lo e deu ordens para que os caças e bombardeios estacionados no Campo de Marte e no Galeão decolassem rumo à Base Aérea de Cumbica, em São Paulo. Com o Catete cercado por tropas legalistas, o presidente Carlos Luz, ainda na esperança da adesão de Jânio, zarpou com toda sua equipe no cruzador *Tamandaré* em direção à cidade de Santos, onde pretendia instalar a sede do governo.

O professor Paulo Ernesto Tolle, que estava junto com Montenegro quando este recebeu a ordem para encontrar-se com Eduardo Gomes, lembra da reação do amigo:

— O Montenegro era um militar absolutamente fiel aos princípios da carreira, como disciplina e hierarquia. Vestido em um insólito uniforme de campanha, com pistola e cantil amarrados ao cinto, reuniu os professores, fez uma exposição serena sobre a situação e explicou que teria mesmo que ir a São Paulo, já que ordem era ordem.

Ao se despedir dos colegas e alunos, informou que antes de São Paulo ele passaria no quartel de Caçapava, a vinte quilômetros de São José, para prevenir qualquer provocação contra o ITA:

— Vou lá avisar o meu amigo coronel Zerbini que isto aqui é

uma organização civil, que aqui não tem tropa nem arma e que, portanto, ninguém precisa bombardear o ITA.

Muitos anos depois, em carta a um amigo militar, Montenegro confessaria que aderiu à tentativa de impedir a posse de JK não por convicção ou disciplina, mas exclusivamente pela lealdade que dedicava a Eduardo Gomes:

> Tenho dado provas de lealdade a todos os meus chefes, mesmo quando tenho divergências de orientação. Haja vista o que se passou no dia 11 de novembro, quando apesar das minhas divergências com o Eduardo, por motivo de lealdade e princípios justos fui oferecer o apoio do ITA e o meu em particular, insistindo para que se efetuasse uma reação ao golpe que o deslocou do Ministério. Não procedi como muitos outros, que se sentindo prejudicados com aquela administração foram engrossar a fileira do golpe.

Ressalte-se que ao falar em "golpe" Montenegro referia-se à tentativa de Lott de fazer cumprir a Constituição na marra, e não ao plano engendrado por Eduardo, Lacerda e Carlos Luz para impedir a posse de Juscelino e Jango. O episódio que ficaria conhecido como "a Novembrada" terminou com um fiasco da UDN e seus aliados. Os homens de Lott obrigaram Carlos Luz a assinar uma carta-renúncia e empossaram na Presidência o senador catarinense Nereu Ramos, presidente do Senado. No dia 31 de janeiro de 1956, conforme previa a Constituição, Juscelino e Jango foram empossados nos cargos de presidente e vice. A democracia vencera, e o ITA, quem sabe, voltaria a respirar sem aparelhos, como nos tempos de Dutra e Getúlio.

O então brigadeiro do ar Casimiro Montenegro não era, decididamente, um juscelinista. Muitos dos familiares que conviveram de perto com ele durante esse período, como o jornalista Júlio César Montenegro, seu sobrinho-neto, garantem que, a despeito das enormes dificuldades que ele enfrentara com Eduardo Gomes, sob o dólmã azul do tio batia um coração udenista. "O melhor teste para ver se o tio Mimiro tinha ou não DNA da velha UDN no sangue", lembraria Júlio, "era colocar alguém para elogiar o JK na frente dele":

— Para ver o circo pegar fogo era só deixar meu primo Paulo, fascinado pelo Juscelino, falar bem dele na frente do tio Mimiro. Um gritava de cá, o outro gritava mais alto de lá. Depois, iam jantar como se nada tivesse acontecido, rindo, trocando gentilezas.

Toda a parentela sabia, porém, que as opiniões dele a respeito deste ou daquele político reveladas dentro de casa morriam ali e se convertiam em segredo familiar. Se ele era mesmo udenista e anti-JK, só a família sabia. Tanto assim que o primeiro nome cogitado pelo novo presidente da República para ocupar o Ministério da Aeronáutica foi exatamente o de Casimiro Montenegro. Como os dois não se conheciam, não é improvável que a indicação do nome de Montenegro tenha sido feita por seu admirador platônico, Augusto Frederico Schmidt, amigo íntimo, conselheiro, assessor e ghost-writer de JK. Ao receber o convite de Juscelino para um encontro, poucas semanas antes da posse, Montenegro desconfiou das intenções de Kubitschek. Segundo o brigadeiro George de Moraes, testemunha do convite (ou, no caso, da tentativa), JK ainda faria outra investida, insinuando que queria tratar com Montenegro de assuntos relacionados ao ITA, mas ele não caiu na armadilha:

— Sou testemunha de que o Montenegro evitou o primeiro encontro temendo que o presidente o convidasse. No segundo convite também ele deu um jeito, enrolou, enrolou e acabou não indo.

Devem ter contribuído para esse comportamento as tais gotas de udenismo no sangue de Montenegro. Para muito poucas pessoas, no entanto, entre elas o brigadeiro Moraes, Montenegro revelaria a verdadeira razão de sua recusa ao convite que nem chegaria a ser feito. Sua insólita explicação era também um retrato de seu caráter:

— Eu não podia magoar o Eduardo Gomes colaborando com o Juscelino, seu principal adversário político.

14 Uma arma de guerra chega ao ITA secretamente: o supercomputador IBM-1620, de 16 kbytes

Os visitantes que chegavam ao CTA não conseguiam entender. Com todos aqueles prédios desenhados por Niemeyer reluzindo de novos, o brigadeiro Casimiro Montenegro insistia em trabalhar em um acanhado barracão de madeira, erguido ainda nos primeiros momentos da obra para servir de escritório aos engenheiros responsáveis pela construção. Se Brasília teria seu "Catetinho", um "palácio" de tábuas no qual o presidente Juscelino Kubitschek despacharia antes da inauguração da nova capital, em São José dos Campos aquele era o "Catetinho do Montenegro". A diferença é que JK logo se mudaria para o imponente Palácio do Planalto, enquanto Montenegro permaneceu por vários anos no gabinete improvisado.

— Montenegro, você, um brigadeiro, diretor desse centro inteiro, trabalhando num barraco desses? — indagavam os colegas de patente que iam visitá-lo em São José.

— Pois é. Mas você já viu a maravilha que são os meus laboratórios?

A construção do CTA mudara radicalmente a paisagem do antigo Campo dos Alemães. Ainda era tudo de terra batida, mas em meio ao verde que dominava a paisagem já se podia ver o prédio do Laboratório de Estruturas com seu formato arredondado, os blocos retangulares das salas de aula, os complexos envidraçados da administração e as primeiras residências de linhas arrojadas e jardins gramados. Como em Brasília, letras e números identificavam endereços e localizações. As casas do chamado H17, de 220 metros quadrados, eram reservadas aos professores e funcionários mais qualificados e, por isso, eram objeto de desejo geral. O fato de Montenegro ter preferido continuar trabalhando em um barracão de madeira funcionava como antídoto contra possíveis reivindicações despropositadas. Certa vez, por exemplo, ele foi procurado por um major que não concordava com o fato de morar numa casa do H22, de 180 metros quadrados, enquanto um professor estrangeiro ocupava com a família uma residência maior, no H17. Como o CTA era mantido com recursos do Ministério da Aeronáutica, o militar não admitia que os civis tivessem privilégios. Montenegro ouviu a reclamação e disse que iria resolver o problema imediatamente:

— Vamos fazer uma troca, major: amanhã mesmo eu digo para minha mulher Antonietta encaixotar nossas coisas e vou morar com ela e meus filhos na sua casa, lá do H17. O senhor vem morar na nossa.

Diante de uma oferta tão generosa quanto desconcertante, é claro, o major desistiu da questão. Aquele tipo de solução, que envolvia pitadas consideráveis de diplomacia e irreverência, seria a marca registrada de Montenegro à frente do CTA. Era a chamada "educação pelo exemplo", sobre a qual ele tanto gostava de discorrer. Em vez de pôr lenha nas celeumas que chegavam a seu gabinete, ele desanuviava os ânimos, desarmando os interlocutores com respostas inesperadas. Foi o que logo perceberia o professor Rogério Cezar Cerqueira Leite, que acabara de retornar de Paris após concluir o doutorado em física e se integrara ao corpo docente do ITA, onde aliás se formara alguns anos antes. Numa manhã de verão, Cerqueira Leite foi até o barracão de Montenegro e informou que teria que cancelar a primeira experiência com raio laser no país, marcada para o dia seguinte em um laboratório do CTA. "É inacreditável, brigadeiro, que tenhamos que interromper um experimento avançadíssimo, baseado em uma tecnologia altamente inovadora, simplesmente porque ainda não chegaram dois míseros aparelhos de ar condicionado que pedimos", reclamou Cerqueira Leite, após explicar que para funcionar a contento o aparelho precisava ser acionado em um laboratório devidamente climatizado. Após alguns segundos de silêncio, Montenegro chamou seu chefe de gabinete, Oscar Spínola:

— Spínola, o professor aqui está me dizendo que os aparelhos de ar condicionado que ele pediu ainda não chegaram. Então mande tirar agora mesmo esse aparelho aqui da minha sala e leve para o laboratório dele. E, se eu fosse você, fazia o mesmo com o seu. Pelo que ele está me dizendo, esse negócio de raio laser precisa de muito frio.

Montenegro e Spínola passaram uma semana suando em bicas, mas só assim a burocracia acelerou a entrega dos aparelhos. "E assim o primeiro laser a operar no Brasil foi montado nos laboratórios do ITA", recordaria mais tarde o físico Cerqueira Leite, já professor emérito e reitor da Unicamp. Nem sempre esse apoio incondicional que Montenegro dispensava aos cientistas e aos professores do CTA era bem digerido pelos militares que também trabalhavam por lá. Houve o caso célebre, que até hoje circula em São José dos Campos com ares de lenda, do dia em que um oficial superior foi bater à porta de Montenegro para reclamar que um engenheiro norte-americano, responsável pela manutenção dos motores de avião Wright, ganhava no CTA um salário bem superior ao de um tenente-brigadeiro.

— O senhor tem consciência de que um simples mecânico ganha aqui mais do que um militar no ápice da carreira? Como se explica tamanho absurdo? — indagou-lhe o militar à queima-roupa, do alto de suas quatro estrelas.

— Ele não é um simples mecânico, é um engenheiro formado no MIT — ainda tentou justificar Montenegro.

— Mesmo assim, isso é uma completa inversão de hierarquia — insistiu o oficial.

— O senhor sabe que, ao longo da minha carreira, já dei provas suficientes de que respeito a hierarquia, e assim vou demitir o engenheiro mecânico agora mesmo. Agora só lhe peço que me mande um tenente-brigadeiro para ensinar aos nossos alunos como funcionam os motores de avião — respondeu Montenegro, com mais um de seus argumentos irrespondíveis.

"Essa história aconteceu, só não digo o nome do oficial porque ele tem parentes vivos e os filhos dele não têm culpa das bobagens do pai", diz o brigadeiro Tércio Pacitti, ex-professor do ITA. O mesmo Pacitti — "sem citar nomes, por favor" — recordaria de outra das muitas rusgas famosas envolvendo civis e militares no CTA, mais um desses casos que entrariam no largo anedotário sobre os primeiros anos do centro e que ainda hoje são contados entre risos, ano após ano, em São José dos Campos, sempre que se menciona o nome de Casimiro Montenegro. Na memória dos que viviam por lá nessa época, o episódio é recontado em versões ligeiramente diferentes, com pequenas divergências sobre quem foram os verdadeiros protagonistas. Muda-se a patente do militar (às vezes é um capitão, às vezes um coronel) ou a especialidade do professor (que pode ser um mestre em engenharia, ou doutor em química), mas o episódio em si é sempre o mesmo. Em meio às tantas variantes, uma das versões mais prováveis e saborosas seria contada pelo economista Cláudio de Moura Castro em um artigo no *Jornal do Brasil* publicado em 1991:

> Brigam no fundo do quintal duas esposas de professores. Uma delas é mulher de um capitão que ensina na escola. A outra é mulher de um professor americano. A origem da briga já foi esquecida, talvez um cachorro que estragou o jardim do vizinho, mas o caso termina no gabinete do diretor [Casimiro Montenegro]. Percorrendo o anuário militar com os nomes de todos os militares no mesmo posto, o diretor comenta: "Muitas páginas com nomes de capitães, muitas, pois não? Quantos professores neste país são capazes de ensinar a matéria do americano? Nenhum? Ora, então diga à sua mulher que aguente firme ou faça as pazes com o americano".

O fato de as casas do CTA serem geminadas facilitava as relações de vizinhança, mas também era mesmo motivo para frequentes altercações entre os moradores. A viúva do coronel-aviador Oswaldo Nascimento Leal, Violet Leal, recordaria a tarde em que o ex-diretor Oswaldo Ballousier, ainda no comando do centro, encontrou marcas de pés de crianças na fachada imaculadamente branca de sua casa. Algum menino havia plantado bananeiras ali e deixado as manchas na parede como prova da inocente travessura. Ballousier tratou o assunto como se estivesse em um quartel. Ameaçou abrir inquérito para investigar o caso. "O coronel acusou meus filhos de terem feito aquilo. Ora, eles já eram rapazes e não iam ficar plantando bananeira na frente da casa dos outros", lembra Violet Leal. "Mas não houve jeito, o Ballousier fez um barulho enorme, dizendo que a meninada do CTA, filhos de professores e funcionários, não tinha nenhuma educação."

Enquanto Ballousier vociferava, as crianças aproveitavam o privilégio de desfrutar de uma infância vivida no verde e cosmopolita CTA. "Meus amigos desse tempo eram na grande maioria filhos de chineses, americanos, alemães, japoneses, por isso a gente cresceu aprendendo a respeitar as diferenças e a diversidade das culturas", observaria Fábio Montenegro, filho do brigadeiro Casimiro Montenegro. George Hilf de Moraes, um dos filhos do brigadeiro George de Moraes, preferiria recordar o impacto que as casas do CTA provocavam nos parentes que visitavam a família em São José dos Campos: "Sabe aquelas fotos clássicas dos anos 1950, as casas modernas, os móveis bacanas, a cozinha com a geladeira Hotpoint, o liquidificador e o lava-louças, assim igual ao seriado *Papai Sabe Tudo*? Nossas tias que vinham nos visitar ficavam boquiabertas, diziam que a gente morava em uma casa que mais parecia cenário de filme". Mas para a garotada o melhor mesmo era a criatividade de Niemeyer, que colocara enormes elementos vazados em concreto como divisória entre as residências, tornando as casas "escaláveis" para os pequenos. Se os adultos reclamavam da ausência de privacidade por causa daquele detalhe arquitetônico, as crianças faziam a festa, subindo e passando de uma casa para outra, para desespero dos pais. O interior dos domicílios também não era menos tentador para estripulias infantis. "Era tudo transparente, com muitos vidros e uma escada vazada na parede e sem corrimão que era o terror para quem tivesse bebê em casa, mas que servia para a gente pular feito maluco lá de cima", relembraria Fábio Montenegro. Lá fora, o CTA e seus laboratórios eram um mundo a ser explorado. Sucatas de aviões, hélices, pedaços de asas e ferros retorcidos serviam para armar barracas e esconderijos. E não era raro que os pilotos deixassem a criançada se agachar no interior do nariz de um B25 e levantar voo. "As brincadeiras eram formidáveis. Em vez de brincarmos de bandido e mocinho, brincávamos de astronauta. Com a ajuda de papai, colocávamos até foguetes pequenos para voar. Fazíamos voos tripulados com tartaruga. Acabei montando um laboratório dentro do meu quarto, colecionava cobras e aranhas, que um dia se soltaram e provocaram uma correria lá em casa", recordaria Fábio. "Eu sonhava em ser um cientista louco, em descobrir a cura do câncer."

O futuro escritor Eric Nepomuceno foi um desses felizes meninos criados no ITA. Filho do físico Lauro Xavier Nepomuceno — o "Lauro X", professor responsável pela criação do primeiro laboratório de acústica do Brasil —, Eric lembra do grupo de garotos iguais a ele apinhado em um velho ônibus escolar Chevrolet modelo 1948 pintado com o brasão da Aeronáutica que os levava, todas as manhãs, até a escola em São José dos Campos. "Descíamos em grupos barulhentos na cidadezinha pachorrenta e íamos assistir a aulas nas quais os professores de matemática pareciam seres diabólicos que cobravam da gente, 'filhos de sábios', resultados que ninguém conseguia alcançar." Mas as maiores lembranças são mesmo das muitas traquinagens e da liberalidade de um certo brigadeiro Montenegro, que fechava os ouvidos às reclamações dos outros militares que preferiam que a vida no CTA fosse organizada com o rigor da caserna. "Uma vez colocamos fogo em um capinzal que tinha lá só para fazer com que um bando de preás saísse e pudéssemos caçar os animais com mais facilidade", confessaria, depois de adulto, George Hilf de Moraes. "Os bichinhos corriam assustados e nós os acertávamos com pedras disparadas por estilingues." Depois de apagado o princípio de incêndio, um coronel do Corpo de Bombeiros procurou o diretor do CTA para denunciar, em tom de cólera, como as labaredas haviam começado. Para ele, as crianças precisariam ser submetidas a uma punição exemplar.

— Calma, coronel — falou Montenegro, em tom sereno. — Considere o episódio como um exercício de combate ao fogo. Deixe os meninos em paz, que eu depois falo com eles.

Em vez de uma reprimenda, os garotos ouviram de Montenegro uma explicação didática de como o vento pode fazer uma simples fagulha, aparentemente inofensiva, provocar um incêndio incontrolável. "O brigadeiro não perdia a oportunidade de ensinar para a gente como as coisas funcionam. Se qualquer um de nós, da turma de meninos, encontrasse com ele no campus e comentasse como o dia estava quente, ele parava e ia explicar por que alguns dias são quentes, outros são frios, por que existem as estações do ano, como se formavam as nuvens, como e por que existe a chuva", lembraria George Hilf de Moraes. "Se perguntávamos: brigadeiro, por que o pneu esquenta quando o carro se movimenta? Ele diria: é o atrito com o chão que produz o calor. E depois explicava direitinho o fenômeno físico do atrito, de um jeito que a gente pudesse entender."

— Era bem gostoso conversar com ele. O brigadeiro conseguia ser, ao mesmo tempo, um militar e um professor. Era firme, mas não era ríspido. Queria que nós entendêssemos as coisas, que não nos resumíssemos a obedecer. Se dava uma ordem, ele explicava o porquê da ordem. Dizem que era assim também com os subordinados dele. Só sei que ele tinha pavor de sujeito burro, de gente que cumpria ordens sem saber a razão.

Não seria à toa que Casimiro Montenegro carregaria a pecha, lançada por muitos adversários, de ser um militar "apaisanado" — o que equivale a quase um insulto quando dito por um colega de farda. Como Montenegro não fazia dos regulamentos uma camisa de força, muitas vezes suas atitudes foram consideradas incompatíveis com a vida na caserna. Ele dava de ombros a tais acusações e, sempre que via uma chance para isso, tratava de mostrar como o bom senso era mais eficiente do que a inflexibilidade das normas. Em mais um dos "causos" célebres que foram incorporados ao folclore do ITA, consta o do professor norte-americano R. N. Dubois, que era considerado um gigante tanto em matemática quanto na estatura física. Como tinha mais de dois metros de altura, o professor solicitou que fosse providenciada para ele uma cama um pouco maior do que o padrão, pois desde que chegara a São José dos Campos estava tendo noites bem incômodas pelo fato de suas pernas ficarem para fora do colchão. O pedido do professor, contudo, foi indeferido, pois afinal existia um regulamento que disciplinava o desenho dos móveis produzidos pela marcenaria do CTA. Depois de tramitar por vários departamentos, o problema acabou pousando na mesa de Casimiro Montenegro, que não acreditava ter sido chamado a intervir em assunto de tal natureza. Para explicitar o ridículo da situação, Montenegro mandou expedir um ofício ao chefe responsável pela marcenaria, ordenando-lhe, já que não era possível mexer no regulamento, que o professor Dubois fosse conduzido à oficina para que as pernas dele fossem serradas na altura dos joelhos. Foi o suficiente: no dia seguinte uma cama *king-size* surgiu do nada e aportou no quarto do professor Dubois.

O brigadeiro Tércio Pacitti, que viria a se tornar um colecionador das histórias vividas por Montenegro no CTA, recordaria: "Uma das grandes lições que Montenegro deixou é a de que o regulamento militar não foi escrito por Deus. Foi escrito pelos homens e, por isso, pode ser modificado". O mesmo Pacitti relataria o dia em que o então reitor do ITA, professor Marco Antônio Cecchini, viajou aos Estados Unidos para adquirir um computador. O aparelho seria pago com recursos da ordem de 100 mil dólares (o equivalente a 1 milhão de dólares de 2023 — ou 5 milhões de reais) que haviam sido doados ao ITA pela Fundação Ford. Por carta, Pacitti consultara o professor Harry Huskey, seu orientador na Universidade de Berkeley, onde

O professor norte-americano R. N. Dubois (à dir.), gigante na matemática e na estatura. Se não há camas do tamanho dele, então que serrem suas pernas na altura dos joelhos.

havia feito o mestrado em engenharia, e este lhe sugeriu que fosse feita a opção pelo IBM-1620, uma máquina poderosa e considerada de pequeno porte para a época. As gerações hoje familiarizadas com computadores pessoais e notebooks de dezenas de gigabytes de memória não podem imaginar o que isso significava. "A CPU do tal computador, de apenas 16 kB, era do tamanho de uma escrivaninha e a impressora não era menor do que um sofá de três lugares", relembra Pacitti, a quem o destino daria o privilégio de viver o suficiente para poder ver, transformados em produtos de consumo, computadores do tamanho de um livro e com memória 32 mil vezes maior que a do jurássico IBM-1620. A importação do equipamento, entretanto, caiu nas malhas burocráticas da Carteira de Comércio Exterior (Cacex) do Banco do Brasil, responsável por todas as operações de câmbio realizadas com o exterior. Como não havia precedentes — claro, aquele deveria ser um dos primeiros computadores a chegar ao Brasil — nem legislação a respeito, a Cacex vetou o negócio. Ao saber disso, Tércio Pacitti foi ao barracão de Casimiro Montenegro pedir ajuda. O chefe respondeu com algo que parecia uma parábola:

— Pacitti, não dá para fazer algo grande na vida pública sem correr riscos. Mas veja bem: o risco não pode comprometer a ética — disse-lhe um enigmático Montenegro, sem esticar o assunto.

Tércio Pacitti interpretou a frase como quis. "Achei que, em outras palavras, ele havia me dito: desde que tomasse o cuidado de não ser aético, eu teria que procurar brechas nos regulamentos e trazer o computador para o Brasil." Saiu em busca da fresta — e achou. Alguns dias depois, um robusto DC-4 — quadrimotor gigantesco, remanescente da Segunda Guerra — pilotado por Pacitti aterrissava ruidosamente no Aeroporto do Galeão, no Rio de Janeiro, procedente dos Estados Unidos. Dentro, além do piloto e do copiloto, o aparelho trazia um grande contêiner de madeira lacrado, cujo conteúdo era identificado apenas por duas enormes palavras pintadas: "Segurança Nacional". E foram essas duas palavras mágicas que abriram portas e permitiram que o IBM-1620 chegasse a São José dos Campos.

O brigadeiro Tércio Pacitti, que sempre pregou a máxima de Montenegro: se não foi Deus quem escreveu os regulamentos, então qualquer ser humano pode modificá-los.

Pacitti comentaria com Montenegro: "Veja você: um computador, que vai ser utilizado na pesquisa científica e educacional, teve que vir disfarçado de arma de guerra para fugir dos desvãos da burocracia". Muito tempo depois, já octogenário, Pacitti se lembraria da aventura com saudade:

— Quando o avião aterrissou no Brasil, chorei emocionado. Lembrei daquela frase do Montenegro sobre correr riscos sem ferir a ética. Hoje posso contar essa história com a consciência tranquila. Até porque, se ali eu cometi algum crime, ele já prescreveu...

Pacitti, que se tornou um dos grandes amigos e um dos maiores aliados de Casimiro Montenegro no CTA, era considerado uma espécie de anfíbio. Era militar, usava farda, mas tinha livre trânsito com os civis, benquisto pelos estudantes. Talvez fosse ele a mais perfeita tradução do que Montenegro imaginava ser a essência do próprio ITA. Um dos pioneiros da informática no Brasil, cientista respeitado, oriundo das primeiras turmas formadas em São José dos Campos, Tércio Pacitti chegaria ao topo da carreira na Aeronáutica. "Sei que, para Montenegro, não era fácil administrar a irreverência típica dos civis ao lado da rigidez quadradinha dos militares", reconheceria. Como todos logo poderiam testemunhar, essa viria a ser justamente a fonte de alguns dos maiores problemas que sacudiriam o CTA nos ano seguintes.

15 O professor Feng vai explicar como voa um coleóptero. Um helicóptero? Não, é coleóptero mesmo

Depois de muita insistência, Casimiro Montenegro conseguiu convencer o brigadeiro Eduardo Gomes a finalmente visitar o Centro Técnico de Aeronáutica. Com isso, esperava quebrar as resistências que o velho camarada cultivava em relação ao ITA. Estendeu-lhe o tapete vermelho e, como sempre procedia em relação aos visitantes ilustres, fez questão de mostrar pessoalmente os laboratórios, as salas de aula, a reitoria, os túneis aerodinâmicos, as residências projetadas por Niemeyer, o restaurante, os alojamentos dos estudantes. Ao final daquele longo périplo, um ansioso Montenegro indagou ao brigadeiro se ele gostara do que vira e se, dali por diante, passaria a enxergar o CTA com melhores olhos. Eduardo Gomes soltou um muxoxo e respondeu à interrogação com uma outra pergunta:

— Montenegro, por que os alunos do ITA não arrumam a cama de manhã?

Depois de visitar aquele que já era, de longe, o maior centro produtor de tecnologia do país, a única coisa que chamara a atenção do ministro da Aeronáutica tinha sido um pequeno detalhe da indisciplina de um alojamento. Casimiro Montenegro percebeu que todo seu esforço havia sido em vão. O brigadeiro Eduardo Gomes continuava a confundir um moderno centro de ensino e de pesquisa tecnológica com um quartel. O episódio, que Montenegro mais tarde contaria em família sem disfarçar a antiga mágoa, representou a definitiva pá de cal nas ilusões de que Eduardo Gomes pudesse vir a ter uma imagem menos distorcida do CTA. E não seria para agradar ao ministro que o Centro Técnico de Aeronáutica iria exigir que seus alunos civis passassem a se comportar como recrutas. O professor Oswaldo Fadigas recorda que nem mesmo os oficiais que viviam no ITA pareciam muito preocupados com as formalidades militares, como a de manter o uniforme impecável. "Quando alguém anunciava que um militar de alta patente estava chegando no centro, era aquela correria. 'Você tem uma gravata que me empreste?', gritava um. 'Alguém me arranja uma meia preta?', indagava outro. Era uma confusão", lembraria Fadigas entre risos, apesar de ele próprio ter encontrado dificuldades com alguns militares linha-dura que estudavam no instituto. "Tive um aluno, um major, que não admitia tirar notas mais baixas do que um colega dele, que era apenas tenente", conta Fadigas, sem identificar os personagens. "Esse sujeito me trouxe problemas, chegou a me fazer ameaças." Também ex-professor do ITA, o engenheiro civil Fernando Venâncio, que trabalhou vinte anos em São José dos Campos, lembra que outro major quis tomar satisfações quando ele se recusou a repetir uma explicação dada numa aula anterior à qual o militar havia faltado. Nem sempre, contudo, o clima entre militares e civis era de confronto. Ao contrário, o mesmo professor Venâncio assegura que, na maior parte do tempo, aqueles dois mundos aparentemente tão antagônicos conviviam de forma harmônica no campus. "O maior responsável por isso, sem dúvida, era o Montenegro, que funcionava como um elemento catalisador", diz, para ressalvar: "Tive alunos militares brilhantes. Um deles foi Hugo de Oliveira Piva, que chegaria a brigadeiro. O Piva, que mais tarde viria a ser diretor do CTA, era genial. Conhecia vinho, conhecia livros, conhecia cobras, sabia de tudo em matemática. Um eclético. E tudo que fazia, fazia bem-feito". Do mesmo modo, o escritor Eric Nepomuceno, filho do professor Lauro X, conta que viajou várias vezes em companhia do pai no bimotor de passageiros Beechcraft que servia ao CTA, e suas lembranças são sempre as de oficiais e professores civis confraternizando-se numa atmosfera de bom humor e franca camaradagem:

— Gozações choviam de parte a parte: de brincadeira, os professores civis reclamavam da suposta barbeiragem dos aviadores militares, enquanto os oficiais mandavam os pilotos darem "umas sacudidelas nessa joça para enquadrar essa cambada de paisanos reclamões". Todo mundo ria junto.

Em um centro que chegou a reunir, de uma só vez, professores de dezesseis nacionalidades diferentes e onde se falava pelo menos uma dezena de idiomas, era inevitável que o convívio com as diferenças fosse um exercício cotidiano. Aquela verdadeira babel provocaria situações inusitadas, como nas aulas do professor chinês Kwei Lien Feng. Depois de viver exilado nos Estados Unidos e na Alemanha, fugindo da revolução comunista em seu país, Feng viera parar no ITA. "Com aquela misturada de países, o professor Feng acabou não falando nenhuma língua direito. Embaralhava cantonês, mandarim, inglês, alemão e português. Era difícil entender o que ele dizia. "Acho que, na verdade, o Feng falava *fenguês*", recordaria anos depois o brigadeiro Hugo de Oliveira Piva, um de seus melhores alunos. Certa manhã, o pequenino Feng, com os óculos de armação de tartaruga e cabelo espetado, destrinchava na lousa uma complicada equação para representar matematicamente o voo de um "coleóptero".

— Professor, o senhor não quer dizer helicóptero? — indagou um aluno, levantando o dedo.

— Non... Coleóptero... — insistiu Feng, que continuou solucionando sofregamente a equação, de costas para a turma.

— Desculpe, professor, o nome é helicóptero — replicou o rapaz.

— Non, non. Feng tá explicando sobre o bichinho, né? Coleóptero mesmo.

Só então a classe compreendeu que o professor Feng estava na verdade explicando o mecanismo do voo de um besouro — de fato, um coleóptero, nome científico do inseto. O brigadeiro Milton Segalla Pauletto, que dirigiu o posto médico do ITA, lembraria do tempo em que chegou a São José dos Campos uma leva de técnicos húngaros, que foram submetidos à inspeção de saúde de praxe para a devida admissão no CTA. "Eles haviam saído da Hungria após a intervenção soviética no país e só falavam única e exclusivamente o húngaro, não entendiam patavina em português ou mesmo em inglês ou francês. Tivemos que fazer o exame médico com mímica. O doutor respirava fundo e os húngaros imitavam, o médico abria a boca e eles repetiam, colocava a língua para fora e eles devolviam o mesmo gesto. Era uma coisa bem engraçada de se ver", contaria Pauletto anos mais tarde. Se a língua inglesa tornou-se praticamente o idioma oficial do CTA — as reuniões da congregação de professores e a maior parte das aulas eram dadas em inglês, sendo o português apenas a segunda língua —, havia uma linguagem universal que todo mundo no ITA entendia bem: a matemática. O escritor Eric Nepomuceno nunca esqueceu da cena que testemunhava na sala de casa todas as noites de quarta-feira. Em torno da vitrola, seu pai, Lauro X, reunia um grupo de professores de várias nacionalidades para ouvir os *Concertos de Brandenburgo*, do alemão Johann Sebastian Bach. O disco girava e eles decodificavam a música, desde o primeiro acorde, na forma de uma equação matemática: "Depois de um ano naquilo, a determinada altura — acho que lá pelo quarto concerto — eles perceberam que Bach havia cometido um erro de cálculo. E, embatucados, jamais conseguiram descobrir como, um pouco adiante, o genial compositor — em outro erro — voltou ao caminho correto e fechou a equação de forma perfeita". Montenegro, que se divertia com as esquisitices que corriam de boca em boca sobre os estrangeiros do ITA, apelidava-os de "crânios". E não tinha dúvidas em relevar seus pequenos deslizes de comportamento. Certa vez, por exemplo, chegou a seu gabinete uma reclamação por escrito contra um professor norte-americano que havia sido flagrado com a secretária no colo. Em vez de advertir o professor e fazer um escarcéu moralista, Montenegro não teve dúvidas: encaminhou um ofício em tom protocolar ao professor para comunicar-lhe que solicitara à intendência que fosse colocada mais uma cadeira na sala, para evitar que duas pessoas continuassem a dividir o mesmo assento.

Acima, alunos da turma de 1958 jogam vôlei no campus: a partir da esq., em pé, Katuchi Techima, Moacyr Leitão, Adolfo Leirner, Paulo Gavião Gonzaga e Delson Siffert. Agachados: Paulo Ribenboim, Airton Veras, José Raul Alegretti, Manoel Sobral Jr. E, deitado, o capitão Julio Alberto Coutinho. Abaixo: à noite os atletas se transformavam em cientistas que preparavam o lançamento de um foguete experimental, o RX-1: Leirner, Ribenboim, Pedro Magyar, Gavião Gonzaga e Ruy Jacques de Morais.

Um dos "crânios" mais célebres daqueles primeiros anos do CTA foi um professor checo de bigodinho fino e testa larga, Richard Robert Wallauschek, doutor em ciências pela Universidade de Praga que falava oito idiomas — português, inglês, checo, alemão, russo, italiano, espanhol e holandês — e se tornou chefe da Divisão de Engenharia Eletrônica do ITA. Aos 41 anos, Wallauschek desembarcou em São José dos Campos em 1953, trazendo debaixo do braço um volumoso currículo, em que estavam listadas mais de trinta patentes de invenções na área da eletrônica, inclusive o projeto de um canhão sônico, artefato mortal desenvolvido por ele nos anos 1940 que disparava uma onda de som de alta frequência capaz de matar qualquer coisa no raio de cinquenta metros — ou provocar dores insuportáveis a qualquer ser vivo em uma distância de até 250 metros. Ao que consta, a arma nunca chegou a ser utilizada em situações reais de campo de batalha, embora existam rumores de que tenha sido testada com sucesso em animais. Mas no ITA o professor Wallauschek trabalhava em nome da paz. Ele foi orientador de um grupo de quatro alunos — José Ellis Ripper, Fernando Vieira de Souza, Alfred Wolkmer e Andras Vásárhelyi, mais conhecidos pelos colegas respectivamente como "Plumatex", "Elvis Pélvis", "Brucutu" e "Jaburu" — que apresentaram, como trabalho de conclusão de curso de engenharia eletrônica, em 1961, a construção do primeiro computador feito com componentes inteiramente fabricados no Brasil. Com 1500 transistores, o computador — batizado de "Zezinho" — possuía um painel de dois metros de largura por um metro e meio de altura e um conjunto de lâmpadas neon, que acendiam e apagavam enquanto as informações eram processadas. Na verdade, era basicamente uma gigantesca calculadora, uma espécie de tataravô paquidérmico das maquininhas que seriam popularizadas duas décadas mais tarde. Capaz de fazer as quatro operações matemáticas básicas, o Zezinho não conseguiu chamar a atenção de nenhuma indústria nacional e ficou apenas no protótipo, que seria desmontado poucos anos depois. Wallauschek trabalharia no ITA pelo resto de sua vida. Numa noite chuvosa de 1962, ele morreria junto com o filho mais velho, Michael, em um acidente de carro na via Dutra, quando a Rural Willys cinza e branca dirigida pelo professor Lauro Xavier Nepomuceno, o Lauro X, bateu em uma carreta que estava estacionada na pista sem nenhuma sinalização. "Papai ficou 29 dias em coma, quando voltou a si soube da tragédia e jamais se consolou", recorda o filho Eric Nepomuceno.

Por causa da excelência dos professores, o ITA criou fama. Seu vestibular começou a atrair milhares de candidatos a cada ano, provenientes dos mais distantes pontos do país, fazendo com que a concorrência ultrapassasse o índice das maiores universidades brasileiras. Enquanto na USP os cursos mais concorridos ficavam em torno de 23 candidatos por vaga, no ITA a concorrência chegava a sessenta inscritos por vaga. "Eu, que tinha fama de ser ótimo aluno, quando entrei no ITA, vi que não era tão bom assim. Eu era só mais um entre tantos cobras. Tinha dezenas de caras muito melhores que eu lá dentro. Meu complexo de superioridade foi torpedeado", recordaria Pedro John Meinrath, formado em 1959. Para fazer parte daquele time de feras, era preciso também submeter-se a um ritual de iniciação. Montenegro recomendava aos alunos que não se excedessem nos trotes aos calouros, evitando assim que a brincadeira descambasse para a violência. O professor Técio Pacitti contaria que um dos tantos trotes que ficaram célebres no ITA era o de exigir que os novatos calculassem a área da sala de aula utilizando apenas um palito de fósforo como instrumento de medida. Nem sempre, contudo, reconheceria Pacitti, o ritual era tão intelectual. Certa vez, quando jantava na casa de um amigo, ele viu o próprio filho, que também foi aluno do ITA, pular da cadeira quando um relógio cuco começou a avisar a hora. "Ele me explicou que, no trote lá no CTA, ele foi obrigado a entrar toda noite no armário do quarto e às oito horas, pontualmente, abrir a porta e gritar, oito vezes, batendo os braços como se fossem asas: *Cuco! Cuco! Cuco!*"

Por decisão de Montenegro, o vestibular do ITA sempre teve

uma singularidade: em vez de os candidatos se deslocarem para São José dos Campos a fim de fazerem a prova, o instituto providenciava fiscais que iam às diversas localidades do Brasil e o exame era feito simultaneamente em diferentes cidades, em geral as capitais dos estados. No caso de haver poucos candidatos em determinada região, eles precisavam deslocar-se até alguma cidade em que existisse um número maior de pretendentes inscritos no concurso. Foi o que aconteceu, por exemplo, com o então estudante José Francisco Lopes, que em 1954 pegou carona na pequena cidade goiana de Ipameri em um Douglas C-47 do Correio Aéreo até São Paulo, onde se submeteu às provas do ITA, no prédio da Escola Politécnica da USP. Após o vestibular, Lopes voltou para casa outra vez de carona em um avião do Correio Aéreo e, dois meses depois, recebeu em Ipameri um telegrama informando que havia sido aprovado e que, portanto, deveria se apresentar em São José dos Campos duas semanas antes do início das aulas, marcado para 4 de março, uma segunda-feira. O problema é que, como foi enviado de trem, o telegrama demorou tanto a chegar ao interior de Goiás que Lopes só recebeu a notícia quando faltavam dois dias para as aulas começarem. O prazo para apresentação, portanto, fazia tempo que tinha estourado. Mesmo assim, o rapaz resolveu correr o risco de viajar para ainda tentar assumir a vaga tão cobiçada. Sabia que iria encontrar complicações, pois era sábado e não havia voos do Correio Aéreo programados para o fim de semana. O que não imaginava era que fosse viver uma verdadeira epopeia nas 48 horas seguintes até conseguir finalmente chegar ao CTA. Para complicar a situação, também não dava para pegar um trem até Goiânia e de lá tentar embarcar em um voo comercial para São Paulo: na véspera uma tempestade provocara enchentes no rio Corumbá, o que havia deixado a ponte ferroviária submersa. O jeito foi esperar o dia seguinte e embarcar de carona em um avião da Nacional Transportes Aéreos, que decolaria na tarde do domingo rumo à capital paulista. Como o avião estava lotado, Lopes só pôde embarcar levando uma pequena sacola como bagagem, que, aliás, acabou servindo de assento durante a viagem. Numa escala na cidade mineira de Uberaba, o voo teve que ser temporariamente interrompido porque um dos pneus do trem de pouso do Douglas furou na aterrissagem e o próprio Lopes, na condição de caroneiro, teve que ajudar a trocá-lo. O atraso fez com que o rapaz chegasse a São Paulo já no meio da noite, meia hora depois de o último trem da Central do Brasil daquele dia e de o último ônibus domingueiro da viação Pássaro Marrom terem partido dos respectivos terminais em direção a São José dos Campos. Para qualquer outro, seria o fim da linha. Não para o jovem goiano. Depois de dormir num pequeno hotel próximo à estação ferroviária, Lopes pegou o primeiro ônibus da segunda-feira, às seis horas, e finalmente chegou ao CTA após as nove horas, bem no intervalo das aulas do turno da manhã. Como era o primeiro dia de aula do período letivo, os veteranos divertiam-se aplicando trotes nos calouros. Quando pediu orientações a alguns estudantes, dizendo que havia passado no vestibular e precisava se apresentar na Divisão de Alunos, Lopes acabou sendo incorporado ao trote, o que lhe tomou mais alguns preciosos minutos: obrigaram-no a entrar em um carro pela porta da direita e sair pela da esquerda, várias vezes seguidas, numa velocidade cada vez maior. Depois de quase uma hora naquele entra e sai insano, completamente exausto, foi encaminhado por um veterano à comissão de recepção aos calouros. Lá, o professor Octanny Silveira da Mota conferiu o telegrama e a lista de aprovados:

— De fato, o senhor passou em sexto lugar entre os 3700 candidatos que disputavam as setenta vagas deste ano. No entanto, todas já foram preenchidas. Sinto muito. Como não se apresentou na data marcada, perdeu o direito à matrícula.

Lopes insistiu, disse que o telegrama havia demorado a chegar a Ipameri e acabou conseguindo ser levado à presença do então reitor do ITA, André Johanes Meyer. Ouvidas as mesmas justificativas da parte de Lopes, este também foi inflexível:

— Vagas agora somente no ano que vem. Recomendo-lhe que faça de novo o vestibular.

Um professor, Abner Lelis Vicentim, apiedou-se da história do rapaz e decidiu levá-lo à presença do próprio diretor do CTA, Casimiro Montenegro. O jovem José Francisco Lopes conhecia bem aquele nome. O campo de pouso de Ipameri, uma das escalas da rota de Goiás nos tempos heroicos do Correio Aéreo, fora construído 23 anos antes, em 1931, pelo mesmo Montenegro nas terras de seu pai, Francisco Vaz Lopes. Na cidade goiana, o nome do brigadeiro era quase uma lenda viva e Lopes ficou emocionado ao saber que iria ser recebido pessoalmente pelo mito. "Para meu espanto, o gabinete do diretor do CTA era um barracão do canteiro de obras", contaria, anos mais tarde. O rapaz chegou justamente quando Montenegro recebia uma turma de veteranos, que estavam ali em comissão para discutir o problema de o diploma do ITA ainda não ser reconhecido pelo Ministério da Educação, o que eles imaginavam poder provocar dificuldades para ingressarem futuramente no mercado de trabalho.

— Não se preocupem com isso — tranquilizava-os Montenegro —, nós vamos acabar desmoralizando esses burocratas do Ministério da Educação. Todos os nossos alunos têm conseguido excelentes empregos na indústria nacional. Daqui a pouco, mesmo antes de terminarem o curso, os senhores também vão ver que começarão a ser assediados com dezenas de ofertas de emprego. Voltem para a sala de aula, já! — ordenou-lhes.

Os estudantes se deram por satisfeitos e bateram em retirada. Lopes se viu sozinho, diante de Montenegro.

— E você, qual é o seu problema? — perguntou-lhe o diretor do CTA.

— Com todo o respeito e admiração que tenho pelo senhor, não quero criar-lhe problema algum, queria apenas relatar o que se passou comigo — gaguejou Lopes, que narrou toda a história que acabara de viver, desde o recebimento do telegrama até sua chegada naquela manhã a São José dos Campos. "A história, cheia de detalhes, tomou tempo. Percebi, então, que o brigadeiro estava ficando sensivelmente desassossegado, olhando o relógio a todo instante", recordaria Lopes.

— Sinto que estou tomando seu precioso tempo com esta minha história... — desculpou-se, cheio de dedos.

— O que está me irritando é que já passa de uma e meia e as aulas da tarde já começaram. Você está perdendo tempo aqui. Vá procurar a sua classe, imediatamente.

E foi assim que Casimiro Montenegro mais uma vez trocou a rigidez dos regulamentos pelo senso de justiça e José Francisco Lopes — que receberia o apelido de "Goiano" e, ainda aluno, chegaria a apresentar pessoalmente o projeto de um avião assinado por ele ao presidente Juscelino Kubitschek — foi incluído entre os setenta novos alunos a ingressar no ITA naquele ano. Não foi a única vez que Montenegro, como diretor do CTA, autorizou matrículas em casos excepcionais. De outra feita, ordenou o registro imediato de um aluno que havia sido considerado reprovado no exame médico por ter uma malformação congênita na face, chamada lábio leporino. Ao observar a ficha do rapaz, o comandante do CTA constatou que ele passara entre os primeiros lugares no vestibular, sentiu que iria ser consumada uma injustiça e resolveu intervir. "Por que aquele problema na boca do rapaz pode vir a impedi-lo de ser um engenheiro competente?", argumentou Montenegro. Mesmo que o rapaz houvesse feito a opção por ser um aviador militar, o brigadeiro também não veria nenhum impedimento em alistá-lo na Aeronáutica:

— Que eu saiba, ninguém pilota com os beiços... — diria.

Depois de superar a rigorosa peneira do vestibular, os estudantes do ITA passavam a usufruir de uma bolsa de estudos e a morar em um apartamento coletivo no chamado H8, onde as regras da disciplina consciente eram seguidas à risca. Não havia toques de alvorada, horários fixos para levantar ou para dormir. Desde que frequentassem as aulas, os estudantes podiam organizar sua vida da forma que lhes fosse conveniente — sempre respeitadas as opções dos colegas de dormitório e de prédio. Como naqueles primeiros tempos o ITA ainda não recebia mulheres — apenas em 1995 o instituto passaria a admitir alunas —, a presença feminina não era permitida nos alojamentos dos estudantes. Mas nem sempre essa determinação era obedecida cegamente. "Papai defendia abertamente, perante a congregação de professores, alunos que infringiam algumas normas disciplinares que ele achava bobagem, como a proibição de levar namoradas para o CTA. Ele dizia que não podia punir um bom aluno por causa de um rabo de saia", contaria Eric Nepomuceno. Submetidos a uma árdua jornada de estudos, os estudantes eram liberados nos finais de semana e a maioria rumava para o centro de São José dos Campos. Não havia muitas opções de lazer na pequenina cidade, a não ser as mesas encardidas do antigo Bar do Boneca, que eram tomadas de assalto pelos estudantes já nas tardes de sábado. "Aos poucos a pacata São José dos Campos foi se habituando àquele grupo de selvagens que éramos nós, nos dias de folga", relembraria o ex-aluno Pedro John. "Mas, no começo, os rapazes nativos de São José sofreram bastante com a concorrência cruel daqueles jovens forasteiros que lhes tomavam todas as namoradas", recordaria. "No final dos bailes, os jovens da cidade se juntavam para descer o cacete no pessoal do ITA. Numa dessas brigas, um grupo de alunos conseguiu escapar de fininho, chegou à escola e chamou os outros colegas para se vingarem. Um verdadeiro batalhão de iteanos foi lá e destruiu tudo, o salão, as cadeiras, as mesas, não sobrou nada. A partir daí houve uma trégua. Demorou muito até que, bem mais tarde, a cidade passasse a se orgulhar dos 'meninos do ITA', como passamos a ser chamados."

Se faltavam diversões em São José dos Campos, os próprios alunos, com apoio irrestrito de Montenegro e por meio do Centro Acadêmico Santos Dumont, trataram de levar grandes atrações para o teatro do CTA. Artistas renomados como Paulo Autran, Cacilda Becker e Ziembinsky, além de grupos de vanguarda como os teatros de Arena e Opinião, apresentaram-se mais de uma vez por lá. Outro convidado dos estudantes do ITA foi o maestro Isaac Karabtchevsky, então regente do Madrigal Renascentista, grupo mineiro que já havia se apresentado em vários países da Europa e nos Estados Unidos. No mesmo local, os estudantes promoveram concorridas mostras de cinema, com exibição de filmes europeus e latino-americanos que não costumavam passar nas salas comerciais e muito menos no pequenino cine de São José, que só abria aos sábados. Além dos filmes, dos espetáculos teatrais e dos concertos musicais, havia uma seleta biblioteca montada pelos alunos do Centro Acadêmico, em que se destacavam clássicos da literatura universal. Uma rádio, cujos equipamentos e transmissores foram montados também pelos estudantes, oferecia música e informes a toda a comunidade do CTA. "Eu considero que a coisa mais importante da minha formação profissional se chama Centro Acadêmico Santos Dumont, ele foi muito mais importante inclusive do que meu doutorado no MIT", diria décadas depois em entrevista José Ellis Ripper, um dos nomes de proa da tecnologia de fibra ótica no Brasil e um dos ex-orientandos do professor Wallauschek no projeto do computador Zezinho. Além do Departamento Cultural, o Centro Acadêmico também contava com o Departamento Esportivo, que seria responsável pela montagem de equipes campeãs em várias modalidades nas olimpíadas universitárias pelo país. "Montenegro apoiava todas as nossas iniciativas no Centro Acadêmico, mas sempre com sua 'presença invisível', naquele estilo que era bem típico dele, de participar de tudo com muita discrição, sem palmadinhas nas costas e sem discursos eloquentes", relembraria Pedro John. "Com isso, ele se tornou muito admirado — e também muito amado, posso dizer — pelos alunos do ITA."

Entre os antigos alunos do Instituto Tecnológico de Aeronáutica, é impossível encontrar alguém que tenha visto o brigadeiro Casimiro Montenegro, que foi promovido a major-brigadeiro em dezembro de 1958, utilizar-se das três estrelas no ombro para enquadrar algum subordinado na base do grito. "Jamais vi o Montenegro levantar a voz", diria o brigadeiro Milton Segalla Pauletto. "O estilo de Montenegro não era de dar bronca. Se queria chamar a atenção de alguém de patente inferior, fazia isso de forma muito elegante, de modo que a pessoa se convencesse de que ele tinha razão e que devia obedecer-lhe", confirmaria o brigadeiro Oscar Spínola. A única vez que se viu

O goiano José Francisco Lopes: aprovado em sexto lugar entre 3700 candidatos, ele realiza uma odisseia para viajar de Goiás a São José dos Campos, mas não chega a tempo: "Vagas agora somente no ano que vem. Recomendo-lhe que faça de novo o vestibular".

O físico Lauro Xavier Nepomuceno (o "Lauro X", ou simplesmente "LX"), criador do primeiro laboratório de acústica do Brasil: transformando os Concertos de Brandenburgo, *de Bach, em equação matemática.*

Casimiro Montenegro realmente alterado foi no dia em que os alunos pediram para que ele fosse conferir as condições de higiene em que estavam sendo servidas as refeições no restaurante do CTA. Nesse dia, ao contrário do que sempre fazia, Montenegro não almoçou em casa. Pegou uma bandeja e foi para a fila junto com os estudantes. Ao chegar ao balcão, constatou que os funcionários que serviam os pratos estavam com unhas sujas, barbas por fazer e cabelos em desalinho. Passou direto para a cozinha e deu uma bronca no tenente responsável pelo setor.

— Isso aqui não é nenhuma espelunca de beira de estrada. Os alunos têm razão de reclamar. A gente olha para as mãos e para a cara dos funcionários e até perde a fome. Se eu voltar aqui amanhã e encontrar a mesma situação, meto o senhor na cadeia.

Segundo consta, o tenente não foi parar atrás das grades, pois o restaurante do CTA melhorou consideravelmente a partir do dia seguinte. Isso não impediu, é verdade, os alunos de continuarem a se referir aos bolinhos de carne que eram servidos no jantar por um singular apelido: Lavoisier. "Quando tinha bife no almoço, era certeza de ter bolinho de carne à noite. Os tais bolinhos, feitos com os restos dos bifes da refeição anterior, seguiam o preceito de Antoine Laurent Lavoisier, segundo o qual na natureza nada se cria, nada se perde, tudo se transforma", explicaria Pedro John Meinrath. Mas o que realmente importava era que os alunos já tinham recebido provas suficientes de que Montenegro, para apoiá-los, enfrentaria qualquer parada dentro ou fora do CTA. Os membros do Centro Acadêmico costumavam brincar e dizer para si próprios que, se um dia tivesse que escolher entre ficar do lado deles ou do presidente da República, Montenegro não teria dúvidas de qual lugar escolheria. Muito em breve os iteanos iriam descobrir que aquela não era uma simples frase de efeito.

16 Esta é uma escola militar? Não, responde o jornalista. Esta é uma escola civilíssima

Com as mãos nos bolsos da calça e o olhar vago, o brigadeiro Casimiro Montenegro andava de um lado para o outro da sala de visitas de sua casa. Os familiares, professores e alunos mais próximos sabiam que ele sempre ficava assim quando estava às voltas com um grande problema. Desde a criação do CTA, é verdade, não lhe faltavam preocupações. Duelara contra opositores ferozes à ideia do ITA, contornara dificuldades administrativas, transformara em realidade o que parecia apenas uma grande quixotada. Mas agora tinha uma outra missão bem delicada pela frente: desconvidar o presidente Juscelino Kubitschek da oferta que lhe fora feita pelo reitor do ITA — o norte-americano Samuel Sidney Steinberg — para que fosse o paraninfo da turma dos engenheiros formados naquele ano de 1959. Os alunos haviam escolhido outra pessoa para homenagear, o professor Oswaldo Fadigas, cujo nome já estava impresso nos convites distribuídos para a festa de formatura. O reitor tivera a iniciativa de convidar JK porque achava que o gesto iria sensibilizá-lo e, com isso, torná-lo ainda mais simpático às causas do ITA. Só que Steinberg, ex-reitor da Universidade de Maryland, em Baltimore (Estados Unidos), empossado no ITA no início do ano, tomara aquela decisão por conta própria, sem consultar ninguém e sem comunicá-la antecipadamente aos estudantes, que assim foram pegos de surpresa. Por isso um grupo de professores e alunos estava ali, sentado no sofá da casa de Montenegro, debatendo a melhor forma de resolver a encrenca. Os alunos diziam não ter nada contra JK, muito ao contrário, mas não viam como solucionar aquele mal-entendido. Uma saída seria "promover" Juscelino de paraninfo a patrono da turma, ideia logo descartada pois poderia parecer de mau gosto — e quem sabe de mau agouro — convidar alguém vivo para integrar uma galeria composta apenas de ilustres falecidos. Ademais, restava a questão dos convites já impressos e postados no correio. Não havia alternativa: alguém da direção do CTA teria que ir ao palácio, pedir desculpas e, com o máximo de diplomacia possível, tentar desfazer a confusão sem melindrar a maior autoridade da República. Um dos professores, Paulo Vítor, engenheiro formado pelo ITA e que nos tempos de aluno havia sido o primeiro presidente do Centro Acadêmico Santos Dumont, órgão de representação estudantil dos iteanos, ainda tentou insistir que o menor prejuízo era reconsiderar a decisão dos formandos:

— Vamos mandar recolher os convites que ainda não foram postados, declarar os demais sem efeito, acatar a decisão do reitor e apoiar o nome de JK como paraninfo...

Imediatamente, um dos estudantes presentes à reunião na casa de Montenegro, o carioca grandalhão com cara de bebê Pedro John Meinrath, conhecido pelo apelido de "Boloto", levantou o dedo, pulou do sofá e cortou-lhe a fala:

— Engraçado, professor Paulo Vítor, logo o senhor, que tentou derrubar o Juscelino da Presidência, agora quer que a gente faça dele o nosso paraninfo?

Era verdade. Três anos antes, poucos dias após a posse de Juscelino Kubitschek, em janeiro de 1956, o então major Paulo Vítor abandonara seu posto na Base Aérea de Belém, no Pará, e unira-se ao também major Haroldo Veloso e ao capitão José Chaves Lameirão, que haviam se apoderado de um avião no Campo dos Afonsos, no Rio de Janeiro, e instalado um insubmisso quartel-general na base de Jacareacanga, no sul paraense, de onde desencadearam uma rebelião para depor JK. A chamada Revolta de Jacareacanga foi sufocada em poucas semanas e todos os seus participantes acabaram sendo anistiados pelo Congresso Nacional por proposta de Juscelino, que assim dava uma demonstração de que pretendia serenar os ânimos para poder governar sem novos sobressaltos nos quartéis. O perdão concedido pelo presidente compreendia todos os civis e militares "envolvidos em atos revolucionários entre os dias 10 de novembro de 1955 e 1º de março de 1956" — o que incluía Eduardo Gomes, Lacerda e todos os demais responsáveis pela tentativa de impedir sua posse em 11 de novembro de 1955. Por isso mesmo Montenegro achava que exumar agora o episódio não ajudava em nada a encontrar uma solução para o problema de existirem dois paraninfos para uma única turma do ITA. Diante das circunstâncias ali expostas, achou que caberia a ele, como diretor do CTA, a tarefa de descascar o abacaxi. Disse que os alunos podiam ficar tranquilos, pois apoiaria a decisão deles de homenagear o professor Fadigas:

— Bem, mas só me faltava essa, desconvidar um presidente da República. Vamos ver no que isso vai dar...

Havia motivos de sobra para o desconforto que Montenegro ia enfrentar, mas um especialmente o deixava mais desenxabido. Assim como a burocracia fora o maior obstáculo à implantação do projeto de São José dos Campos, o maior impulso do ITA fora fruto da industrialização do Brasil no governo JK. Só quando as gigantes da indústria automobilística passaram a abordar até alunos de terceiro ano do instituto com ofertas de emprego é que os olhos do Brasil se voltaram para o ITA. Ele próprio, Casimiro, não se cansava de repetir:

— Foi isto que calou a boca de todo mundo: nós estávamos formando uma elite de engenharia no país.

Recebido em audiência, ele expôs a Juscelino os motivos daquela barafunda involuntária. Segundo contaria Montenegro mais tarde, JK achou graça no episódio e compreendeu o fato de que os alunos houvessem escolhido um professor de sua predileção como paraninfo da turma. Desfeito o embaraço inicial, o brigadeiro desanuviou o semblante e aproveitou a ocasião para tratar com o presidente de outro assunto: estava convencido de que era preciso o quanto antes transformar o ITA em uma fundação e assim torná-lo uma instituição universitária autônoma, com orçamento próprio, mantida pelo poder público, mas gozando das prerrogativas típicas da administração privada. Montenegro explicou a JK que aquela era a única forma de vacinar o ITA contra os humores do ministro da Aeronáutica de plantão. A autonomia administrativa e financeira também resolveria, de uma vez por todas, as questões ligadas aos salários do corpo docente e neutralizaria a histórica desconfiança que setores mais conservadores das forças militares nutriam em relação ao instituto. Juscelino ouviu tudo atentamente e propôs a Montenegro que redigisse um documento sobre o assunto, que depois seria encaminhado aos cuidados do brigadeiro Francisco de Assis Correia de Melo, ministro da Aeronáutica, mais conhecido pelo apelido de "Melo Maluco" por causa de suas célebres acrobacias aéreas. Antes de se retirar, Montenegro adiantou:

— A ideia, presidente, é implantar no ITA o mesmo regime da Universidade de Brasília, a UnB, que sei que o senhor está querendo criar na nova capital. É coisa pública, mas administrada de forma independente, com ampla liberdade acadêmica e financeira.

Montenegro estava bem informado. Nesse momento, cerca de seis meses antes da inauguração, Brasília era apenas um imenso canteiro de obras e o projeto da UnB ainda estava em gestação, conduzido por um grupo de trabalho que incluía o educador Anísio Teixeira e o antropólogo Darcy Ribeiro. Enquanto isso, no CTA, outro grupo de professores também queimava pestanas para encontrar uma fórmula para livrar o ITA das peias administrativas impostas pelo Ministério da Aeronáutica. A ideia de fazer da escola uma fundação não era nova. Ela estava implícita desde os tempos do chamado Plano Smith, que pregava a necessidade da autonomia didática do instituto. Em 1950, o mesmo professor Richard Smith havia elaborado um minucioso dossiê em que, após analisar o funcionamento de várias universidades dos Estados Unidos e da Europa, chegava à idêntica conclusão. Agora, pouco antes da audiência com Juscelino, Casimiro Montenegro recebera um comunicado do Departamento Administrativo do Serviço Público, o Dasp, para discutir a situação funcional dos professores do ITA, que por não terem sido enquadrados no funcionalismo federal estavam, portanto, em situação irregular. No dia da tal reunião, Montenegro sugeriu que os diretores do departamento fizessem uma visita a São José dos Campos no final de semana seguinte, quando colocaria um avião especialmente disponível para eles.

— Posso levar minha esposa? — animou-se um dos diretores.

— Pode sim... — respondeu Montenegro.

— E eu posso levar meu marido? — indagou uma funcionária.

— Pode, minha senhora, pode....

— E meus filhos, eu posso levar? — perguntou um terceiro.

— Leve, pode levar... — falou o brigadeiro, que logo percebeu que a visita técnica ao CTA estava sendo encarada como um piquenique familiar na "Fazenda do Montenegro". Mas não se importou. Disse que o avião tinha vinte lugares e que, até esse número, eles podiam levar quem bem entendessem. Iriam no sábado pela manhã e voltariam no domingo à noite.

No CTA, logo na chegada, por volta de meio-dia, Montenegro ofereceu um churrasco ao grupo e, depois, levou os diretores do Dasp, acompanhados das respectivas famílias, para um passeio pelo campus. Mostrou-lhes o grande telescópio projetado e construído pelos técnicos do centro, a parafernália eletrônica das salas de pesquisa, o prédio do Departamento de Estruturas com sua arquitetura de formas arredondadas, as obras no túnel aerodinâmico — um colosso de concreto que depois de pronto produziria ventos de até 500 km/h e onde seriam testados os novos modelos de aviões, simulando-se condições reais de voo —, as modernas salas de aula, a biblioteca, o teatro, o complexo esportivo. Ao passar pela área residencial, diante de grupos de crianças das mais diversas nacionalidades e etnias que brincavam nos jardins das casas e apartamentos projetados por Niemeyer, os diretores do Dasp foram informados que cerca de 2 mil pessoas moravam ali e que naquele ano haviam se inscrito no exame de admissão do ITA cerca de 1500 candidatos, que disputaram as vinte vagas anuais. Ainda boquiabertos com o que haviam visto, os visitantes foram alojados depois nas residências caprichosamente mobiliadas por Zanine. Um dos membros da comitiva chegou a comentar:

— Brigadeiro Montenegro, e a reunião para tratar dos assuntos referentes aos professores?

— Amanhã a gente fala disso. Por hoje, aproveitem bem a estada e se preparem, pois mandei fazer um jantar delicioso para todos vocês.

No dia seguinte, domingo, Montenegro finalmente fez a programada reunião. "A maior dificuldade que encontrei foi conter o entusiasmo dos diretores do Dasp, que queriam me dar os céus e a terra depois do que haviam conhecido no dia anterior", recordaria Montenegro anos mais tarde, deitado em uma rede branca e entre sorrisos, em um depoimento gravado em vídeo pelo filho, Fábio. "Eu disse para eles: só quero de vocês uma coisa: o apoio para a ideia de transformar isso aqui em uma fundação." Na semana seguinte, o Departamento Administrativo do Serviço Público encaminhava ao gabinete da Presidência da República um documento oficial analisando a problemática do corpo docente do Instituto Tecnológico de Aeronáutica, ao final do qual se lia o seguinte parecer: "A única solução capaz de possibilitar as vantagens que o Centro Técnico de Aeronáutica persegue seria a instituição de uma fundação que substituísse o atual ITA".

Montenegro atacava em todas as frentes. Dois meses após a inauguração de Brasília, ele enviaria ao ministro da Aeronáutica, brigadeiro Correia de Melo, um documento de 27 páginas datilografadas, datado de 21 de junho de 1960, no qual fazia uma ampla exposição de motivos e sugeria o novo regime jurídico para o ITA. "O Instituto Tecnológico de Aeronáutica está perdendo professores e pesquisadores, atraídos por outras universidades não só pelas melhores condições salariais, mas principalmente pelo atrativo e facilidades de equipamentos e dotações para a pesquisa que vêm oferecendo diversas escolas de engenharia do país", argumentou. "Pesa sobre o CTA, órgão que indiscutivelmente foi o pioneiro da renovação dos processos educacionais de nível universitário no Brasil, a ameaça de estagnar, enquanto outras entidades, que para aqui olham como exemplo a ser seguido, florescem e se desenvolvem." Montenegro concluía: "Não se deve permitir que se perca o considerável investimento feito, e o inestimável patrimônio adquirido em um decênio de experiência acumulada, de educadores e cientistas de renome". Pelo anteprojeto de lei enviado como anexo ao documento, todos os bens móveis e imóveis do ITA em São José dos Campos, ora pertencentes ao Ministério da Aeronáutica, passariam a ser propriedade do próprio instituto, que receberia ainda uma subvenção anual de 3% do orçamento destinado à Aeronáutica, além do repasse permanente dos rendimentos de 10% das ações da Petrobrás pertencentes à União.

Embora Montenegro estivesse pessimista quanto ao futuro (em seu caderno espiral ele lamentaria que o ministro Correia de Melo "não manifestou muito interesse, mas deixou as coisas simplesmente irem adiante"), a verdade é que as mudanças estavam a caminho. No dia 11 de janeiro de 1961, quando faltavam vinte dias para terminar seu governo, o presidente JK enviou ao Congresso o projeto de lei nº 2561 propondo a transformação do ITA em fundação. Tanto o texto do projeto quanto o da exposição de motivos que o acompanhava, assinada pelo brigadeiro Correia de Melo, eram a transcrição ipsis litteris das 27 páginas entregues por Montenegro ao ministro meses antes. De seu texto original foi retirado apenas o parágrafo que falava em transferir recursos da Petrobrás para a fundação que viesse a surgir.

Uma importante batalha fora vencida, mas a guerra não estava ganha. A experiência lhe ensinara que a tramitação de um projeto no Congresso poderia demorar horas ou décadas, tudo dependendo do tipo de pressão que se conseguisse fazer sobre os deputados. Pressão por parte do Executivo Montenegro não tinha esperança de conseguir. A saída, portanto, era chamar a atenção da opinião pública para o ITA. Não foi por acaso que, ao longo de 1959 e 1961, o instituto ganhou várias vezes as manchetes de jornais e as capas de revistas de circulação nacional, sempre com matérias que evitavam falar da

Emparedado dentro do próprio Ministério da Aeronáutica, Montenegro abre o ITA à imprensa para revelar ao Brasil o tamanho da obra que estava sendo construída em São José dos Campos.

crise propriamente dita e que preferiam destacar as maravilhas tecnológicas que estavam sendo processadas no CTA. Na capa da edição de 20 de março de 1959 da revista *Visão*, por exemplo, Montenegro aparecia em uma fotografia colorida ao lado do *Beija-Flor 1*, um helicóptero com capacidade para duas pessoas, projetado e construído pela equipe do professor alemão Henrich Focke. Não, ainda não era o tão esperado convertiplano — pois esse, além de protótipos malsucedidos, continuava a existir apenas como um amontoado de cálculos e desenhos na prancheta de seus projetistas —, mas era o primeiro resultado prático do investimento milionário feito para manter o Grupo Focke em ação. O helicóptero pesava cerca de uma tonelada, era equipado com um motor de 225 HP e voava a uma velocidade de até 150 km/h. "O principal objetivo do *Beija-Flor* era mostrar rapidamente algum resultado concreto para a opinião pública e para o Ministério da Aeronáutica", reconheceria o húngaro Joseph Kovacs, membro da equipe.

A reportagem da revista *Visão* retratava o cotidiano do CTA em quatro páginas ilustradas com várias fotografias, que detalhavam o funcionamento do ITA e a verdadeira revolução no ensino que representava o conceito da disciplina consciente. Ao final, citava um empreendimento que estaria sendo tocado em sigilo pelos técnicos comandados por Casimiro Montenegro: um surpreendente automóvel voador, cuja descrição mais parecia ter saído de um filme de ficção científica.

O grupo que desenvolve o modelo desse original veículo procura fugir a toda espécie de publicidade. Julgam, com razão, que nada se deve divulgar antes de se haver realizado algo de concreto. Por especial deferência, *Visão* teve oportunidade de ver o modelo do carro, que está sendo submetido a testes de sustentação nos laboratórios do CTA. Seria semelhante aos que estão sendo aperfeiçoados, sigilosamente, nos Estados Unidos e na Europa. É um veículo de formas aerodinâmicas, com uma hélice de sustentação na parte central e outra na cauda, para propulsão horizontal. O motor terá potência de 400 HP e o automóvel voador pesará cerca de mil quilos.

Não se sabe o fim que levou o projeto futurístico do tal "automóvel voador". Ninguém mais ouviu falar dele. Mas o CTA/ITA não parava de virar notícia. Em setembro de 1960, uma reportagem especial da sofisticada revista *Alterosa*, publicada em Belo Horizonte e dirigida pelo jornalista Roberto Drummond, pegava o leitor pela mão e o conduzia por um tour no Centro Tecnológico de Aeronáutica: "Meu amigo, deixemos a via Dutra por uns momentos. Vou mostrar-lhe a mais original escola de nossa terra", iniciava assim o texto. "Aqui está uma das primeiras 'Brasílias' de Niemeyer. Repare como esta tem muito da outra, pois aquela é apenas uma espécie de CTA em escala maior", dizia o texto, que continuava a ciceronear os leitores pelas alamedas do centro. "Aquele conjunto de três edifícios ali na frente é o da administração e das salas de aula. Veja que de um lado são só vidraças. Vidros, vidros, à moda de Brasília, com dez anos de antecedência sobre a nova capital." A certo ponto da reportagem, vinha a observação: "Você, caro leitor, estará perguntando-me se esta é uma escola militar. Não é. É civilíssima. Os professores, em sua esmagadora maioria, não são fardados. Os alunos são 90% civis. E a matéria do estudo é apenas remotamente militar". Nem se o próprio Montenegro houvesse escrito a matéria ela conseguiria reproduzir melhor o seu ponto de vista e seu objetivo de então: fazer a sociedade comprar a causa do ITA. Uma das críticas mais constantes dos militares que se opunham ao instituto continuava a ser justamente a de que o Ministério da Aeronáutica estava pagando fortunas para formar uma mão de obra que acabava sendo arregimentada pela iniciativa privada. Pois para Montenegro, longe de constituir um defeito, essa era a maior virtude do ITA.

"O ITA diplomou até agora mais de trezentos engenheiros. Esses profissionais, se em parte ficaram junto à escola, ou nela permaneceram alguns anos em estágios de pós-graduação, em grande parte se espalham pelo Brasil, de norte a sul, prestando seus trabalhos como profissionais ultraespecializados nas grandes fábricas, na indústria de base, disputados a peso de ouro, muitos deles solicitados pelas fábricas antes mesmo de completado o curso", dizia a reportagem da *Alterosa*. Era exatamente o mesmo foco de outra matéria, publicada na mesma época, ao longo de seis páginas da revista carioca *PN: Publicidade e Negócios*: "O CTA não é uma base militar (embora esteja sob a égide do Ministério da Aeronáutica), não é centro de formação de oficiais e nem se destina a preparar elementos civis para as Forças Armadas. O CTA tem missão muito mais ampla: formar engenheiros aeronáuticos e eletrônicos, que na maioria esmagadora vão prestar serviços em empresas privadas". Eram nítidas as impressões digitais de Montenegro espalhadas em todo o texto:

> Quando você passar por São José dos Campos, dê uma guinada na direção e visite a cidade universitária moderna que é o ITA. Será bem recebido. Se não quiser incomodar ninguém — mas esteja certo de que não incomoda — rode com o carro pelas bonitas ruas ladeadas por construções de Niemeyer. Você poderá fazê-lo livremente, pois não há guardas (para quê?), ou mesmo bedéis, esta instituição antediluviana da escola antiga. Se você fez curso por alguma universidade comum brasileira, não tenha inveja dos estudantes que vir por lá. Antes tenha alegria, pois pense que o CTA, pelo exemplo, pode incutir nas universidades do país o gosto pelos seus arejados métodos de educação. E seu filho — quem sabe? — um dia vai estudar numa dessas escolas novas inspiradas no ITA.

Ilustrando a matéria, em foto de meia página, lá estava de novo o *Beija-Flor 1*, que passara a ser o principal garoto-propaganda do CTA. Na capa da *PN*, um clichê em preto e branco de Montenegro, que pouco a pouco também decidira sair da sombra e "conspirar" à luz do dia. O próprio Assis Chateaubriand, o Chatô, dono dos poderosos Diários Associados, festejou o empreendimento idealizado

O governador Jânio Quadros chega de manhã cedo para uma visita oficial ao ITA e surpreende Montenegro com um pedido insólito, pelo menos para o horário: "O brigadeiro pode me ver um uísque?".

pelo brigadeiro Casimiro Montenegro. "Um dos objetivos do centro é a formação de rapazes com boas humanidades e uma boa base científica, sem que durante o curso se obriguem a seguir a carreira da Aeronáutica", escreveu Chatô em um de seus artigos, reproduzido em todos os jornais do grupo, no qual afirmava ainda que o exemplo do CTA era o melhor remédio para combater o grande câncer nacional: "O Brasil só tem um problema, um só, mas um só mesmo — a ignorância!". Em outubro de 1961 foi a vez de uma longa reportagem publicada pelo *Correio Paulistano*, com uma foto de Montenegro no meio da página, encimada pela manchete grandiloquente: "CTA-ITA: Mundo novo a 85 km de São Paulo". O texto, pródigo em adjetivos positivos, informava:

> Ouvíramos falar a respeito do Centro Técnico de Aeronáutica e do ITA, mas não supúnhamos fosse tão complexa e grandiosa a realização. Tudo o que vimos nessa visita nos pareceu tão vasto que, embora o quiséssemos, não caberia numa reportagem apenas.

A batalha para apresentar o ITA aos brasileiros estava sendo ganha, mas, no ano e meio transcorrido entre a reportagem da revista *Visão* e a matéria do *Correio Paulistano*, desdobrou-se uma sucessão de crises no país, que se refletiram logicamente no Ministério da Aeronáutica e, por extensão, provocaram ansiedades em Montenegro. Juscelino Kubitschek terminara seu mandato com o país afundado em um colapso econômico, com índices inflacionários estratosféricos e com o presidente exposto a uma saraivada de acusações de corrupção desferidas pelo sempiterno Carlos Lacerda. Nas eleições presidenciais de outubro de 1960, o ex-governador paulista Jânio Quadros, com seus cabelos desgrenhados, óculos tortos no rosto e vassoura brandida no ar, prometeu aos brasileiros "varrer a bandalheira". Com a ajuda da conservadora UDN, Jânio derrotou, por 48% dos votos, o candidato apoiado por JK, o marechal Henrique Teixeira Lott, que ficou com 32% da preferência dos eleitores, seguido de Adhemar de

Barros, com 20%. Ao tomar posse em janeiro de 1961, Jânio nomeara o brigadeiro Gabriel Grun Moss — chefe do Comando de Transporte Aéreo durante o governo de Juscelino — para o Ministério da Aeronáutica, em substituição a Melo Maluco. Para Montenegro, o nome de Moss era uma incógnita. "Achei que ele talvez pudesse nos ajudar", anotou em seu caderninho. Quanto a Jânio Quadros, não tinha boas lembranças. Em 1954, os formandos do ITA haviam escolhido o então governador paulista como paraninfo da turma. Como Jânio havia chegado muito cedo para a solenidade, que estava marcada para as dez da manhã, ele fora encaminhado para a casa do diretor do CTA.

— O senhor aceita beber algo? — indagou-lhe Montenegro, imaginando servir ao visitante um suco de frutas ou, quem sabe, um café.

— Aceito sim, senhor brigadeiro. Um uísque — respondeu Jânio.

Como não tinha bebida alcoólica em casa, Montenegro mandou providenciar uma garrafa às pressas na casa de algum vizinho do CTA. A história do governador que estava pedindo uísque por volta das nove da manhã logo correu o campus e deixou Montenegro muito mal impressionado.

Após apenas sete meses de governo, a renúncia do ciclotímico Jânio Quadros abriria um impasse institucional, pois o brigadeiro Grun Moss, ao lado dos demais ministros militares — o general Odílio Denys e o almirante Sílvio Heck —, vetou a posse do vice--presidente João Goulart, o Jango, principal herdeiro do getulismo e considerado à esquerda demais para o paladar dos militares. A saída foi a opção pelo parlamentarismo, que limitaria os poderes presidenciais: Jango seria o chefe de Estado, mas o governo seria exercido pelo recém-escolhido primeiro-ministro, Tancredo Neves. A expectativa de Montenegro, portanto, era quanto ao novo ocupante da pasta da Aeronáutica no gabinete parlamentarista. No dia 8 de setembro de 1961, data da posse do novo governo, as notícias não eram nada alvissareiras: o ministro ia ser o brigadeiro Clóvis Travassos, um antigo aliado, mas que se tornara umbilicalmente ligado a Eduardo Gomes.

Dois meses e meio depois, Montenegro viu o chão se abrir sob seus pés. Por determinação expressa de Travassos ele foi solenemente exonerado do cargo de diretor do CTA e mandado, mais uma vez, para a chefia da Diretoria de Material. A diferença é que dessa vez o posto significava um degredo onde seria condenado a carimbar papéis. Nada mais lhe restaria fazer, conforme atesta o seguinte registro de sua caderneta de oficial:

A 28 de novembro o major brigadeiro do ar Casimiro Montenegro Filho assumiu a direção da Diretoria de Material da Aeronáutica, para a qual foi nomeado, mas continuam em vigor todas as ordens de seu antecessor até que a experiência e a necessidade aconselhem qualquer modificação.

Isso significava que ele só poderia demitir ou nomear um taifeiro, ou um modesto estafeta, por exemplo, quando "a experiência e a necessidade" permitissem. Tinham conseguido amarrar seus pés e suas mãos. Em bom português, em lugar de ser fritado de uma só vez, ele seria cozido lentamente em banho-maria. Equivocou-se, porém, quem imaginava que ele encerraria sua carreira atrás de uma mesa. O suave Casimiro Montenegro Filho era um osso duro de roer. Quem tivesse dúvidas que pagasse para ver.

17 Castello nomeia Eduardo Gomes para a Aeronáutica: fecha-se o cerco contra o ITA

Enquanto o avião de passageiros se preparava para descer na pista do Aeroporto do Galeão, o brigadeiro Casimiro Montenegro olhava de sua poltrona a paisagem lá embaixo com ar pensativo. Na valise que trazia nas mãos, o resultado dos exames médicos que fora fazer nos Estados Unidos era taxativo: ele estava com glaucoma. Nos últimos meses, sentira a visão periférica um pouco turva e, diante da incidência de vários casos da doença na família, viajara em busca de um diagnóstico mais preciso em uma avançada clínica oftalmológica norte-americana em San Francisco. Aos 59 anos, Montenegro estava começando a ficar cego. Para qualquer pessoa, uma notícia dessas seria igualmente mortificante, mas para um aviador a situação possuía um ingrediente a mais de crueldade.

Aqueles estavam sendo tempos bem difíceis para Montenegro. As fotos dessa época revelam que os dois anos passados desde sua exoneração do Centro Técnico de Aeronáutica haviam sido suficientes para lhe embranquecer os cabelos e o bigode. "Não tenho muito o que falar sobre esse período, foi só cumprimento de rotina na Diretoria de Material", desconversaria, discreto, em uma entrevista gravada anos mais tarde. Na verdade, sentia-se um homem jogado no limbo. Acompanhava de longe as questões ligadas ao CTA por dever de ofício e pelas informações que lhe enviavam alunos, professores e, em especial, o reitor do ITA, Marco Antônio Cecchini, professor de química formado pela USP e que estava no cargo desde 1960, nomeado pelo próprio Montenegro. Em dezembro de 1961, um mês após a exoneração do brigadeiro, numa forma velada de desagravo à decisão do Ministério, Cecchini articulara uma homenagem especial para ele, concedendo-lhe o título de doutor honoris causa pelo ITA. Agora, quando desembarcava no Rio de Janeiro após a viagem médica aos Estados Unidos, Montenegro recebia o aviso de que o novo ministro da Aeronáutica, brigadeiro Anysio Botelho, o estava convocando para uma audiência em seu gabinete. Botelho tomara posse cerca de seis meses antes, em junho de 1963, em uma reforma ministerial promovida pelo presidente João Goulart, que desde janeiro governava sob o regime presidencialista após derrubar o parlamentarismo por meio de um plebiscito. Botelho era um velho amigo de Montenegro. Oriundo de uma das primeiras turmas da arma de aviação, fora comandante do Campo de Marte nos anos 1940 e, em 1953, chefiara a comissão de compras da Aeronáutica em Washington. Dois anos depois, fora chefe de gabinete do então ministro Vasco Alves Secco, no governo de Juscelino. A audiência com Botelho, anteviu Montenegro, devia finalmente trazer-lhe boas notícias.

Estava certo: o brigadeiro Botelho indagou a Casimiro Montenegro se ele gostaria de retornar à direção do Centro Técnico de Aeronáutica. O ministro argumentou que, além de reconhecer que aquele era um direito histórico de Montenegro, o CTA também estava precisando de alguém com serenidade e autoridade moral suficientes para pôr fim a uma série de escaramuças no interior do ITA. Nem precisava que Botelho fosse mais claro, pois Montenegro sabia bem do que ele estava falando. Em 27 de dezembro de 1963, foi nomeada uma comissão especial de professores para analisar o caso de dois alunos — Frederico Birchal de Magalhães Gomes e Luiz Maria Guimarães Esmanhoto — que haviam ultrapassado, naquele período letivo, o limite permitido de 10% de faltas em relação ao total da carga horária, o que segundo o regulamento resultaria no desligamento automático da escola. O assunto, aparentemente banal, já havia sido analisado antes pela Comissão de Orientação Educacional do instituto, que sugerira à reitoria o trancamento compulsório da matrícula dos dois estudantes pelo período de um ano, uma vez que eles eram reincidentes e que já haviam sido perdoados após extrapolarem o mesmo limite de faltas em períodos anteriores. Mas o que à primeira vista parecia apenas uma questão interna e meramente disciplinar embutia, na verdade, um elemento complicador e potencialmente explosivo. Como o Brasil vivia naquele momento uma acirrada batalha ideológica, com os quartéis e as forças sociais conservadoras acusando o governo de João Goulart de semear a anarquia e a "comunização" do país, qualquer punição aos alunos seria inevitavelmente interpretada como perseguição política, pois Birchal e Esmanhoto eram líderes estudantis e defensores da filiação do Centro Acadêmico Santos Dumont à União Nacional dos Estudantes, a UNE, tida pelos inimigos de Jango como um "antro de comunistas". Como Montenegro era um nome reverenciado por toda a comunidade acadêmica do ITA, ninguém melhor do que ele poderia conduzir aquele processo sem que restassem suspeições sobre interferências de ordem ideológica. "O brigadeiro Montenegro sabidamente não era um homem de esquerda, muito ao contrário disso, mas suas convicções políticas não influenciavam as relações pessoais e profissionais", ressaltaria o empresário Carlos Augusto Salles, um dos principais interlocutores de Montenegro em seus últimos anos de vida. "Ele preferia, por exemplo, tratar com um comunista como Niemeyer, embora deplorasse sua ideologia, do que com um direitista como Dutra." Ninguém desconhecia portanto, como gostava de lembrar o sobrinho Júlio César Montenegro, a tal "gota de sangue udenista" correndo nas veias do brigadeiro. E o próprio ministro Anysio Botelho, visto com desconfiança por setores mais conservadores da caserna pela defesa que fazia de Jango, não seria uma exceção. Mesmo assim, Botelho julgou que a nomeação de Montenegro desanuviaria os ânimos no ITA. Ele, é claro, aceitou.

O *Diário Oficial* de 10 de janeiro de 1964 trouxe o decreto ministerial do dia anterior que nomeava o brigadeiro Casimiro Montenegro Filho para a direção do Centro Técnico de Aeronáutica. Quatro dias depois, ao tomar posse, fez um discurso calculadamente sereno, no qual incluiu uma homenagem ao brigadeiro Oswaldo Nascimento Leal, que acompanhara a história do CTA desde a fundação e morrera havia dois anos, de infarto, em sua mesa de trabalho, quando substituíra Montenegro na direção do centro após a exoneração de 1961. Ao final de sua fala, Casimiro Montenegro fez questão de reafirmar a crença de que o desenvolvimento da tecnologia era essencial para os destinos do país: "As ideias que esposo são bem conhecidas. À aceitação e à aprovação dessas ideias entendo corresponder a honrosa nomeação de minha pessoa para o elevado cargo de diretor do CTA". Como providência imediata, recomendou ao reitor do ITA que fossem acelerados os trabalhos da comissão especial encarregada de decidir o caso dos dois estudantes faltosos, mas reforçou a tese de que estes deveriam ter amplo direito de defesa.

A comissão, presidida pelo professor Octanny Silveira da Motta, tratou de ouvir inicialmente o reitor Marco Antônio Cecchini, uma vez que partira dele a determinação de instalá-la. A opinião deste era taxativa: nos últimos anos, as faltas estavam sendo tratadas com muita leniência pelo instituto, o que fizera os alunos perderem o receio de alguma possível punição, e, a cada período, o problema tornava-se mais grave. No ano anterior, Cecchini já teria feito advertências verbais a Birchal e Esmanhoto, que então teriam se comprometido a não mais reincidir no erro. "Eu os avisei de que acabavam ali as tolerâncias e que não haveria novo perdão", disse o reitor à comissão. Como ambos haviam quebrado o trato, Cecchini considerava que os alunos deveriam ser desligados da escola. Em sua defesa conjunta, os estudantes tentaram valer-se de um estratagema jurídico, argumentando que desde janeiro de 1962 passara a vigorar a nova Lei de Diretrizes e Bases para o ensino superior, que determinava como penalidade máxima para a falta de comparecimento às aulas a não prestação dos exames finais. Como já haviam feito os exames — e como uma decisão interna do ITA não podia se sobrepor a uma lei federal —, Birchal e Esmanhoto argumentavam que a comissão era ilegal. Individualmente, Birchal argumentou ainda que excedera o limite de faltas em apenas duas aulas de uma única disciplina — na qual inclusive obtivera aprovação —, e que só não comparecera a elas por total esgotamento físico, pois tinha o hábito de estudar até as quatro horas da manhã. Por sua vez, Esmanhoto disse que suas ausências eram decorrentes de atividades extracurriculares, todas a serviço do Centro Acadêmico Santos Dumont. "Não se infringe uma lei apenas pelo prazer de fazê-lo, pelo destemor de sua aplicação, mas porque a lei está mal adaptada às reais necessidades da comunidade", redigiu em sua defesa por escrito. Ao final, ambos diziam que o desligamento do ITA funcionaria como um estigma que seriam condenados a carregar para o resto da vida, pois nenhuma outra instituição de nível superior iria aceitar suas respectivas matrículas. Após ouvir todas as partes, a comissão decidiu sugerir a Montenegro uma solução salomônica: Birchal e Esmanhoto continuariam matriculados, mas perderiam todas as regalias da bolsa a que tinham direito como alunos do ITA, incluindo a ajuda de custo e a prerrogativa de morar no CTA. Montenegro achou que a pena estava de bom tamanho:

"Com certo tato, consegui o enquadramento dos alunos, que, mesmo estimulados à subversão pelo próprio governo, mantinham-se por decisão de assembleia geral afastados da UNE", escreveria.

O sobrinho Júlio César Montenegro, que estudava no ITA nessa época, recorda que o tio abominava a ideia de que o Centro Acadêmico Santos Dumont viesse a se filiar à UNE. Como cerrava fileiras entre os que defendiam a filiação à entidade estudantil, Júlio viveu algumas rusgas com o brigadeiro por causa disso. Ele recorda que Antonietta, sua prima, chegou a ir ao prédio dos alojamentos dos alunos para pedir-lhe que evitasse ir à casa deles naqueles dias, pois Montenegro continuava bastante abespinhado com o assunto. Empurrando um carrinho de bebê — a quinta e última filha do casal, Carolina, estava com pouco mais de um ano de idade —, Antonietta avisou:

— O Casimiro anda bem chateado com você, por causa dessa história de UNE.

Júlio César, que um dia sonhara em ser artista de cinema e em morar nos Estados Unidos para estudar no célebre Actors Studio, a escola por onde passaram muitas estrelas de Hollywood, acabou dissuadido desse propósito pelo tio, Montenegro. "Antonietta me incentivava, mas tio Mimiro pedia para que ela deixasse de colocar aquelas fantasias na minha cabeça, dizendo que eu tinha mais era que estudar para ser engenheiro aeronáutico", relembra Júlio. Décadas depois o sobrinho diria que as discordâncias daqueles tempos não impediram que os dois continuassem grandes amigos. "Sempre admirei tio Mimiro, era um homem formidável, mas sou obrigado a reconhecer que ele era uma pessoa conservadora. Por isso acho que foi muito bom, para ele, ter casado com a Antonietta, uma mulher aberta para o mundo, para o novo", observaria. "Mamãe sempre foi uma mulher sofisticada, mas também muito politizada, sempre votou no Lula. Ama Marcel Proust mas é leitora assídua das revistas *Carta Capital* e *Caros Amigos*", endossaria o filho, Fábio Montenegro. Contudo, as discussões entre o brigadeiro e o sobrinho sobre a filiação do Centro Acadêmico Santos Dumont à UNE logo perderiam completamente o sentido. No dia 1º de abril de 1964 a União Nacional do Estudantes tornou-se uma abstração: sua sede na Praia do Flamengo fora invadida, saqueada e incendiada em uma ação comandada por um ex-aluno do ITA, o então coronel-aviador João Paulo Burnier — o mesmo que espiava o campus de São José dos Campos para Eduardo Gomes. Naquela madrugada um golpe militar depusera o presidente da República, João Goulart. Mais do que administrar conflitos entre a reitoria do ITA e os alunos, caberia agora a Montenegro uma tarefa ainda mais espinhosa: administrar os reflexos do golpe dentro do CTA.

Quatro dias após a queda de Jango, Montenegro foi chamado ao Rio de Janeiro pelo brigadeiro Francisco de Assis Correia de Melo, o Melo Maluco, que passara a ocupar interinamente o Ministério da Aeronáutica no lugar de Anysio Botelho (dez dias depois Botelho seria cassado pelo autodenominado "Comando Supremo da Revolução" com base no Ato Institucional nº 1). O ministro abriu o jogo:

— Montenegro, você vai ter que se afastar do CTA. Vou mandar para lá o comandante da 4ª Zona Aérea, o brigadeiro Márcio de Souza e Mello, para fazer uma devassa e prender todos os comunistas de lá.

— O Márcio? Mas eu sou mais antigo do que ele! E eu mesmo posso tomar conta da situação, pois conheço o CTA melhor do que ninguém, como a palma da minha mão...

— Você pode entender muito de CTA, mas nem você nem eu entendemos bulhufas de comunismo. O Márcio, sim, é entendido nesse negócio.

O único registro na carreira de Márcio de Souza e Mello que poderia identificá-lo como "entendido em comunismo" era sua antiga ligação com o movimento integralista, de extrema direita. De qualquer forma, Montenegro não cedeu: "Insisti com o ministro em continuar na direção do CTA, dizendo que conhecia bem o pessoal e sabia que existiam elementos que não deviam lá permanecer por suas tendências esquerdistas. Mas deixei claro que isso só poderia ser feito mediante sindicância adequada".

No dia seguinte, ao retornar a São José dos Campos, Montenegro soube por meio de seu chefe de gabinete, coronel Oscar Spínola, que, enquanto estava no Rio, Eduardo Gomes passara um rádio determinando a devassa nos alojamentos e residências de professores e alunos. "Quando voltou do Rio o brigadeiro Montenegro me contou que haviam perguntado para ele, lá no Comando da Aeronáutica, se ele apoiava ou não a revolução. Ele respondeu que apoiava, mas não admitia que se impusesse a pecha de comunista ao pessoal do CTA, especialmente aos alunos. Comprometeu-se, contudo, a abrir um inquérito interno, para apurar possíveis casos de subversão", relembraria Spínola. O brigadeiro Antônio Guedes Muniz (autor do projeto do avião Muniz 7, ou M-7), nomeado pela 4ª Zona Aérea para a pouco edificante tarefa de realizar a "faxina ideológica" no campus do ITA, mandou soldados apontarem metralhadoras para os alojamentos enquanto eram feitas as buscas de "material subversivo" nos quartos dos alunos. Ao mesmo tempo, Muniz ordenou que soldados de armas embaladas protegessem as casas dos oficiais que moravam no CTA contra possíveis "atentados comunistas". Rogério Hilf de Moraes, filho do brigadeiro George de Moraes, recordaria esse dia de tensão:

— Papai apoiou o movimento de 1964. Tínhamos vigilância constante na porta de casa, um soldado com metralhadora o tempo todo. Minha mãe falava que havia aviões prontos para decolar se fosse preciso fazer uma evacuação do CTA. Olhávamos pela janela do quarto e víamos o guarda lá embaixo, com a metralhadora em punho. Essa imagem me marcou bastante.

O irmão, George Hilf de Moraes, relembra que até mesmo o pai, que aderira ao golpe desde a primeira hora, correu risco de ser preso:

— Papai tinha uns livros técnicos, de metalurgia, escritos em russo, pois não havia bibliografia em português disponível para a disciplina. Quando viram aquilo disseram que ele também devia ser comunista, pois tinha em casa livros suspeitos, publicados na União Soviética.

O filho mais velho de Montenegro, Fábio, que então tinha apenas nove anos, guardaria na memória apenas flashes daquele dia infernal:

— Lembro que eu estava voltando da escola e dois soldados armados me escoltaram até a porta de casa. Cheguei lá e encontrei todo mundo atônito, minha mãe preocupada com o que podia acontecer com o papai.

Naquele cenário de guerra, o coronel Oscar Spínola ainda tentou argumentar com o brigadeiro Muniz:

— O senhor sabe que nosso campus é uma cidade cosmopolita, com professores de várias nacionalidades. Eles não vão entender uma violência dessas. Por favor, vamos aguardar a volta do brigadeiro Montenegro para que ele decida quais as providências a serem tomadas...

Não houve jeito. "O brigadeiro Muniz disse ao Spínola que ele devia ajudá-lo a convencer-me a executar os planos táticos e idiotas dele", anotaria, de próprio punho, Casimiro Montenegro. De volta ao Centro Técnico de Aeronáutica, ao constatar aquela situação, Montenegro ainda tentou, em vão, telefonar para o comandante da 4ª Zona Aérea, Márcio de Souza e Mello. "Não consegui falar com ele, mas transmiti ao seu chefe de gabinete, coronel José Vaz, que não admitia interferência dele no CTA enquanto lá estivesse, mas que tomaria as providências necessárias em colaboração com a Zona Aérea no sentido de expurgar os elementos comprometidos com o comunismo", registrou também Montenegro. Um Inquérito Policial Militar (IPM) foi instaurado em Santos, para onde deveriam ser remetidos todos os suspeitos de subversão que fizessem parte dos quadros do ITA. Casimiro Montenegro resistiu o mais que pôde. Chamou em sua casa o presidente e o vice-presidente do Centro Acadêmico Santos Dumont, os alunos Sérgio de Magalhães Bordeaux e Hermano Tavares, e tentou tranquilizá-los:

— Continuem estudando. Essa é a missão de vocês — recomendou.

Porém, dois dias depois, chamou-os novamente. As notícias dessa vez não eram boas:

— Rapazes, sinto muitíssimo, mas não vai dar para segurar a coisa.

Cerca de quarenta anos mais tarde, Hermano Tavares, que viria a ser reitor da Universidade de Campinas, a Unicamp, lembraria que, "no dia seguinte àquela conversa com o brigadeiro Montenegro, passou no ITA a primeira carrocinha", referindo-se à Kombi que recolheu e levou para a cadeia em Santos o primeiro grupo de alunos e professores — entre eles, Hermano —, arrancados das salas de aula por patrulhas da Aeronáutica.

A repressão manu militari dentro de uma instituição de ensino gerou tal paranoia que um dia circulou pelo campus a notícia de que o arquiteto Rosendo Mourão, do grupo de Oscar Niemeyer, tinha sido levado preso num camburão militar com placa de Caçapava. De fato, várias pessoas tinham-no visto sair no tal veículo verde-oliva, e a denúncia logo chegou aos ouvidos de Montenegro, que tranquilizou a todos: ele havia "emprestado" Mourão ao seu amigo general

Zerbini para vistoriar uma obra no quartel de Caçapava. Por cortesia, Zerbini mandara um veículo militar buscá-lo.

Seis meses depois do golpe, em outubro, a relação de crimes apurados pelos militares ia da promoção de um festival de filmes checos e poloneses no cinema do ITA até a denúncia fantasiosa de que o Centro Acadêmico estava planejando dinamitar pontes na via Dutra. O Inquérito Policial Militar concluiu pela destituição de dois professores — Szmul Jakob Goldberg, mais conhecido como "professor Kuba", e Arp Procópio de Carvalho —, além do desligamento de doze estudantes: César Simões Salim, Cyro de Oliveira Machado, Frederico Birchal Magalhães Gomes, Glício Roberto Amaral Martins, João Yutaka Kitahara, José Arantes de Almeida, José Tomazelli, Luiz Oscar de Mello Becker, Marcos Ajzemberg, Raimundo de Oliveira, Raimundo Rodrigues Pereira e Sílvio S. Salinas. Sete alunos foram suspensos por um ano letivo, entre eles o líder estudantil Ezequiel Pinto Dias. No final daquele ano, a tradicional festa de formatura dos novos engenheiros do ITA foi cancelada. "A fotografia dos formandos de 1964, perfilados no restaurante H13, seria um registro mais apropriado para um funeral", relembraria mais tarde Luiz Maria Guimarães Esmanhoto, o aluno que excedera o limite de faltas e também recebera a suspensão por um ano.

Com a posse do marechal Humberto de Alencar Castello Branco — que no dia 14 de abril de 1964 inaugurou a galeria de militares que ocupariam a cadeira de presidente da República ao longo de 21 anos —, o Ministério da Aeronáutica passou às mãos do major-brigadeiro Nelson Freire Lavanère-Wanderley, o mesmo que, em 1931, fizera o primeiro voo do Correio Aéreo com Casimiro Montenegro. Uma outra coincidência, esta de ordem trágica, marcaria a chegada de Wanderley ao Ministério. O pai dele, o general de brigada Alberto Lavanère-Wanderley, fora uma das poucas vítimas fatais durante a Revolução de 30, ao ser morto por um tiro disparado pelo então tenente Juracy Magalhães. Pois agora, em 1964, o próprio Wanderley

No final de 1964, as turmas de engenharia aeronáutica (acima) e eletrônica (abaixo) fazem um registro "mais apropriado para um funeral": entre os formandos faltavam doze alunos e dois professores, expulsos do ITA pelos militares.

protagonizara uma das únicas cenas em que seria derramado sangue durante a derrubada de Jango. Ele fora enviado para depor o comandante da 5ª Zona Aérea, em Canoas (RS), o tenente-coronel janguista Alfeu de Alcântara Monteiro, que reagiu à voz de prisão. Na confusão que se seguiu, Alfeu atirou contra Wanderley mas foi atingido mortalmente por um balaço disparado pelo coronel Roberto Hipólito da Costa, sobrinho de Castello Branco. O caso foi imediatamente abafado: o coronel Hipólito foi mandado para uma longa missão nos Estados Unidos e Wanderley recebeu o cargo de ministro das mãos de Castello. Seja como for, a chegada dele ao comando do Ministério da Aeronáutica garantiu a permanência do amigo Montenegro à frente do CTA, embora restassem sobre este acusações de que não colaborara o suficiente para limpar o ITA de *todos* os elementos tidos como subversivos.

Montenegro tinha consciência de que aquele era um momento extremamente crítico. A oposição histórica que o Centro Técnico de Aeronáutica recebia dos setores mais conservadores da Força Aérea somava-se agora às denúncias de que o ITA, sob a sua complacência, transformara-se em um covil de comunistas. "Era a oportunidade que eles esperavam para acabar com o CTA", escreveu Montenegro em seu caderninho de anotações. Preocupado, na primeira semana de dezembro de 1964, Casimiro Montenegro encaminhou uma longa carta a Lavanère-Wanderley, tentando convencê-lo a colocar de novo em andamento a ideia de transformar o ITA em fundação, libertando a instituição das amarras administrativas que sempre a tornaram refém das oscilações ministeriais. Era, sem dúvida, uma jogada de altíssimo risco. Exatamente na hora em que era redobrada a fúria dos críticos do CTA, Montenegro colocava novamente em pauta um assunto polêmico, que hibernava no Congresso Nacional. Mas ele se convencera de que, diante das circunstâncias, tratava-se de uma questão de tudo ou nada. Não teria pejo de apelar para a velha amizade que o ligava ao ministro:

Meu caro Wanderley.

Escrevo-lhe esta carta em caráter particular ao antigo camarada e ao meu copiloto do primeiro Correio Aéreo. Mas como não podemos dissociar o homem do posto que ocupa, não será esta apenas uma conversa de amigos, mas também um diálogo em que, dentro do regulamento, o diretor-geral do CTA pondera, respeitosamente, ao ministro da Aeronáutica. Por isso, você poderá usar a carta, se o julgar conveniente, como documento oficial.

Só espero que, neste desabafo de um quase velho (qual quase!) muito ranzinza (muito é diminutivo, ranzinza é apelido), não vá eu a ponto de justificar, qual cadete desenquadrado, uma cadeia...

Montenegro releu aquele início da carta que acabara de escrever e, numa nova versão, decidiu eliminar o segundo parágrafo, para evitar qualquer interpretação de que, apesar da intimidade de que desfrutava com Wanderley, estivesse sendo informal demais na correspondência dirigida a um ministro. E prosseguiu:

Nós somos amigos bastante para que eu lhe fale com toda a franqueza, certo de que você compreenderá o meu propósito sincero de contribuir para a grandeza da nossa Aeronáutica. Tranquilo de que não verá nas minhas palavras intenções ocultas inexistentes, nem nas minhas afirmações uma gabolice narcisista. Tudo o que vou dizer e que pode parecer autoelogio, estou certo de que você compreenderá que não é isso, e sim o resultado de antigas convicções que o tempo e a experiência têm tornado cada vez mais arraigadas, e de um profundo conhecimento do assunto sobre o que vou falar. Quero pedir dez minutos de sua atenção para a famosa questão da "Fundação". Eu poderia enumerar perto de uma centena de ofícios em que, como o Joãozinho da anedota, tenho malhado em ferro frio desde 1945, tentando dar ao CTA uma estrutura adequada.

A última frase também seria cortada da versão final enviada a Wanderley. Contudo, nas dez páginas datilografadas seguintes, Montenegro não teria censuras em propor que não mais apenas o ITA mas todo o CTA fosse convertido em uma instituição de personalidade jurídica própria, independente do nome que viesse a ser dado a ela:

> Estaríamos criando, Wanderley, um novo tipo de "fundação", mas sem esse nome — que já é quase um nome feio, depois de por pouco tempo ter sido sinônimo de vara de condão — ou de "autarquia", ou de "pessoa jurídica de direito público", ou qualquer outra coisa parecida. Com isso eu poderei ir para casa tranquilo, certo de ter cumprido integralmente o meu dever. Sem isso, viverei o resto da minha vida ainda temeroso de ver desvirtuada a obra que é minha vida, com o sentimento de que não levei a termo minha missão, de que não preparei devidamente o terreno para os que me sucederão. Ouça, meu caro Wanderley, a voz já um tanto rouca mas não menos convicta do que há trinta anos, do seu velho instrutor de aviação.
>
> Com um abraço cordial do Montenegro.

A carta estava datada de 6 de dezembro de 1964. Wanderley mal teria tempo de lê-la. Pouco mais de uma semana depois, no dia 15, o presidente Castello Branco assinou a exoneração do ministro da Aeronáutica, após uma crise em que brigadeiros e almirantes se acotovelaram nos bastidores das Forças Armadas. Desde o governo de Juscelino Kubitschek, quando o Brasil havia comprado da Inglaterra um porta-aviões usado — o *Vergeance*, aqui rebatizado de *Minas Gerais* —, Aeronáutica e Marinha se estranhavam mutuamente. A Marinha queria ter uma força aérea própria, para equipar o navio. A Aeronáutica contra-argumentava. "Tem asa, voa e não é passarinho, então é nosso", costumavam dizer os oficiais da FAB. Durante o governo de Castello Branco, naquele final de 1964, a temperatura voltou a ferver quando se decidiu que o *Minas Gerais* participaria da Unitas, uma operação de treinamento conjunto, ao lado de outros países do continente. A Marinha ameaçou colocar aviões próprios em ação. A Aeronáutica respondeu que, se levantassem voo, essas aeronaves seriam consideradas Objetos Voadores Não Identificados (óvnis), sujeitos a serem abatidos pelos caças da FAB. Não era uma simples ameaça: por aqueles dias, um helicóptero da Marinha chegou a ser metralhado em um campo da Força Aérea em Tramandaí, no Rio Grande do Sul. Quando Castello colocou um general do Exército para investigar o caso, portanto fora do âmbito da Aeronáutica, Lavanère-Wanderley sentiu-se desprestigiado e pediu exoneração do cargo. Logo a crise iria bater na porta de Montenegro: para o lugar de Wanderley, o presidente Castello Branco nomeou como ministro interino exatamente o comandante da 4ª Zona Aérea, brigadeiro Márcio de Souza e Mello, cuja colaboração ele dispensara do trabalho de comandar a caça aos comunistas do ITA. Mas o pior estava para vir. Montenegro ficou ainda mais preocupado quando, após um mês de interinidade de Souza e Mello, Castello anunciou o nome do novo titular do Ministério da Aeronáutica: o marechal do ar Eduardo Gomes. O cerco se fechara.

18 Nuvens negras no horizonte do ITA: aí vem o brigadeiro Castro Neves

Casimiro Montenegro não tinha mais dúvidas de que Eduardo Gomes queria acabar com o ITA. Promovido em janeiro de 1965 ao mais alto posto da carreira, o de tenente-brigadeiro do ar, no final do mês ele foi chamado ao gabinete do novo ministro para uma audiência sem pauta prévia. Embora continuassem se tratando informalmente por "você", o rosário de divergências que os separava acabara com o tom de camaradagem dos encontros deles. Com o cuidado de não dar nomes a ninguém, Montenegro queixou-se ao ministro que havia pessoas interessadas em jogá-los um contra o outro com o único objetivo de atingir o ITA. Como Eduardo reagiu com indiferença à informação, Montenegro foi mais claro:

— O coronel Burnier tem vindo aqui sem autorização para fazer intrigas entre mim e você, em um ato claro de indisciplina. Enquanto eu estiver lá isso não vai acontecer.

Eduardo Gomes não pareceu dar importância ao que ouvia e reagiu com frieza:

— Montenegro, eu o chamei para lhe comunicar isso mesmo: você vai ter que sair da direção do CTA.

Sem deixar transparecer o choque provocado por aquelas palavras, ele ainda tentou resistir:

— Mas eu sou o criador do centro, serei retirado de lá como se fosse uma pessoa suspeita? Eu gostaria de ficar no CTA mais algum tempo porque estou com problemas graves na vista e lá eu já conheço tudo, terei mais facilidade para administrar.

O ministro não se sensibilizou com seus argumentos:

— Você agora é tenente-brigadeiro, e esse cargo é privativo de majores-brigadeiros, uma patente abaixo da sua.

Montenegro lembrou a Eduardo Gomes que dez anos antes ele próprio havia aberto um precedente que agora o beneficiaria:

— Eduardo, no período que antecedeu o suicídio de Getúlio, você já era brigadeiro e ocupava a Diretoria de Rotas Aéreas, um posto privativo de coronéis.

Mas ele sabia que estava gastando latim à toa. Aquele era um jogo de cartas marcadas e estava escrito que ele ia perder. Como última tentativa de procrastinar a decisão, propôs uma solução conciliatória:

— Como já estou de férias marcadas, vou com a família para a Bahia e quando eu retornar, daqui a um mês, voltaremos a tratar desse assunto. Você está de acordo?

Eduardo Gomes levantou-se e deu por encerrada a audiência, estendendo a mão em despedida:

— Sim, eu concordo.

Dez dias depois a família estava confortavelmente instalada na casa que o ramo baiano dos Montenegro mantém na praia de Mar Grande, na ilha de Itaparica, ao lado de Salvador. Embora fosse uma escaldante manhã de sexta-feira, além deles havia pouquíssimos banhistas na praia. Montenegro tomava sol de olhos semicerrados, recostado em uma cadeira de lona, enquanto Antonietta vigiava a filharada. E foi ela a primeira a notar aquele minúsculo pontinho azul aproximando-se pela calçada que margeava o areal de Mar Grande. Mais alguns minutos e o ponto transformou-se num vulto masculino: sim, era um homem e estava fardado de azul. Só quando ele caminhava pela areia, em direção a ela, é que Antonietta identificou o major-aviador Ozires Silva, 34 anos, engenheiro aeronáutico formado em 1962 e um dos pupilos de Montenegro. Ele estava ali a contragosto. Na véspera o coronel Oscar Spínola, vice-diretor do CTA (que respondia pelo expediente na ausência do titular), chamara-o para uma missão espinhosa — para a qual fora escolhido exatamente por suas boas relações com Montenegro: viajar imediatamente para a Bahia e informá-lo de que ele tinha sido demitido da direção do CTA por Eduardo Gomes. O substituto nomeado pelo ministro era o brigadeiro Henrique de Castro Neves — que, aliás, já estava no campus e se instalara de armas e bagagens na residência reservada aos oficiais superiores, até que a dos Montenegro fosse liberada. A ordem do ministro era expressa: se quisesse, Montenegro deveria interromper as férias, retornar imediatamente a São José e transmitir o cargo a Castro Neves. Se preferisse gozar os vinte dias que ainda lhe restavam na Bahia, a transmissão deveria ser feita pelo coronel Spínola. Este já havia enviado a Montenegro uma carta expressa contando tudo, mas temia que ela se atrasasse e que Montenegro tomasse conhecimento da notícia pelos jornais.

O que ninguém sabia, nem Montenegro, é que no dia de sua audiência com o ministro, Eduardo Gomes já tinha em sua gaveta dois decretos assinados por ele e pelo presidente Castello Branco: um exonerando Montenegro da direção do CTA "por necessidade de serviço", outro nomeando para o lugar o brigadeiro Castro Neves. Ozires embarcou no mesmo dia para Salvador e na manhã seguinte tomou a lancha que o levaria à ilha de Itaparica. Passados mais de trinta anos ele se lembraria daquele momento em seu livro *A decolagem de um sonho*:

Desembarquei na ilha ainda sem saber como entrar no assunto. Fui caminhando. O dia era bonito e fui informado de que o local procurado não era distante. Embora estivéssemos no pleno verão de fevereiro, a praia estava razoavelmente deserta e ao longe vi alguém sentado numa cadeira voltada para o mar. À medida que me aproximava começou a se destacar a cabeleira branca, tão conhecida, do nosso grande amigo. Nada do que imaginei aconteceu. Aproximei-me e curiosamente o brigadeiro viu-me de pé em sua frente, e pareceu-me que não ficou nada surpreso. Creio ter achado natural que aquele major estivesse ali, embora distante mais de mil quilômetros de São José dos Campos. Com grande constrangimento, sem saber como começar, procurei cumprir minha parte.

A primeira reação foi de Antonietta:

— Puxa vida, mas nós estamos na metade das férias...

O marido interrompeu-a para comunicar sua decisão:

— Olha, Ozires, eu não vou. Vamos terminar as férias e quando voltarmos irei a São José fazer minha mudança para o Rio de Janeiro. Agora eu não vou. Quem quiser que transmita o cargo.

A praia perdera a graça. Foram todos para casa, onde Ozires almoçou e saiu apressado para não perder a lancha que o levaria de volta a Salvador. Ao pedir a Antonietta que relesse para ele as duas páginas manuscritas com a letra de Spínola — tão miúda que seus olhos já não conseguiam distinguir nela um A de um B —, Montenegro percebeu que a coisa tinha sido mais feia do que Ozires relatara. Como se já tivesse sido empossado, o brigadeiro Castro Neves determinara que Spínola reunisse no auditório do ITA a oficialidade, os professores e chefes de Departamento para se apresentar como o novo diretor do CTA e informar que a data da transmissão do cargo estava marcada para dali a cinco dias, com ou sem a presença de Montenegro. Foi o penúltimo parágrafo, porém, que o fez rever a decisão de não participar da transmissão:

> A ideia de eu mesmo passar a direção do CTA ao brigadeiro Castro Neves me repugna enormemente, mas não desejando influir na sua decisão, abstenho-me de fazer qualquer comentário a respeito.

Spínola terminava a carta comunicando que, qualquer que fosse a decisão de Montenegro, no dia seguinte ele iria ao gabinete do ministro, no Rio, para pedir exoneração "e saber o destino que me darão". E informava com finíssima ironia, em uma linha que parecia uma metáfora solta no papel, que "o brigadeiro Castro Neves trouxe para ser seu chefe de Gabinete o coronel Vassalo...". Montenegro percebeu que sua ausência submeteria a uma situação "repugnante" um amigo fiel como o coronel Oscar Spínola, e voltou atrás. Nos seis dias seguintes ele trocou a areia da praia pela mesa de trabalho da casa de Mar Grande preparando, com o auxílio de Antonietta, o discurso que faria na transmissão do cargo ao novo diretor.

Quem foi ao auditório do ITA no dia 18 de fevereiro esperando um tiroteio perdeu a viagem. Os que o conheciam de perto sabiam que, mesmo afastado de forma humilhante da obra a que dedicara sua vida (e por ordem de um velho camarada, Eduardo Gomes), os acertos de contas ruidosos não faziam parte do caráter de Montenegro. Com as quatro estrelas de tenente-brigadeiro brilhando nos ombros, Montenegro leu um discurso sem uma única referência à crise que atingira o clímax com sua demissão. Nem a lupa mais poderosa conseguiria identificar naquelas cinco páginas uma sílaba de mágoa ou de ressentimento:

> Tudo o que vou dizer é o resultado de antigas convicções que o tempo e a minha experiência têm tornado cada vez mais arraigadas e de um profundo conhecimento do assunto — conhecimento que adquiri trabalhando nisto, a isto me devotando, e que não constitui privilégio meu, pois qualquer outro, nas mesmas circunstâncias, e desde que igualmente bem-intencionado, dominaria tão bem ou melhor do que eu. Quero destacar sobretudo a famosa questão da "Fundação CTA".

Era isso mesmo. Casimiro Montenegro iria consumir os últimos quarenta minutos de sua vida militar batendo na mesmíssima tecla que fizera dele uma espécie de cavaleiro andante da tecnologia brasileira: o que fazer para salvar o ITA? A solução que ele defendeu ali era, sem retoques, a mesma pela qual vinha se batendo desde a posse de Juscelino Kubitschek: a aprovação do projeto de lei transformando o CTA/ITA em uma fundação pública com dotação orçamentária própria, autonomia administrativa e liberdade de cátedra. Só assim seria possível preservar a instituição dos humores da política, fosse ela civil ou militar. Polido como sempre, Montenegro encerrou seu discurso com um gesto elegante em direção ao ferrabrás que vinha ocupar sua mesa:

> Que todos os meus colaboradores prestem a mais dedicada, sincera e leal cooperação ao meu substituto legal, o brigadeiro do ar engenheiro Henrique de Castro Neves, oficial de escol que por certo levará a contento a missão que lhe foi atribuída, tendo sempre em vista a grandeza do CTA.

Sob os aplausos emocionados dos professores e alunos presentes, Montenegro tomou Antonietta pelo braço e foi para casa cuidar da mudança. Semanas depois pediria passagem para a reserva. Se Eduardo Gomes imaginava que a degola de Montenegro e o saneamento ideológico realizado por Castro Neves significavam o fim da crise no ITA, cometeu um erro palmar. A crise estava apenas começando.

A maioria das pessoas que compunham o universo formado pelo ITA jamais ouvira falar no nome do brigadeiro do ar Henrique de Castro Neves. O que se sabia é que tinha a aparência de um boxeador — nas palavras de Ozires Silva, ele era "alto, de esqueleto avantajado, denotando ter sido, em sua juventude, um esportista". Discreto e pouco dado a sorrisos, ele se tornara homem de confiança de Eduardo Gomes na madrugada de 27 de novembro de 1935. Quando os comunistas tentaram tomar o Campo dos Afonsos de armas na mão, o primeiro oficial a aparecer voluntariamente no comando para combater o levante foi um tenente-aviador grandalhão chamado Henrique de Castro Neves. Daquele episódio até ser nomeado para dirigir o CTA, ele fizera uma carreira sem registros especiais: serviu nas linhas nordestinas do Correio Aéreo, dirigiu os Parques de Aeronáutica de Recife e dos Afonsos e ocupou uma subdiretoria de Rotas Aéreas. Ao longo de seus quarenta anos de serviços prestados à Aeronáutica, em apenas dois momentos sua atividade seria objeto de interesse da mídia: na chamada "crise do ITA" e, tempos depois, quando ele era diretor-geral de Engenharia da Aeronáutica e causou uma celeuma internacional ao vetar o projeto do aeroporto internacional de Brasília concebido pelo arquiteto Oscar Niemeyer. Fora isso, não tinha deixado marcas visíveis ao longo de sua carreira.

A pedido de Montenegro o reitor Marco Antônio Cecchini permaneceu no cargo mesmo depois da posse de Castro Neves. A esperança de todos estava na possibilidade de o Congresso votar e aprovar o empoeirado projeto de lei que transformava o ITA em fundação — já que o governo tinha maioria na Câmara, bastava um nihil obstat do presidente Castello Branco para que o milagre se desse. Cecchini, porém, logo percebeu que seu envolvimento com Montenegro e com a ideia da fundação não era bem-visto pelo novo reitor. Embora suas relações pessoais com Castro Neves fossem cordiais, ele se queixava de que "no campo estritamente profissional não havia diálogo possível". Cecchini só ficara para atender ao pedido do amigo e mentor. Embora químico, ele recorria a uma imagem da física para explicar as dificuldades de relacionamento profissional com a nova equipe. "O mundo militar é uma estrutura centrífuga, quer dizer, existe lá em cima um comandante, e as ordens chegam ao centro sem questionamentos", dizia ele, "enquanto o mundo acadêmico vive em uma estrutura centrípeta, ou seja, os professores é que determinam o que se faz." Enquanto os obstáculos se davam no campo teórico, ainda era possível tentar dialogar, mas a conversa mudou de tom quando Cecchini ouviu o brigadeiro Castro Neves dizer que pretendia desligar o novo presidente do Centro Acadêmico por "achar que ele era comunista". Com todos os cuidados devidos, o reitor deixou claro ao militar que isso ele não poderia permitir. A situação estava ficando crítica.

A gota d'água aconteceu em Brasília na modorrenta tarde de uma sexta-feira. Com o plenário às moscas o deputado amazonense João Veiga, segundo-secretário da mesa, presidia uma sessão para três gatos-pingados que liam jornais ou conversavam entre as cadeiras de couro azul. Era a limpeza da ordem do dia, em que projetos a respeito dos quais não havia divergência eram aprovados (ou rejeitados, conforme o caso) simbolicamente. O deputado que presidia a sessão lia com a rapidez de um locutor de turfe o preâmbulo do projeto e repetia o bordão:

— Em discussão. Não havendo inscritos para discutir, está encerrada a discussão. Em votação. Os senhores deputados que estiverem de acordo permaneçam como se encontram. Aprovado.

No meio daquela pilha de papéis que um assessor punha na sua frente para que ele cumprisse a formalidade, João Veiga leu, com rapidez que tornava sua fala quase ininteligível, a bomba que iria estourar horas depois em São José dos Campos:

— Em discussão e votação a mensagem do senhor presidente da República em que solicita a retirada do projeto de lei nº 2561, de 1961, que institui o Instituto Tecnológico da Aeronáutica como Fundação, de autoria do Poder Executivo. Em discussão. Não havendo oradores inscritos para discutir, está encerrada a discussão. Em votação. Os senhores deputados que estiverem de acordo permaneçam como se encontram.

Quem lia jornal continuou lendo.

— Aprovado.

Era isso mesmo: o presidente Castello Branco mandara retirar do Congresso o projeto que custara a Montenegro e sua equipe reuniões intermináveis e horas de chá de cadeira em salas de espera. Cecchini decidiu ouvir separadamente cada professor e duas semanas depois enviou ao brigadeiro Castro Neves um documento reservado de dez páginas em que resumia o estado de espírito reinante em São José dos Campos:

> [...] Um ponto a que todos os entrevistados se referiram foi o relativo à retirada do projeto da fundação do Congresso. Como já lhe asseverei pessoalmente, essa retirada para mim foi uma decepção. Não apenas pela forma como ocorreu, mas — e sobretudo — pelo que significa: reafirmação do statu quo, isto é, manutenção de uma autonomia parcial, constantemente ameaçada de desaparecer; permanência de uma

situação jurídica de pessoal indefinida e instável; conservação de uma Reitoria de fachada, com responsabilidades, mas sem prestígio e autoridade. Em resumo: a extensão de um estado de coisas que demonstra evidentemente que o Ministério da Aeronáutica não confia no ITA e na sua capacidade de levar avante os objetivos que lhe foram assinalados. As melhores universidades, as escolas de mais alto nível, as instituições que lideram o desenvolvimento científico e humanístico da civilização ocidental livre — não importando época ou nacionalidade — possuem uma característica comum: a autonomia.

Em vez de melhorar, o relatório de Cecchini só agravou a situação. Em carta dirigida depois a Montenegro, o reitor relatou as dificuldades que enfrentava:

Meus despachos com o diretor-geral eram sempre motivo para grandes aborrecimentos. Tinha que tomar atitudes contrárias às minhas ideias sobre ensino; tinha que voltar atrás em alguns compromissos assumidos com o pessoal docente, ainda que esses compromissos tivessem contado com a autorização prévia desta e da direção-geral anterior. Em resumo, o exercício da Reitoria passou a se construir para mim num verdadeiro martírio.

O martírio ainda ia durar mais sessenta dias. Em julho Cecchini pediria demissão, levando o brigadeiro Castro Neves a convidar imediatamente para o lugar o vice-reitor Luiz Cantanhede, engenheiro e professor das primeiras levas do ITA que fora presidente da congregação no período em que o brigadeiro Ballousier dirigia o CTA. A decisão dele era dizer não, mas os apelos feitos pelos demais professores e por Montenegro não lhe deixavam saída: o importante era preservar o ITA, e para isso era fundamental manter a reitoria nas mãos de alguém comprometido com o projeto original da instituição.

A aparente bonança acabou antes do fim do ano. Três meses após a posse de Cantanhede, o brigadeiro Castro Neves recebeu informações, passadas por oficiais-alunos do ITA, de que os formandos de engenharia daquele ano "preparavam uma surpresa desagradável" para a festa de formatura. Ele só sabia que era algo referente à escolha do paraninfo da turma, mas para "prevenir atitudes coletivas e irrefletidas" decidiu baixar instruções restringindo a escolha dos alunos a cinco categorias de homenageados:

- Autoridades civis ou militares membros do atual governo federal;
- Autoridades militares da Aeronáutica em serviço ativo;
- Membros do corpo docente do ITA em atividade ou falecidos;
- Elementos de projeção na indústria, na aviação civil e na administração nacional que tenham colaborado com a direção do instituto;
- Colegas da turma dos engenheiros falecidos durante o curso.

Não bastasse a enormidade medieval do documento em si, nem mesmo o linguajar policial em que fora escrito ("... *elementos* de projeção..."), o édito de Castro Neves trazia embutida uma proibição específica dentro das generalidades. Ao limitar a escolha a "autoridades militares da Aeronáutica *em serviço ativo*" ele decapitava o candidato natural a qualquer homenagem que dissesse respeito ao ITA — seu criador, Casimiro Montenegro. Parecia evidente que aquilo não ia terminar bem. Mesmo informados das instruções baixadas pelo diretor do CTA, os quintanistas de engenharia realizaram duas assembleias, ao final das quais as escolhas foram anunciadas. O paraninfo eleito era o pensador católico Alceu Amoroso Lima, também conhecido pelo pseudônimo de Tristão de Athayde, que se tornara um crítico abrasivo da ditadura militar. Como homenageados os escolhidos foram as catorze vítimas do IPM mandado instaurar no ITA pela Aeronáutica: os professores demitidos Arp Procópio de Carvalho e Szmul Jakob Goldberg, o "Kuba", e os doze alunos desligados no ano anterior. Para deixar claro que não se tratava de uma escolha para negociar com o brigadeiro Castro Neves, na mesma assembleia em que se fez a escolha foi redigida e assinada a carta-convite dirigi-

Eduardo Gomes nomeia o brigadeiro Henrique de Castro Neves (acima) para fazer a faxina ideológica no ITA: em seis meses, três reitores pedem demissão: Cecchini, Cantanhede e Künzi.

da a Amoroso Lima — e postada no correio imediatamente após a assembleia. Estavam queimadas as pontes para qualquer recuo.

Se os estudantes queriam guerra, tinham escolhido um bom adversário. Para o brigadeiro Castro Neves, "desagravar professores e colegas afastados pelo governo da Revolução" e homenagear um escritor "de conhecida posição política antirrevolucionária, e tendências esquerdistas" tinham um sinônimo: indisciplina coletiva e desafio à autoridade. Certo de que "pequena minoria exercera influência perniciosa sobre a maioria", induzindo-a a escolher nomes hostis ao regime militar, o diretor do CTA determinou a instauração de uma sindicância destinada a identificar os líderes do movimento, designando para chefiá-la um homem de sua confiança, o tenente-coronel Fernando Jeolás. O reitor Cantanhede entrou como bombeiro e do alto de sua autoridade moral fez um apelo aos alunos para que reconsiderassem a decisão. Uma nova e tensa assembleia foi convocada, e como já se sabia que havia oficiais-alunos contrabandeando informações para o diretor-geral, decidiu-se por outra votação, desta vez secreta. O resultado revelou que ainda havia o que negociar: para mostrar que não se tratava de uma atitude revanchista, os formandos desistiam da homenagem aos professores e colegas punidos, mas não abriam mão do nome do paraninfo.

A votação tinha sido secreta, mas a assembleia não. Segundo os informantes de Castro Neves, na reunião dos formandos "ficou evidenciada a atuante influência e nociva liderança dos alunos Ezequiel Pinto Dias, Luiz Maria Guimarães Esmanhoto e Mário Tokobo". Os dois primeiros eram reincidentes e já haviam sido punidos no ano anterior com trancamento compulsório de matrícula por um ano, em consequência do IPM para apurar atividades comunistas no ITA. O relato apontava também a "atitude débil e conivente" dos representantes de classe Antônio Oliveira Farias, Elmir Germani e Nelson Hochman, lembrando que, ouvido no IPM de 1964, o primeiro deles "declarara-se esquerdista sem ter sofrido punição". Chegara a hora de abater as bruxas a tiros. Como a sindicância dirigida pelo tenente-

-coronel Fernando Jeolás não propunha qualquer punição, o brigadeiro Castro Neves, que não estava ali para brincar, fez o que chamou de "apuração paralela". Interrogou pessoalmente o reitor, o vice-reitor, o chefe da Divisão de Alunos, os quatro suspeitos de serem os "cabeças", os cinco oficiais-alunos da turma, os três representantes da classe acusados de leniência e ainda os alunos civis Luiz Antônio de Lassamio Murta e Getúlio Vargas da Costa Gama. Ao final Castro Neves não tinha dúvidas: os métodos utilizados e os personagens eleitos eram indícios claros de que se tratava de "um processo de influência ideológica de caráter comunista".

No dia 24 de novembro, um mês depois de circular a primeira notícia sobre a formatura, o diretor-geral do CTA preparou um relatório reservado de cinco páginas e mil palavras dirigido ao marechal Eduardo Gomes, ministro da Aeronáutica. No espaço reservado ao "assunto" ele anunciou trovoadas: "Indisciplina coletiva e desligamento de alunos do ITA". Depois de historiar minuciosamente os fatos envolvendo os formandos de engenharia e de revelar a Eduardo Gomes que fizera pessoalmente uma investigação paralela, Castro Neves chegava enfim às conclusões:

> Embora o relatório do encarregado da sindicância que encaminho anexo, para o conhecimento de Vossa Excelência, não tenha chegado a conclusões definitivas sobre o móvel determinante da atitude dos alunos, hostil aos princípios que nortearam a Revolução de Março, esta Direção-Geral está certa de que os métodos utilizados nas reuniões eletivas, as personagens eleitas e a liderança de alunos que sofreram punições disciplinares por tendências esquerdistas são indícios claros de um processo de influência ideológica de caráter comunista.
>
> Do relatório do oficial sindicante e das demais apurações levadas a efeito, esta Direção-Geral concluiu que a maioria da turma foi conduzida a um ato de indisciplina, ignorando ou não sabendo reconhecer as origens ideológicas de tal atitude. Foram levados por distorcido espírito de independência e de imatura reação aos atos das

autoridades, influenciados por professores demitidos, que na época pré-revolucionária transmitiam os germens do marxismo escondendo habilmente a condição de comunistas militantes; guiados por colegas líderes treinados nas técnicas comunistas de empurrar à frente das ações os grupos inocentes para escudar-se por trás dos pseudoatos da massa pelos quais aparentemente não são responsáveis.

Como conclusão de tudo o que foi apurado, ouvido e observado, esta Direção-Geral não tem dúvidas em apontar os estudantes Ezequiel Pinto Dias, Luiz Maria Guimarães Esmanhoto, Mário Tokobo e Antônio Oliveira Farias como incitadores do ato de indisciplina e como tal responsáveis diretos pelo mesmo; em consequência recomendo a Vossa Excelência o desligamento desses alunos do ITA de acordo com a letra H do artigo 60 como incursos nas letras A e L do artigo 61 tudo da Portaria 965GM3 de 24 de agosto de 1964, e ainda por interesse da disciplina do Instituto Tecnológico de Aeronáutica.

Aos alunos Elmir Germani e Nelson Hochman esta Direção-Geral resolveu mandar suspender os exames finais na forma da letra D do artigo 60, por deixarem de tentar, como representantes de turma, evitar o ato de indisciplina coletiva após terem ciência das determinações transmitidas pelo reitor e terem continuado inertes depois do fato consumado, apesar dos esclarecimentos recebidos verbal e diretamente da Direção-Geral, incidindo na letra L do artigo 61 da portaria citada.

Informo também a Vossa Excelência que determinou esta Direção suspender a cerimônia de colação de grau devendo os diplomas dos quais fazem jus serem entregues em separado na reitoria.

Como se tivesse encerrado um ato de rotina, Castro Neves chamou um ajudante de ordens e entregou-lhe dois envelopes: um com o relatório original, que deveria ser entregue em mãos ao ministro da Aeronáutica, e o outro com uma cópia a ser entregue ao reitor do ITA. Ao ler o inquisitorial documento assinado por seu superior, Luiz Cantanhede nem sequer se deu ao trabalho de consultar os colegas. Sentou-se ele mesmo diante da máquina de escrever e num ofício de cinco linhas pediu demissão da reitoria.

19 O reitor Künzi é levado a um encontro secreto: "Seja breve, o senhor vai falar com o presidente"

A saída de Cantanhede transformou o apartamento dos Montenegro no Rio de Janeiro em ponto de encontro dos veteranos do ITA que lutavam para manter a instituição em pé. Em geral eram professores efetivos ou que haviam deixado São José dos Campos inconformados com o comportamento autoritário de Castro Neves. E era por intermédio deles que Montenegro acompanhava, capítulo por capítulo, a demolição do sonho de uma vida inteira. Às oito da manhã de sexta-feira, 26 de novembro, dia seguinte à demissão de Cantanhede, o brigadeiro Castro Neves chamou a seu gabinete o professor suíço Charly Künzi, a quem fez um telegráfico relato da crise que culminara com a renúncia do reitor e lhe dirigiu uma pergunta à queima-roupa:

— Eu gostaria muito que o senhor substituísse o professor Cantanhede. O senhor aceita ser o novo reitor?

Atordoado pela surpresa, Künzi pediu ao brigadeiro um prazo "para pensar antes de decidir". Na saída ele ouviu do chefe de gabinete, coronel Vassalo, a informação de que o desligamento dos quatro alunos tinha sido sacramentado. A notícia correra o campus e os professores, convocados pelo vice-reitor em exercício, Fernando Rebello, já se encontravam reunidos no auditório do ITA para decidir o que fazer. Künzi ainda chegou a tempo de ouvir Cantanhede ler o final de sua carta de demissão. Logo em seguida pediu a palavra e revelou aos colegas o diálogo que acabara de ter com Castro Neves.

Explicou que pedira tempo exatamente para discutir com alunos e professores que resposta deveria dar.

Bonitão, de sorriso fácil, filho de militar e nascido em Berna, na Suíça, o engenheiro Charly Künzi se formara na Politécnica de Zurique. Em 1958, com pouco mais de trinta anos, ele recebeu um convite-desafio da gigante Brown Boveri, empresa líder de um império industrial suíço: dirigir a instalação de uma fábrica de equipamentos pesados no Brasil — mais precisamente na cidade de Osasco, vizinha a São Paulo. Künzi veio acompanhado da jovem esposa, Beatrice, e quando a obra chegou ao fim, em 1961, eles não queriam mais deixar o Brasil. O sucesso da empreitada em Osasco levara a Brown Boveri a fazer-lhe proposta idêntica, só que desta vez no Canadá, mas Künzi preferiu o convite para dar aulas na Escola de Engenharia da Universidade de Minas Gerais, em Belo Horizonte. Beatrice não pôde sequer terminar o curso de artes plásticas que passara a fazer três vezes por semana em Ouro Preto, a uma hora da capital mineira, com o mestre Alberto da Veiga Guignard: menos de um ano depois de instalado em Belo Horizonte, Künzi foi convidado por Marco Antônio Cecchini para dar aulas no ITA.

O fim de semana foi todo consumido em reuniões. Primeiro ele chamou a sua casa o vice-reitor Rebello, o presidente da Congregação, Marco Cecchini, e os professores José Thomaz Senise, Octanny Silveira da Mota, Darwin Bassi e Gustave Rabson, aos quais dirigiu a pergunta que martelava na sua cabeça desde o dia anterior: ele deveria ou não aceitar o convite para ser reitor do ITA? A julgar por aquela amostragem, a decisão estava tomada: dos seis consultados, só o matemático norte-americano Rabson tinha dúvidas. Todos os demais eram contra. Na segunda reunião, com outros seis colegas, o resultado fora 4 a 2 contra a aceitação do convite. E assim foi por todo o sábado e domingo, sem que ninguém dormisse — e sem que se chegasse a uma conclusão. A semana começou sem qualquer sinal de fumaça branca na chaminé da reitoria. Impaciente com a demora e com o sem-fim de reuniões e assembleias, Castro Neves chamara Künzi para um ultimato aterrador:

— Ou os senhores se entendem ou nomeio um coronel para dirigir o ITA.

Apesar da ameaça, só na terça-feira da semana seguinte, dia 7 de dezembro, é que Künzi se sentiu em condições de voltar a se encontrar com o diretor do CTA para, com seu forte sotaque suíço-alemão, dar a resposta:

— Só posso aceitar seu honroso convite se eu tiver o apoio da maioria dos alunos e professores, inclusive os estrangeiros, da associação dos ex-alunos e, naturalmente, do senhor diretor-geral.

Diante de um brigadeiro inflexível, Künzi arrematou:

— Como o senhor deve saber, para obter o apoio de alunos, ex-alunos e professores, será preciso rever as punições aos quatro engenheirandos. Sugiro, como gesto pacificador, que os desligamentos sejam transformados em segunda época, o que já é uma pena de bom tamanho.

Castro Neves não tinha nada a objetar quanto às questões iniciais, mas com relação aos alunos desligados, o máximo que podia prometer, disse ele a Künzi, era um vago "examinar o caso mais tarde". Já era alguma coisa. Com aquela frágil solução de compromisso nas mãos, Charly Künzi saiu em campo para montar sua futura equipe na reitoria (ele decidira só tomar posse depois que estivesse com o time pronto). Só ao final da primeira rodada de convites é que ele se deu conta da encrenca em que se metera. Dos seis primeiros nomes convidados, quatro disseram não: Paulus Aulus Pompeia e Leônidas Hegenberg, cogitados para a vice-reitoria, e Octanny Silveira, que recusara o delicado posto de diretor da Divisão de Alunos. Tércio Pacitti aceitara continuar na chefia do Laboratório de Processamento de Dados e o professor João McDowell disse que assumiria a Divisão de Alunos desde que pudesse discutir alguns pontos com o diretor-geral. A baixa receptividade não o desanimou. Como parte da política de desarmamento dos espíritos no campus, sugeriu — e conseguiu — que os quatro alunos escrevessem uma carta ao brigadeiro Castro Neves deixando claro que eles não eram comunistas.

Já era antevéspera de Natal e Künzi, sem conseguir montar o gabinete, ainda não tinha tomado posse. No dia 23 ele conseguiu acertar o encontro do diretor-geral com o professor McDowell, seu candidato à chefia da Divisão de Alunos. O professor queria pouco para aceitar o convite: apenas ouvir de Castro Neves que seria preservado o Departamento de Ordem e Orientação (DOO) do Centro Acadêmico, sob ameaça de fechamento. Pretendia aproveitar a audiência para manifestar ao diretor-geral também suas objeções à mais recente decisão dele: a obrigatoriedade da prestação de serviço militar pelos alunos civis do ITA, em um Centro Preparatório de Oficiais da Reserva (Cpor) a ser instalado dentro do campus. Mas mal o ordenança abriu a porta da sala, e antes mesmo que McDowell pudesse expor a razão de sua visita, o brigadeiro Castro Neves avisou que tinha novidades:

— Comunico aos senhores que vou propor mudanças no decreto nº 964/64, no sentido de que a chefia da Divisão de Alunos do ITA passe a ser cargo privativo de tenentes-coronéis da FAB.

Um tenente-coronel? Mas Künzi custara tanto a convencer o professor McDowell e agora ele vinha dizer que o posto passaria a ser privativo de um tenente-coronel? Castro Neves, porém, ainda não tinha terminado:

— E informo aos senhores, também com relação à ordem e à disciplina, que mandei construir portarias em todos os H8, onde ficam os alojamentos dos alunos.

A reunião acabou antes de começar. Os dois professores se levantaram cabisbaixos e foi McDowell quem quebrou o silêncio, já na calçada. "Lamento muito, Charly, mas para mim acabou", suspirou o professor. "Vou pedir demissão do ITA." Era mais um a engrossar as fileiras de dezenas de matemáticos, físicos e engenheiros que diziam adeus ao ITA por não mais aguentarem a atmosfera policial que Castro Neves impusera ao campus. Mas Charly Künzi era um suíço cabeça-dura que não pretendia jogar a toalha enquanto não conseguisse a reintegração dos quatro estudantes punidos por causa da escolha do paraninfo de engenharia. Dois dos punidos, aliás, Esmanhoto e Ezequiel, haviam-no procurado por telefone dias antes com um pedido de socorro: queriam que Künzi os acompanhasse durante a visita que fariam ao campus para retirar objetos pessoais em seus antigos quartos no alojamento dos estudantes. Eles temiam ser submetidos à mesma humilhação imposta a outro expulso, Mário Tokoro, que ao buscar seus pertences passou o tempo todo escoltado por dois sentinelas da Aeronáutica armados de fuzis.

A posse foi finalmente marcada para o dia 6 de janeiro, mas dois dias antes Castro Neves adoeceu e foi levado para o Hospital da Aeronáutica, no Rio. Para não adiar ainda mais a cerimônia — fazia um mês e meio que o ITA estava sem reitor efetivo —, o coronel Vassalo presidiu a sessão. Duas semanas depois, quando Castro Neves já havia retornado a São José, Charly Künzi viajou ao Rio para cumprir a visita formal de apresentação ao ministro Eduardo Gomes. Embora o diretor do CTA tivesse determinado que o coronel Vassalo o acompanhasse na audiência, Künzi não se intimidou com a presença do militar e falou com franqueza:

— Expus ao ministro todos os nossos problemas e dificuldades, sem omitir nenhuma. Nem mesmo o compromisso que as circunstâncias me obrigaram a tomar junto ao corpo docente do ITA, de pedir demissão caso a punição de desligamento dos quatro alunos não fosse reduzida a uma segunda época.

Sob marcação permanente do coronel Vassalo, Künzi ainda obteve uma audiência de alguns minutos com o brigadeiro Clóvis Travassos, chefe do Estado-Maior da Aeronáutica, cujo gabinete ficava no mesmo prédio, a quem repetiu o discurso que havia declamado para Eduardo Gomes, e colocou sobre a mesa dele um novo problema: impor o serviço militar obrigatório para os alunos civis seria abrir um novo foco de crise. De volta a São José dos Campos, Künzi recebeu outra má notícia: revoltado com o regime imposto à instituição pelo brigadeiro Castro Neves, o professor Paulus Aulus Pompeia lhe confidenciou que estava pensando em seguir o rumo da maioria e se demitir. A notícia chegou aos ouvidos do diretor-geral, que recebeu a decisão como uma ofensa pessoal e reagiu com brutalidade. Ao sair de sua residência no H17, na manhã seguinte, Pompeia encontrou um caminhão da Aeronáutica estacionado na porta. Um dos soldados presentes aproximou-se e informou que estava ali "com ordens para retirar a mudança". Pompeia explicou que devia haver algum engano, pois ele era professor e não estava de mudança, mas o militar entregou-lhe um ofício "determinando, por ordem do diretor-geral, a desocupação, o mais breve possível, de sua residência no campus deste instituto". Ele tinha sido demitido na noite anterior, segundo Castro Neves informaria depois, "por ter escrito o nome Karl Marx no quadro-negro, durante uma aula". Com ele já eram 51 — de um total de 150 — os professores que haviam deixado o ITA desde a saída de Montenegro.

Künzi estava entrando num beco sem saída. A violência do brigadeiro Castro Neves contra um pioneiro como o físico Pompeia, um homem casado e com treze filhos, reforçou ainda mais os argumentos do grupo contrário a que ele aceitasse a reitoria, por considerar que isso significava coonestar a militarização do ITA. Se alguma coisa não fosse feita, a oposição à reitoria logo tornaria o campus ingovernável. Valendo-se de meios que jamais revelaria, Künzi conseguiu, sem que Castro Neves soubesse, uma audiência reservada com Eduardo Gomes. Em um longo depoimento concedido em 2001 aos jornalistas Pedro John Meinrath (iteano da turma de 59) e Raimundo Rodrigues Pereira (um dos expulsos de 1964), Künzi contou como foi seu encontro com o ministro da Aeronáutica, dessa vez a salvo dos ouvidos indiscretos do coronel Vassalo:

> O objetivo do meu pedido era fazer um apelo a favor dos quatro alunos expulsos, tentando convencê-lo de que o fato de terem escolhido como patrono Tristão de Athayde, um católico convicto, não era motivo para considerá-los comunistas. A conversa de meia hora foi cordial, mas fiquei impressionado com o ódio demonstrado pelo brigadeiro em rela-

ção aos comunistas e com sua firmeza em não querer voltar atrás na expulsão dos alunos. Ele me disse:

— Esses alunos não prestam, são comunistas mesmo!

Eu falei:

— Não são tão comunistas assim. Temos professores americanos no ITA que estão levando esses alunos para os Estados Unidos.

Eduardo Gomes chegou a dizer que Bob Kennedy era comunista. Então tentei mostrar-lhe que existia uma incompatibilidade de propósitos entre o brigadeiro Castro Neves e os professores e alunos do ITA. Sempre falando baixinho e educadamente ele me disse:

— O brigadeiro Castro Neves é um grande oficial. Ele sabe o que está fazendo e tem a minha total confiança.

Charly Künzi perdera a viagem, mas não a esperança. Da sede do Ministério, no centro do Rio, ele tomou um ônibus em direção ao bairro de Laranjeiras, onde morava o marechal Casimiro Montenegro. Por mero acaso não havia ex-colegas seus em visita ao antigo chefe, que ele encontrou em companhia apenas de Antonietta:

Ele já estava cego na época e a esposa serviu como ponto de ligação. Antonietta era a visão do marechal. Eu contei tudo ao Montenegro e pedi ajuda. Montenegro falou muito pouco. Disse que não se encontrava em posição que lhe permitisse interferir em favor do ITA. Entreguei meu relatório para a sra. Antonietta, que iria lê-lo depois para o marido. Voltei com a certeza de que o marechal iria fazer alguma coisa.

Montenegro, na verdade, já estava fazendo. Semanas antes ele recebera uma dramática carta do professor Cantanhede na qual o ex-reitor fazia um minucioso inventário da destruição deliberada e sistemática que Castro Neves vinha operando no ITA, com o ostensivo apoio de Eduardo Gomes. Indignado com o que lera, Montenegro tirou uma cópia e enviou-a ao brigadeiro Travassos, chefe do Estado-Maior da Aeronáutica (a quem ele tratava por "Clóvis") dizendo ser uma "carta de um desesperado do ITA" e fazendo uma macabra sugestão ao ministro:

> Julgo que a intenção do Cantanhede é que você tenha conhecimento de seu texto. Ao enviá-lo, faço-o apenas em apelo para que ele convença o Eduardo Gomes a acabar com o ITA, cedendo os seus laboratórios e professores para entidades congêneres. Seria um golpe de misericórdia, como o que se costuma dar nos animais que ficam mutilados após um acidente.

Além de tentar atrair Travassos para a causa do ITA (uma jogada de risco, já que ele, como chefe do Estado-Maior, era diretamente subordinado ao ministro), Montenegro considerava igualmente importante conquistar a simpatia da opinião pública para o papel do instituto no desenvolvimento do país. E, claro, alertá-la para o risco iminente de desaparecimento do ITA — ou de sua transformação em uma academia militar, como sonhava Castro Neves, o que dava no mesmo. Com a imprensa desfrutando de liberdade, era chegada a hora de, novamente, recorrer aos jornalistas. Depois de muitas consultas com professores e amigos, Montenegro expôs seu plano ao ex-vice-reitor Fernando Rebello, tão comprometido quanto ele naquela briga. Os alvos eram os veículos que compunham a nata dos formadores de opinião da época: a revista *O Cruzeiro* e os jornais *Estado de S. Paulo*, *O Globo* e *Jornal do Brasil* — em todos eles as portas já tinham sido abertas. No *Estadão* ele recorrera ao crítico Luís Martins, que assinava a influente coluna "LM" e era casado com a escritora Anna Maria Martins, amiga de infância de Antonietta. No *JB* nem foi preciso gastar latim: o diretor do jornal, Manuel Francisco do Nascimento Brito (genro da proprietária, a condessa Maurina Dunshee d'Abranches Pereira Carneiro), era oficial da reserva da FAB, condecorado por ações como piloto de caça nos bombardeios a submarinos alemães nas costas brasileiras, entre 1943 e 1945. Velho admirador do ITA, o "dr. Brito", como era conhecido, seria acionado a um mero telefonema. Nas anotações de Montenegro ainda havia dois nomes: n'*O Globo*, o homem capaz de convencer Roberto Marinho era seu principal assistente, o jornalista Walter Poyares — que também já havia estado algumas vezes no ITA. Com a ausência de Chateaubriand (o pequenino tsar da imprensa estava hospitalizado em estado grave), na revista *O Cruzeiro* Montenegro falaria com a escritora e colunista Rachel de Queiroz, cearense como ele e que tinha uma "virtude" adicional: era amiga do presidente da República, o marechal Castello Branco. Com a letrinha tremida de cego, ele anotou no canto da folha de papel: "Se o Chateaubriand estivesse bem, como grande fã do CTA seria um nome cogitado".

Sempre segundo o depoimento dado por Künzi a Raimundo e Pedro John, a última porta em que o reitor bateu foi a de Montenegro. Dias depois um oficial da Aeronáutica apareceu de surpresa na reitoria, envergando quatro estrelas de tenente-brigadeiro do ar e, identificando-se apenas pelo prenome (que Künzi convenientemente esqueceu), transmitiu-lhe uma mensagem enigmática:

— Por favor esteja no saguão do Aeroporto Santos Dumont no dia 25 de fevereiro às tantas horas.

Tão misteriosamente como chegou, o militar saiu. Embora tivesse ficado extremamente assustado, Künzi decidiu ir — até porque, pensou, ele ainda era cidadão suíço e, portanto, tinha lá suas imunidades. Depois de passar a noite dentro de um ônibus da viação Cometa, Künzi desceu na rodoviária do Rio na manhã de uma sexta-feira pós-Carnaval e tomou um táxi para o aeroporto. Embora tivesse chegado com muita antecedência, logo aproximou-se um homem "à paisana, mas com aspecto de militar" que se dirigiu a ele:

— Professor Künzi, do ITA? Eu vou levá-lo ao encontro marcado.

Os dois entraram num carro dirigido pelo próprio homem e no qual não havia mais ninguém. O veículo seguiu pela praia do Flamengo e na altura da praia de Botafogo entrou à direita "num bairro de muitas palmeiras, jardins e casas tipo palacetes" até embicar no portão da garagem de uma daquelas casas. Seguranças — sempre

ITA: diretor recebe a carta de demissão

Folha de S. Paulo 19/3/1965

O brig. Henrique de Castro Neves, diretor-geral do Centro Tecnico de Aeronautica (CTA) de São José dos Campos, que ontem regressou de viagem, tomou conhecimento oficial do pedido de demissão do reitor do Instituto Tecnico de Aeronautica (ITA), prof. Charles Kunzi.

A carta de demissão do reitor, apresentada ao corpo docente dia 15 ultimo, deve-se à negativa do diretor-geral do CTA em atender pedido de reconsideração de medida, por ele tomada em dezembro ultimo, que eliminou da escola 4 alunos, responsabilizados por "indisciplina" cometida pelos formandos de 1965.

RESSENTIMENTO

Os professores do ITA ficaram bastante ressentidos com as declarações do brig. Castro Neves a um jornal carioca, em que responsabiliza "um pequeno grupo de professores" pela crise do ITA.

Nesse pronunciamento, o brig. Castro Neves denuncia esse grupo, como causa da "indisciplina de fundo ideologico comunista", ocorrida em novembro do ano passado, e os classifica de "falsos lideres, frustrados, perfeitamente dispensaveis, por serem professores ultrapassados e estagnados cientificamente, por falta de idealismo, e por estarem prejudicando o acesso dos mais jovens e estudiosos"

Reitor demissionario e professores do ITA refutaram essas declarações e as consideraram "falsas e injuriosas"

"PELO BEM DO ITA"

O eng. Jessen Vidal, presidente da Associação dos Antigos Alunos do ITA, declarou que a Associação está "altamente preocupada com a crise e seus integrantes, vão no sentido de uma só feliz".

Ag. Jessen ressaltou que da Associação "não

visa quaisquer interesses politicos, mas unicamente o bem do ITA com a criação de um clima propicio para o estudo e a pesquisa".

EXODO DE PROFESSORES

O coronel Newton Vassallo da Silva explicou o exodo de 51 professores do ITA, como "uma busca de melhores condições salariais em organizações universitarias e de pesquisas dos paises de moeda forte, contra as quais o ITA não pode competir".

O eng. Jessen Vidal concordou em parte com as zabras apresentadas pelo cel. Vassalo, mas frisou que os professores "só aceitam ofertas externas, por não encontrarem no ITA condições intemas para desenvolverem seus trabalhos de magisterio e pesquisa".

Acrescentou que o problema salarial atinge mais os «auxiliares de ensino» e os «assistentes» que os professores «plenos» e «associados», de quem depende o ensino e a pesquisa. «A falta de professores — continuou — vem prejudicando profundamente as materias chamadas optativas e os cursos de pós-graduação».

SOLUÇÃO

O cel. Vassalo declarou que a solução da crise virá com o restabelecimento do clima de confiança entre a direção geral do CTA e o corpo docente e discente do ITA». Contudo, não disse como isso se conseguirá.

Os professores veem a crise como algo de mais profundo e como uma «questão principalmente de filosofia». O prof. Marco Antonio Cecchini, presidente da Congregação dos professores, disse que não vai se afastar do ITA e que trabalhará com a mesma energia, mesmo que as condições não sejam as ideais».

O professor Charles Kunzi,

reitor demissionario, declarou que a solução da crise será simples, desde que o reitor tenha autonomia administrativa e financeira para que possa executar o curriculo programado conforme lhe faculta a autonomia academica».

«No entanto — ressalta o prof. Kunzi — isso não quer dizer que seja preterida a supervisão do ITA e do CTA pelo Ministerio da Aeronautica».

Pronunciamento oficial do corpo docente será elaborado na reunião da Congregação de professores marcada para dia 21, às 16h30

Montenegro articula com os amigos da imprensa para tentar salvar o ITA: a crise ultrapassa os muros do campus, chega à opinião pública e vai bater nas portas do Palácio do Planalto.

---

16 — O ESTADO DE S. PAULO

O ITA apela para Castelo

A Associação dos Engenheiros do ITA (Instituto Tecnologico da Aeronautica) decidiu ontem — face à crise por que passa o Instituto — enviar apelo ao presidente da Republica, expondo os problemas e salientando a ameaça de fechamento que pesa sobre o estabelecimento. A decisão foi tomada em reunião realizada ontem à noite.

O ITA foi fundado em 1950 com o objetivo de formar engenheiros em aeronautica, a fim de trazer para o País Industrias de aviação. Todavia, começaram a vir apenas industrias automobilisticas e similares. Por isso, o Instituto, em lugar de preparar engenheiros aeronauticos, passou a formar engenheiros para atender às necessidades mais prementes do País.

Todavia, sempre houve na Aeronautica uma corrente contraria à escola, achando que o ensino civil é problema unicamente do Ministerio da Educação. Como a escola passou a formar engenheiros para outros ramos, sem ser o da aeronautica, caiu por terra um dos argumentos basicos da fundação.

Debandada

De junho do ano passado até agora, nada menos de quatro reitores passaram pelo Instituto — numero inferior aos que passaram pela reitoria (três), desde sua fundação até o ano passado.

De fevereiro de 1965 a março do corrente ano, cerca de 50 professores se demitiram. No ano passado, a Divisão de Eletronica possuia 13 professores para 164 alunos. Atualmente, possui três professores para 170 alunos.

Nos exames vestibulares deste ano, havia 3.700 alunos para preencher 100 vagas. Este

Delegados

civis, ele observou — abriram os portões para que o carro entrasse e estacionasse nos fundos do casarão. O mesmo acompanhante o fez atravessar uma sala muito grande, com móveis antigos, parou diante de uma porta, e abriu a boca pela segunda vez:

— Professor Künzi, o senhor vai se encontrar com o presidente da República, o marechal Castello Branco. Fale dos problemas do ITA, mas seja breve.

Só muitos anos depois é que Charly Künzi revelaria o segredo que prometeu guardar — e que manteve consigo por quase meio século:

A viagem de ônibus até o Rio de Janeiro tinha sido noturna, mas não consegui dormir. Estava angustiado. Quando soube com quem iria me encontrar, a angústia aumentou. Entramos numa sala pequena: lá estava o presidente da República, Castello Branco. A primeira coisa que me chamou a atenção é que ele me pareceu achatado, como se uma pessoa tivesse reduzido a sua altura, do tórax à cabeça, eliminando praticamente o pescoço. Ele vestia terno escuro e tinha uns poucos documentos na mesa. Me cumprimentou educadamente, mas sem o menor gesto de simpatia. Nos sentamos num sofá e poltrona que estavam num canto da sala. E então ele me perguntou:

— Então, reitor, o que está acontecendo no ITA?

Pela quarta vez contei a minha trágica história. Não falei dos quatro alunos expulsos porque nestas alturas o destino do ITA tinha se tornado imensamente mais importante na minha mente do que o destino dos quatro alunos. Ele me deixou falar sem me interromper, sem me fazer uma única pergunta. Ele falou apenas:

— Reitor, este encontro não aconteceu e, se for necessário, vou negar que ele aconteceu.

E se levantou. Eu falei:

— Presidente, eu preparei um relatório no qual consta tudo o que eu lhe disse, mas de uma maneira mais detalhada e com documentos comprobatórios.

Tirei o relatório da pasta e ele respondeu:

— Entregue-o para o ajudante.

Assim eu soube que o senhor que me acompanhava era ajudante do presidente.

Duas semanas após o encontro com Castello, Künzi recebeu, de um novo e igualmente misterioso mensageiro, um aviso para apresentar-se no dia 10 de março às dez horas da manhã no Ministério da Aeronáutica. No dia marcado o reitor acordou cedo, foi de avião de São José ao Rio e andou a pé do Aeroporto Santos Dumont até o prédio do Ministério. No caminho ele soube que tinha acabado de explodir o primeiro petardo da campanha montada por Montenegro: o principal editorial do *Jornal do Brasil* daquele dia era dedicado ao ITA. Intitulado "Retrocesso cultural", o artigo demolia a administração Castro Neves. A abertura de cada um dos três parágrafos em que ele foi escrito é reveladora do conteúdo:

São desalentadoras as notícias recentes sobre o Instituto Tecnológico da Aeronáutica, o famoso ITA de São José dos Campos, que em pouco tempo se transformou num dos mais importantes centros de altos estudos da América Latina [...].

Para a direção do instituto foi nomeado o brigadeiro Castro Neves, que não estava preparado para as responsabilidades específicas da missão. O ministro da Aeronáutica deveria ter feito a sua escolha entre oficiais dedicados ao campo do ensino [...].

Agora todo esse patrimônio técnico e cultural está ameaçado de ruir [...].

O jornal parecia pegar fogo nas mãos. Chegando ao prédio do Ministério, Künzi foi levado por um sargento até o décimo andar. Um oficial o fez entrar em um salão com uma grande mesa de reuniões, em torno da qual se encontravam muitos brigadeiros. "Eu nunca tinha visto tantos oficiais-generais da Aeronáutica juntos em minha vida", contaria Künzi, "mas o brigadeiro Eduardo Gomes não estava

JORNAL DO BRASIL

Rio, 10 de março de 1966

Diretores:

Diretor-Presidente:
C. Pereira Carneiro

M. F. do Nascimento Brito e Celso de Souza e Silva

Editor-Chefe:
Alberto Dines

RETROCESSO CULTURAL

São desalentadoras as notícias recentes sôbre o Instituto Tecnológico da Aeronáutica, o famoso ITA, de São José dos Campos, que em pouco tempo se transformou num dos mais importantes centros de altos estudos da América Latina. Informa-se, agora, que o ITA está em franca desagregação e que poderá até ser extinto qualquer dia dêsses. Tudo porque a atual administração da Aeronáutica decidiu militarizar e burocratizar o Instituto, suprimindo-lhe o papel de órgão municiador do nosso processo de desenvolvimento. O que se tornara um centro de estudos, de especialização e de pesquisas para tôdas as finalidades do avanço tecnológico e científico, sem distinção do caráter civil ou militar, passou a sofrer um rígido enquadramento de objetivos, com o propósito final de destinar-se exclusivamente à atividade aeronáutica.

Para a direção do Instituto foi nomeado o Brigadeiro Castro Neves, que não estava preparado para as responsabilidades específicas da missão. O Ministro da Aeronáutica deveria ter feito a sua escolha entre oficiais dedicados ao campo do ensino. Infelizmente, além de descuidar-se nesse ponto, o Brigadeiro Eduardo Gomes não se preocupou em dotar o ITA dos recursos necessários, a fim de manter o seu corpo docente de alta categoria — muitos dos professores recrutados de Universidades estrangeiras — e de dar continuidade ao programa de instalações e equipamentos, que sempre estiveram ao nível das melhores instituições do gênero. Por falta de verbas, mas sobretudo de uma filosofia de direção adequada às suas verdadeiras finalidades, o Instituto enfrenta hoje o problema da evasão

dos bons professôres e da frustração dos alunos. Várias dezenas de candidatos à admissão no ITA têm desistido dos exames ou do ingresso, quando verificam que já não se trata de um estabelecimento de altos estudos, projetado para o presente e o futuro, de uma escola universitária modêlo, mas sim de uma instituição educacional rotinizada, com a peculiaridade do engajamento militar. No entanto, até há pouco tempo o Instituto Tecnológico da Aeronáutica era procurado por diversas categorias de engenheiros que queriam especializar-se nas técnicas mais avançadas do ramo. O parque industrial brasileiro, ninguém ignora, conta no corpo dos seus departamentos de planejamento, produção e pesquisas com numerosos diplomados em São José dos Campos, que assim se dispensaram de recorrer a cursos e treinamentos no exterior, economizando divisas para o País e aqui podendo fazer um aprendizado já em função da realidade nacional.

Agora todo êsse patrimônio técnico e cultural está ameaçado de ruir. Vê-se o Govêrno com sobra de lazer e de apetite para o tratamento estéril de temas políticos que nada acrescentam ao acervo das nossas realizações. Entretanto, os centros de altos estudos — não só o ITA, mas também o Instituto de Pesquisas da Marinha, o Instituto Rio Branco (Itamarati), a Universidade de Brasília e tantos outros — são entregues a um inconcebível processo de deterioração. Para êles, nem atenções, nem planos, nem recursos. Haverá algo mais contraditório do que agir dêsse modo e, ao mesmo tempo, falar em mobilização nacional para as reformas de estrutura e para o desenvolvimento?

Montenegro consegue com Nascimento Brito, ex-piloto da FAB e diretor do Jornal do Brasil, *o editorial que põe o dedo na ferida e inicia a derrocada de Castro Neves à frente do CTA/ITA.*

presente." Não se sabe se foi para manifestar desapreço pelo editorial, mas ninguém lhe dirigiu a palavra nem lhe ofereceu uma cadeira para se sentar. Aí o tenente-brigadeiro que estava na cabeceira da mesa repetiu-lhe, em voz alta, a pergunta que Künzi já estava cansado de ouvir e responder:

— Professor: o que está acontecendo no ITA?

Durante quarenta minutos, em pé e segurando uma pasta debaixo do braço, o reitor Charly Künzi repetiu cronologicamente, detalhe por detalhe, tudo o que vinha acontecendo no ITA desde a demissão do marechal Montenegro. Não foi interrompido uma única vez, nem mesmo para que lhe oferecessem um copo d'água. Ao final da narrativa, o mesmo oficial lhe perguntou:

— Qual é a sua sugestão, professor?

Künzi não se intimidou:

— Tirar o brigadeiro Castro Neves e no seu lugar colocar um militar formado no ITA.

Durante cerca de dez minutos os brigadeiros confabularam em voz baixa, entre si, enquanto Künzi permanecia de pé, com a pasta nas mãos. De vez em quando ele ouvia referências "ao nome de um certo coronel Paulo Vítor". Encerrado o conciliábulo, todos emudeceram e o mesmo brigadeiro de antes voltou a falar:

— Professor, o senhor deve entender que não se pode fazer nada que possa desprestigiar a Aeronáutica, a não ser que o motivo seja muito forte. O senhor é o terceiro reitor desde que o brigadeiro Castro Neves assumiu. Se o senhor pedisse demissão, criaria uma situação que justificaria a tomada de medidas que resolvessem os problemas do ITA.

Dita com aquelas palavras poderia parecer uma proposta complicada, mas na hora Künzi entendeu o que os brigadeiros estavam propondo: sua cabeça contra a de Castro Neves. Negócio fechado. Ele só precisava se certificar de que era aquilo mesmo:

— Brigadeiro, eu peço demissão. Mas e se os problemas não forem resolvidos?

— Nós vamos resolver os problemas. Passe bem, o senhor está dispensado.

Sem ninguém para acompanhá-lo sequer até a porta do elevador, Künzi pegou um táxi, foi para Copacabana e passou uma hora caminhando na calçada da praia, para relaxar e refletir sobre o que acabara de acontecer. Chegou à conclusão de que tomara a decisão acertada: afinal nem a revisão da expulsão dos quatro alunos ele tinha conseguido, então o melhor era dar a cabeça em troca da salvação do ITA. Mas o sentimento mais forte era o de alívio — a certeza de que Castro Neves estava com os dias contados o deixava com a consciência em paz. Künzi embarcou de volta a São José dos Campos imaginando qual seria o momento apropriado para cumprir sua parte naquele misterioso pacto com os brigadeiros. O campus fervia com o editorial do *Jornal do Brasil*.

Castro Neves convocou um repórter do *JB* para rebater as acusações contidas no editorial. Sem saber da reunião ocorrida de manhã no Rio, ele abriu a entrevista esclarecendo que "o atual reitor, cidadão suíço contratado pela administração anterior, foi indicado para a reitoria pelo atual diretor-geral". Depois de exibir dados e gráficos comprovando que tudo funcionava "em sua plenitude", Castro Neves explicou ao jornalista onde estava a raiz da campanha contra o CTA/ITA:

— A onda de comunização do país até 1964 atingiu profundamente o ITA, com relaxamento da disciplina e quebra da boa ética e de compromissos morais, o que abre a porta para a corrupção e para o caos. Claro que, para tanto, concorreram ações e omissões de administrações anteriores.

Só havia uma "administração anterior", após o golpe de 1964: a de Casimiro Montenegro. Como se o alvo de seus tiros não tivesse ficado suficientemente claro, o brigadeiro explicitou do que falava:

— Em superposição a esses males coincidiu que um pequeno grupo de professores, julgando-se dono do ITA, arquitetou fazer uma Fundação, com eliminação dos demais órgãos do CTA e afastamento dos militares.

O militar denunciou também que mais de 10 milhões de cruzeiros tinham sido destinados a cursos de alfabetização de adultos fora do CTA, "o que ficou provado tratar-se de pregação comunista, nos moldes patrocinados pela antiga UNE". No dia seguinte o jornal *Folha de S.Paulo*, que também entrara no assunto, mandou um repórter a São José dos Campos para ouvir o diretor do CTA. Castro Neves parecia ainda estar sob os efeitos do editorial do *Jornal do Brasil*:

— A responsabilidade pela crise no ITA é de um grupo de professores movidos por indisciplina de fundo ideológico comunista. São falsos líderes, frustrados, perfeitamente dispensáveis por serem professores ultrapassados e estagnados cientificamente.

Ser acusado de estagnação profissional por um estranho ao meio científico não fazia a menor diferença para a maioria dos professores. Grave era ser chamado de comunista por um brigadeiro em plena ditadura militar. O primeiro a se precaver contra aborrecimentos futuros foi o ex-reitor Marco Cecchini, que se apressou a pedir a Castro Neves — e conseguir! — um inacreditável atestado de não comunista, datilografado sob as Armas da República, em papel oficial da Aeronáutica, cujas cópias Cecchini levou pessoalmente às redações dos jornais que haviam publicado a acusação. Era um documento singelo:

Ao Professor

Marco Antônio Guglielmo Cecchini

I — Venho com presteza atender à sua solicitação verbal, em reparo à matéria sobre o ITA publicada pelo jornal *O Globo* de hoje, que transcreveu artigo da *Folha de S.Paulo* sobre o mesmo assunto, em cujo texto o nome de V. S. é citado como líder de um grupo de professores exercendo ação comunizante. Tal notícia já foi contestada por mim [...].

II — Reafirmo aqui, tal como declarei ao repórter desse último jornal, que não lhe considero comunista, e que em meu conceito V. S. é democrata e católico.

III — Autorizo a V. S. fazer desta declaração o uso que julgar conveniente.

Brig. Henrique de Castro Neves
Diretor-Geral

Na manhã de 15 de março, cinco dias após o encontro do Rio, Charly Künzi cumpriu sua parte no pacto com os brigadeiros e entregou a carta de demissão — não a Castro Neves, que viajara à base de Barreira do Inferno, no Rio Grande do Norte, mas a seu substituto, o coronel Vassalo. Dias depois Künzi recebeu um convite para ir ao gabinete do brigadeiro, que já retornara a São José. O já ex-reitor encontrou, além do diretor-geral e do coronel Vassalo, o oficial-capelão do CTA. Castro Neves ofereceu um café, queixou-se dos termos da carta de Künzi (um rol de todos os erros e arbitrariedades cometidos desde a saída de Montenegro), e, quando todos se preparavam para se levantar, ele disse que ainda havia "uma pequena formalidade a cumprir". Abriu uma folha de papel onde estavam datilografadas catorze perguntas e estendeu-a a um surpreso Charly Künzi:

— Antes de ir embora o senhor terá que responder a um questionário. São catorze perguntas. Basta responder "sim" ou "não" a cada interrogação. E terá que ser agora.

Ninguém jamais tinha ouvido falar de algo semelhante. O reitor de uma das mais importantes universidades do país era submetido à humilhação de ter que responder a um interrogatório que ia de banalidades burocráticas (tais como "Deixou o diretor do CTA de autorizar a compra de qualquer item solicitado pelo ITA?", "O reitor, quando determinou modificações na sala de Administração do ITA, teve necessidade da autorização da direção-geral do CTA?") até mexericos como perguntar se "o reitor havia feito alguma ponderação" sobre a forma como o professor Pompeia havia deixado o ITA. Sem saber como reagir, mas confiante em que a sorte de Castro Neves já estava traçada, um indignado e perplexo Künzi rabiscou vários sim e não. O brigadeiro ainda exigiu que ele assinasse as duas folhas e que os presentes fizessem o mesmo, na condição de testemunhas.

O ex-reitor Marco Antônio Cecchini consegue do brigadeiro Henrique de Castro Neves um inacreditável atestado de "não comunista, democrata e católico".

MINISTÉRIO DA AERONÁUTICA
CENTRO TÉCNICO DE AERONÁUTICA
São José dos Campos, 25 de março de 1966

MEMO   De: Diretor Geral
12-DG/66 Ao: Professor MARCO ANTONIO GUGLIELMO CECCHINI

I - Venho com preteza atender à sua solicitação verbal, em reparo à matéria sôbre o ITA publicada pelo O GLOBO de hoje, que transcreveu artigo da FOLHA DE SÃO PAULO, sôbre o mesmo assunto, em cujo texto o nome de V. S. é citado como líder de um grupo de professôres exercendo ação comunizante. Tal notícia já foi contestada por mim, tendo o mesmo jornal, FOLHA DE SÃO PAULO, em edição de hoje, retificado o êrro de interpretação, no artigo intitulado "Ministro escolherá nôvo Reitor do ITA".

II - Reafirmo aquí, tal como declarei ao repórter dêsse último jornal, que não lhe considero comunista, e que em meu conceito V. S. é democrata e católico.

III - Autorizo a V. S. fazer desta declaração o uso que julgar conveniente.

Atenciosamente

Brig HENRIQUE DE CASTRO NEVES
Diretor Geral

HCN/JAM

Era a derradeira tacada de Castro Neves. Menos de duas semanas depois, os brigadeiros cumpriam a sua parte no trato: no dia 12 de abril o *Diário Oficial da União*, em um curto ato de menos de trinta palavras, punha fim à mais grave crise da história do ITA:

O presidente da República resolve exonerar, por necessidade de serviço, das funções de diretor do Centro Técnico de Aeronáutica o major-brigadeiro do ar engenheiro Henrique de Castro Neves.

Brasília, 12 de abril de 1966

H. CASTELLO BRANCO

Eduardo Gomes

Para o lugar de Castro Neves foi nomeado interinamente o coronel-aviador Paulo Vitor. Ele mesmo, o rebelde de Jacareacanga, fundador e primeiro presidente do Centro Acadêmico Santos Dumont e que, ao final de sua gestão à frente do CTA, ficaria conhecido como "O Pacificador". Foram sete anos de "interinidade", espaço de tempo que jamais seria igualado por nenhum diretor efetivo do centro, com exceção do próprio Casimiro Montenegro. É bem verdade que o Instituto Tecnológico de Aeronáutica jamais viria a ser o mesmo ITA de Montenegro, mas a instituição sobrevivera para contar a história.

20 Ao morrer, Montenegro deixa uma lição: civis e militares, juntos a seu lado

O marechal Casimiro Montenegro Filho viveu mais 34 anos. Após perder completamente a visão, recolheu-se a seu apartamento no edifício Águas Férreas, no número 550 da rua das Laranjeiras, Rio de Janeiro, e à casa de campo de Itaipava, em Petrópolis. Pouco saía à rua e só o fazia em ocasiões especiais, como por exemplo para prestigiar as inúmeras homenagens que recebeu ainda em vida. Familiares e amigos — estes últimos nunca se acostumaram a tratá-lo por marechal e continuaram a chamá-lo de "brigadeiro Montenegro" — dizem que nenhuma delas o deixou mais realizado do que o título de doutor honoris causa pela Universidade de Campinas, a Unicamp, instituição que acolheu muitos dos professores e ex-alunos que se afastaram e foram afastados do ITA durante a crise dos anos 1960. Um detalhe naquele dia, 2 de dezembro de 1975, chamou a atenção de todos: apesar de terem sido expedidos convites para dezenas de oficiais graduados da Aeronáutica e das demais Forças Armadas, o único militar presente à plateia era um seu antigo ajudante de ordens. No Natal daquele ano, Maria Antonietta Montenegro recebeu um cartão de boas-festas da amiga Laura Labarte Rebello, a Lolita, mulher do engenheiro Fernando Pessoa Rebello, professor do ITA desde a fundação do CTA, escrito em tom de indignação e desabafo:

Querida Antonietta,
    É enorme a pena que temos da Aeronáutica, do CTA e principal-

mente do Brasil por terem sido privados da colaboração de um oficial cuja visão interior é maior do que a visão externa e interna de muita gente boa somada, colaboração que cada dia que passa aumenta o seu valor. Isso não é "rasgar seda", você sabe, e só quem vive no CTA de hoje e viveu no de ontem pode julgar a incrível diferença e a falta que nos faz a inteligência, a visão, a compreensão, o patriotismo autêntico (não apregoado) e desprendimento que, no CTA de hoje, de tão inconcebível, chegaria a ser visto como algo cômico.

A ausência de militares na cerimônia da Unicamp é mais um "causo" a ser incorporado ao folclore do ITA, frente a outras histórias do brigadeiro Montenegro que os alunos passam de turma a turma, e dos quais muitas vezes pedem, incrédulos, confirmação junto aos professores mais antigos. O orgulho muito justo de ter vivido aquele tempo é que nos mantém ainda na esperança de que o ITA sobreviva à burrice e à mediocridade, ao voo rasteiro das perdizes que se julgam águias. E o pior é que as perdizes procriam sem conhecer limitações e se multiplicam parecendo ser essa a única lei de Deus que conhecem e obedecem. Mas é Natal e precisamos também ter caridade: perdoai-os, Senhor, porque são burros e não sabem o que fazem.

Em 1978, quando o professor Fernando Rebello decidiu pedir aposentadoria após 25 anos de trabalho no ITA, Antonietta Montenegro recebeu uma nova carta da amiga Lolita:

Antonietta, minha querida amiga

Nunca pensei que Fernando fosse pedir aposentadoria do ITA, suas raízes eram muito profundas aqui, mas para surpresa minha pediu e não me parece arrependido. Ele cansou das desilusões que as mudanças no ITA lhe causaram, os sonhos desgastados pelo tempo e pelas circunstâncias, a inadaptação aos novos rumos de um processo que não deixa muita esperança. Não sei o que vou sentir quando sair do CTA, depois de 25 anos, se tristeza ou alívio. As crianças não se mostram satisfeitas com essa mudança que para eles tem um significado muito grande. Representa o fim de uma infância feliz como poucas, num ambiente ideal de espaço, liberdade e segurança.

Uma das últimas homenagens militares a Montenegro ocorreu em outubro de 1971, quando o então presidente Emílio Garrastazu Médici o condecorou com a grã-cruz da Ordem do Mérito Aeronáutico, numa cerimônia realizada no encerramento das comemorações da Semana da Asa daquele ano. Além de Montenegro, que recebera a medalha por sua participação no primeiro voo do Correio Aéreo, outras personalidades foram agraciadas com a mesma comenda, entre elas o marechal Eduardo Gomes. O empresário Carlos Augusto Salles, que fora casado com uma sobrinha de Montenegro, recorda que o brigadeiro repetia com insistência a mesma frase em seus últimos anos de vida:

— A única coisa que a FAB lembra e entende é que eu fiz o primeiro voo do Correio Aéreo Nacional. A coisa mais vagabunda da minha carreira, para a FAB, é a mais importante. Será que esta gente não enxerga que o que eu fiz naquele dia qualquer tropeiro fazia? Era só pegar o avião e seguir, lá de cima, o caminho da estrada de ferro aqui embaixo. Mais nada. No entanto, para eles, essa é a grande façanha de minha vida, eles nunca entenderam, realmente, a importância do ITA.

A essa altura, a própria paisagem do CTA já sofrera grandes modificações. "Da última vez que fui lá, quase não me deixaram entrar, colocaram uma portaria com soldados armados, antes não havia nada disso, a gente entrava e saía livremente", conta Violet Leal, viúva do professor Oswaldo Leal. "A primeira coisa que mudou, de cara, foi a construção da portaria", relembra George Hilf de Moraes, filho do brigadeiro George Soares de Moraes. "O astral passou a ser outro. Botaram patrulha na entrada, ergueram cerca, ninguém podia mais entrar. Para nós foi muito estranho."

Em 1982, a direção do CTA finalmente resolveu fazer justiça e, a partir de 20 de outubro daquele ano, o campus da instituição passou

Embora tenha perdido completamente a visão, Montenegro participava de atos públicos e recebia homenagens por todo o país. Acima, à dir., com Antonietta, ele recebe das mãos do ministro Sócrates da Costa Monteiro uma miniatura do Frankenstein. À dir.:, recebe medalha em Fortaleza ao lado do compositor Luiz Gonzaga (de branco); ao centro, com as mais altas autoridades aeronáuticas do Brasil e, abaixo, condecorado pelo presidente Itamar Franco.

a ser denominado oficialmente Campo Montenegro. Em 1986, por sugestão do então diretor de engenharia do Ministério da Aeronáutica, major-brigadeiro Tércio Pacitti, ex-aluno, ex-professor e ex-reitor do ITA, Casimiro Montenegro foi proclamado patrono da Engenharia da Aeronáutica, tornando-se o primeiro patrono das Forças Armadas a receber tal honraria ainda em vida.

Mas novamente partiriam do mundo civil as homenagens que mais comoveram o velho marechal. Em 1981 o Ministério da Educação, no trigésimo aniversário da Coordenação de Aperfeiçoamento de Pessoal de Nível Superior (Capes), concedeu a Casimiro Montenegro o prestigiado Prêmio Anísio Teixeira, pela "escola modelar e inovadora em matéria de ensino e pesquisa" que havia sido o ITA, reconhecendo-o como educador — condição com que Montenegro dizia querer ser lembrado depois de morto.

Em 1993, aos 89 anos, ele receberia ainda o Prêmio Moinho Santista por seu trabalho de idealizador do Instituto Tecnológico de Aeronáutica. "Fui com ele à entrega do prêmio, no auditório do Palácio Bandeirantes, ele estava eufórico", recorda Carlos Augusto Salles. "Montenegro não era um homem que gostasse de demonstrar seus sentimentos em público, fossem tristezas, alegrias, raivas, satisfações ou insatisfações. Ele se policiava muito. Mas ali ele deixou transparecer sua alegria. Essas homenagens de fim de vida lhe fizeram muito bem", diz.

Em todas as solenidades, Montenegro se fazia acompanhar da mulher, Maria Antonietta. O primogênito do casal, Fábio, observaria:

— Minha mãe, que era muito mais nova do que meu pai, sempre foi uma grande admiradora dele. À medida que ele foi ficando velho, já cego, mamãe foi aprimorando a capacidade de administrar a vida de meu pai. E foi aí que ela também passou a aparecer cada vez mais. Até então, ele era o grande homem e ela a mulher que fazia os bolinhos, que fazia a produção das festas domésticas e das reuniões do ITA. De repente ela virou uma intelectual, que administrava intelectualmente o marechal Montenegro, que o orientava, por exemplo, em um evento público, quem ele devia cumprimentar, quem não devia, quem estava ali, a quantos passos estava cada um dos conhecidos. Tudo com muita discrição e elegância. Ela fazia uma leitura completa do cenário e o orientava.

Em uma das solenidades públicas das quais participou, Casimiro Montenegro ficou por alguns segundos frente a frente com um velho desafeto, o brigadeiro João Paulo Burnier. Mas enquanto este apresentava a esposa a um colega de farda sentado ali ao lado, Antonietta discretamente puxou assunto com Montenegro, para evitar que ele percebesse a aproximação de Burnier e, assim, impedir um provável constrangimento. "Por certo Casimiro iria cumprimentá-lo educadamente, mas eu sabia que ele ficara chocado quando descobriu, alguns anos antes, que teria havido uma articulação do Burnier dentro do Ministério da Aeronáutica para incluí-lo na lista dos cassados pelo regime militar", observa Antonietta. "O brigadeiro Clóvis Travassos foi quem reagiu quando o grupo do Burnier quis me cassar", confirmaria mais tarde Montenegro.

Do mesmo modo que o marechal demorou a acreditar que seu nome tivesse estado na lista negra do regime, ele também se recusou a crer que a tortura política estivesse mesmo manchando a farda da Aeronáutica, como denunciavam aqui e ali:

— Isso não existe, é história de comunista! — esbravejou quando o sobrinho Júlio César Montenegro, ex-aluno do ITA e futuro redator do jornal alternativo *Movimento*, disse-lhe que havia mesmo gente sendo torturada nos quartéis.

Por ironia do destino, Montenegro mudaria de opinião justamente no dia em que recebeu a condecoração das mãos do general Médici — considerado o mais duro de todos os presidentes militares. Após a solenidade, ele e Antonietta foram ao Galeão receber um parente que chegava de viagem. No saguão do aeroporto, Montenegro foi abordado por um oficial que havia sido seu subordinado na Diretoria de Material, que lhe confidenciou alguma coisa. Na saída do aeroporto, Montenegro chamou a esposa a um canto e desabafou, com ar de aflição:

— Antonietta, estou mortificado. Sabe o que um companheiro acaba de me contar? Ele foi levado de avião até certo ponto do mar, bem longe da praia, e ameaçaram jogá-lo lá de cima se ele não entregasse colegas acusados de subversão.

Depois daquilo, Montenegro se isolou ainda mais, passando a recusar convites para solenidades oficiais da Aeronáutica. Ele passava os dias em casa, quase na mesma poltrona, com o rádio ligado no noticiário e nos jogos do Botafogo, seu clube de coração. Antonietta lia para ele os jornais e obras da literatura universal. "Acho que Montenegro, apesar de muito inteligente, nunca fora um homem de ler muito; creio que ele passou a 'ler' mais quando ficou cego", brinca a escritora Anna Maria Martins. "Estou lendo os clássicos", ria Montenegro ao telefone, para surpresa dos amigos que ligavam para saber notícias suas.

A perda da visão não o incapacitou. No início, para continuar movimentando-se pela casa, ele chegou a amarrar linhas de um ponto a outro de cada aposento, as quais lhe serviam de guia para caminhar sem esbarrar nos móveis. Mas logo descartou tal artifício, pois passara a calcular a localização exata de cada objeto dentro do apartamento e a fazer os mesmos trajetos sozinho, sem necessitar de qualquer tipo de ajuda. Nas poucas vezes em que saía à rua, o máximo de auxílio que aceitava era o braço de Antonietta, que por sua vez sempre evitou tratá-lo como um velhinho desamparado. "Casimiro, cinco degraus", dizia ela por exemplo, com serenidade, diante de um lance de escadas, pois ele rejeitava qualquer tentativa de alguém ampará-lo ou de conduzi-lo com cuidados exagerados. Certa vez, em Itaipava, Montenegro calculou mal o caminho e caiu dentro da piscina que ficava no jardim de casa. Ninguém ousou socorrê-lo. Ele mesmo saiu nadando e, com a roupa encharcada, pôs-se de pé na borda do outro lado. Em vídeos domésticos gravados pela família nos finais de semana em Itaipava, surpreende a imagem de Montenegro andando com firmeza pelos arredores e atravessando sozinho, com água pelos joelhos e desviando das pedras, um riacho que corre perto da propriedade. George Hilf de Moraes recordaria, com entusiasmo, o dia em que seu amigo Fábio Montenegro estava tentando consertar uma motocicleta, cujo motor insistia em não pegar, e foi socorrido pelo pai completamente cego, que lhe dizia:

— Dá uma olhada no carburador, desmonta ele e monta de novo. Vou explicar como você faz. O defeito está aí. É a injeção de combustível.

Minutos depois a moto voltava a funcionar normalmente. George ficou espantado, mas o filho não tinha dúvidas de que o pai sabia bem o que estava fazendo. Fábio estava acostumado a vê-lo resolver intrincadas equações matemáticas no quadro-negro, ajudando os filhos nas tarefas escolares. Mesmo sem enxergar nada, Montenegro pegava o giz e ia rabiscando as soluções na lousa, muitas vezes se empolgando e indo muito além, chegando a esquecer os exercícios e passando a detalhar o funcionamento dos motores a combustão e explicando, matematicamente, como um objeto mais pesado do que o ar conseguia levantar voo. Mas houve momentos em que até o filho Fábio ficaria surpreso com as habilidades do pai em vencer a ausência da visão:

— Certa vez, comprei com a ajuda dele uma casinha simples, em Campinas, e disse que estava pensando em fazer uma reforma antes de morar lá. Pois papai foi me visitar e saiu apalpando as paredes da casa inteira. Poucos dias depois, me mandou um projeto completo do que eu deveria fazer para reformar a casa. Tudo discriminado: derruba parede tal, levanta outra aqui. Tudo desenhado no papel vegetal. Difícil acreditar que aquilo fora feito por alguém completamente cego.

Para os mais próximos, além da imagem de intransigente independência, Montenegro também deixou a lembrança de um sujeito bem-humorado, que nunca abandonou a verve que lhe era característica. O sobrinho José Maria Montenegro recorda do dia em que o tio, em uma das raras visitas que faria a um estabelecimento militar após ir para a reserva, levou-o à Escola Preparatória de Sargentos da Aeronáutica, onde tinha um amigo comandante. Casimiro Monte-

Festa dos noventa anos do marechal, em 1994: da esq. para a dir., Silvinha (hoje viúva de Fábio), os filhos Marcelo e Carolina, Maria Antonietta, Casimiro Montenegro, Marcos, Roberto (marido de Carolina), Fábio, Bebel e seu marido (e primo), Luiz.

negro chegou na portaria e pediu ao sentinela que avisasse ao diretor da escola que o marechal estava ali para vê-lo.

— Desculpe senhor, mas que marechal? — indagou o soldado, sem reconhecer Casimiro Montenegro.

— Marechal Deodoro da Fonseca — ele respondeu.

Os dois visitantes não conseguiram segurar o riso ao ouvir o soldado informar que diante dele estava, em carne e osso, o proclamador da República. Um ex-professor do ITA — e também ex-aluno formado pelo instituto —, o brigadeiro Pedro Ivo Seixas, recordaria emocionado a última vez que viu o antigo comandante do CTA, Casimiro Montenegro:

— Ele estava cego, na reserva, e eu ainda na ativa. Montenegro estava ao lado da mulher, Antonietta. Eu pilotando um avião, um Bandeirante, ele no assento de passageiro. Ele havia previsto, décadas antes, que voaríamos em um avião fabricado no Brasil. Todo mundo achara que era uma loucura. E lá estava eu, com toda honra e prazer, conduzindo-o a bordo de um brasileiríssimo Bandeirante.

O afastamento brusco de Montenegro do comando do CTA, em 1965, impediu que ele tivesse visto o primeiro Bandeirante levantar voo nos hangares de São José dos Campos. Naquele ano, o Instituto de Pesquisas e Desenvolvimento (IPD) fora obrigado a paralisar, por ordens do ministro Eduardo Gomes, o projeto IPD-6504, que previa a construção de um avião de transportes nas oficinas do CTA. O ministro argumentou que as pesquisas para a construção de uma aeronave brasileira já haviam drenado recursos em demasia da Aeronáutica e citou o projeto do convertiplano (que nesse momento já fora abandonado) como exemplo de fracasso retumbante. As atividades no IPD-6504 prosseguiram ainda que lentamente, contudo, com recursos carreados de um outro projeto, que previa a troca de motores dos velhos e pesados aviões Texan-6 por um novo sistema de propulsão. Somente no fim do governo Castello Branco, com a saída do brigadeiro Eduardo Gomes do ministério, o IPD-6504 voltaria a decolar. Segundo o pesquisador Cosme Degenar Drumond, o primeiro protótipo ficou pronto após 110 mil horas de trabalho, 12 mil desenhos técnicos e 282 mil horas de fabricação. Foi apresentado oficialmente ao público em 27 de outubro de 1968 e, por sugestão do diretor do CTA, major-brigadeiro Paulo Victor da Silva, seria batizado com o nome de Bandeirante. Para viabilizar a produção do avião em série, foi criada a Empresa Brasileira de Aeronáutica, a Embraer — que 35 anos depois seria uma das três maiores e mais respeitadas empresas aeroespaciais do mundo. Ao longo desse tempo a utopia imaginada por Montenegro em 1945 já havia produzido mais de 4 mil aviões, dos mais diversos modelos, que operam em 65 países dos cinco continentes. Com 17 mil empregados, a empresa apresentou apenas no primeiro trimestre de 2006 uma receita líquida de 1,7 bilhão de reais e lucro líquido de 87 milhões de reais, equivalentes a 4,4 bilhões de reais e 224 milhões de reais em 2023, respectivamente.

Após deixar o Ministério da Aeronáutica, em março de 1967, o brigadeiro Eduardo Gomes dedicou-se à filantropia. Morreu em 13 de junho de 1981, um dia após assistir à missa pelos cinquenta anos do primeiro voo do Correio Aéreo Nacional. Em 1975, recebera das mãos de d. Eugênio Sales a medalha de São Silvestre, concedida pelo papa Paulo VI pelo "exemplo de vida cristã que sempre deu no decorrer de suas atividades públicas e de sua vida privada".

O brigadeiro João Paulo Burnier foi transferido compulsoriamente para a reserva por ato do presidente Médici. Em 1971, o estudante Stuart Angel, filho da estilista Zuzu Angel, fora morto na Base Aérea do Galeão, sob a jurisdição de Burnier, então comandante da 3ª Zona Aérea. Burnier também foi o principal acusado do "Caso Para-Sar", plano terrorista que consistiria na explosão do gasômetro do Rio de Janeiro e no assassinato de dezenas de políticos, entre eles o ex-governador da Guanabara, Carlos Lacerda. Os atentados seriam atribuídos à guerrilha de esquerda. Em seu caderninho de notas, com a letra tremida, Montenegro deixou registros de que acompanhava as atividades de Burnier à distância:

O brigadeiro Eduardo Gomes deu uma força enorme ao Burnier e a seu grupo. Eles tomaram tal força que tornaram-se os torturadores da Aeronáutica. Nessa época o Eduardo viu os erros que tinham sido cometidos no caso Para-Sar. Quando descobriu que o Burnier era um paranoico, já era tarde demais, pois já dera muita força a ele e aos outros. As consequências já estavam feitas. Quando o Eduardo procurou o presidente Médici para falar sobre o grupo do Burnier e as torturas, o brigadeiro Márcio [de Souza e Mello] era o ministro da Aeronáutica e o Médici o demitiu e colocou o brigadeiro Araripe no seu lugar. O grupo do Burnier foi posto para fora do gabinete.

João Paulo Burnier sempre negou as acusações. Em 1995 ele tentou impedir a circulação do livro *O calvário de Sônia Angel*, escrito pelo tenente-coronel do Exército João Luís de Morais, sogro de Stuart Angel. Burnier morreu no Rio de Janeiro, em 13 de junho de 2000.

Em 2005, cinco anos após a morte de Montenegro, o campus de São José viu ressurgirem miasmas do passado. Em novembro de 2001 assumira a reitoria o economista brasileiro nascido na Polônia Michal Gartenkraut — ph.D. pela Stanford University, engenheiro de produção pelo ITA, da turma de 1969 e mestre em ciências também pelo ITA. Experimentado na área pública e muito respeitado no mundo científico e acadêmico, seis meses após a posse, Gartenkraut falou pela primeira vez na palavra "reconciliação": era chegada a hora de fechar para sempre as feridas deixadas pelas expulsões de alunos e professores em 1964 e 1965 (e que voltariam a acontecer mais tarde, em 1975). A partir de 2003 o reitor formou um grupo composto de ex-professores e ex-alunos, civis e militares, e de um ex-reitor, Marco Antônio Cecchini, para formular propostas para o Planejamento Estratégico do ITA. Pelo fato de que se reunia sempre nos fins de semana, ele passou a chamar-se "Grupo dos Sábados". Aí nasceria o "Projeto Reconciliação", que Gartenkraut decidiu levar avante. Com a declarada oposição dos comandos militares do CTA e do Ministério da Aeronáutica, o reitor cumpriu todos os requisitos legais necessários até que finalmente em março de 2005 a Comissão de Anistia do Ministério da Justiça decidiu reintegrar os primeiros seis alunos (quatro punidos em 1965 e dois em 1975), medida reiterada dois meses depois, com a concessão de anistia a mais quinze alunos desligados do ITA por motivos políticos. A temperatura sobe mais ainda quando o diretor-geral do CTA, o brigadeiro Adenir Siqueira Viana, proíbe a divulgação, a convocação da imprensa e a expedição de convites para a colação de grau dos punidos. E impede também que seja afixada no campus de São José a placa memorial oferecida pelo Grupo dos Sábados. A cerimônia de colação de grau, realizada no dia 25 de junho, emocionou as seiscentas pessoas presentes, entre alunos, ex-alunos, professores, ex-reitores. O tom da noite, no entanto, seria dado pelo brigadeiro Pedro Sérgio Bambini, diretor do Departamento de Pesquisa e Desenvolvimento (Deped) do ITA, que leu um discurso rancoroso, cheio de "nós" e "eles" — o que chegou a provocar um início de vaias no solene auditório. Como se o fantasma de Castro Neves tivesse voltado para um acerto de contas, menos de um mês depois da cerimônia, Michal Gartenkraut era substituído na reitoria do ITA. Entre as centenas de manifestações públicas de indignação e repúdio à arbitrariedade do ato, dois artigos publicados no jornal *Folha de S.Paulo* por antigos iteanos talvez sejam os que retratem o episódio com mais eloquência. Um foi escrito pelo físico Rogério Cezar Cerqueira Leite e era intitulado "A inexorável militarização do ITA":

[...] Foi uma sessão solene extremamente emocional. Ao meu lado, alguns choraram. Teria sido, para muitos, uma reconciliação. Na mesa, meia dúzia de brigadeiros e mais o então reitor do ITA, Michal Gartenkraut, e o homenageado, o ex-reitor M. A. Cecchini. Falaram o orador da turma, o reitor, o homenageado e o mais graduado dos militares, o tenente-brigadeiro Pedro Sérgio Bambini, diretor do Departamento de Pesquisas e Desenvolvimento (Deped). Nas horas vagas, sou profeta. Vaticinei: "Não dura um mês o reitor".

Era a formatura tardia de seis dos alunos expulsos do ITA, uns em 1965, outros em 1975. A comissão de anistia havia aprovado a concessão de diplomas aos seis que haviam terminado o curso. Discursos amenos dos professores e do orador da turma. Nenhuma provocação, nenhuma retaliação. Apenas menção aos fatos históricos. Sem adjetivos, quase uma reconciliação. O auditório ovacionava com a satisfação que era enfim dada a alguns de seus colegas, todos cidadãos exemplares nas décadas que se seguiram à cassação.

Só os militares não aplaudiram, como se tivessem recebido uma ordem divina. Mãos emudecidas. Feições carrancudas. Somente quando o tenente-brigadeiro Bambini falou, aplaudiram os militares. Saudou o tenente-brigadeiro, em ordem hierárquica descendente, primeiro os militares, de brigadeiros até os sargentos, depois o reitor, o ex-reitor homenageado, professores e alunos. Em quartéis, funcionários civis são os últimos na hierarquia. Está explicado.

[...] O discurso do tenente-brigadeiro foi uma joia. Pena que tenham dado sumiço nele. Todos os demais textos estão disponíveis na internet (www.ita.br/online/2005/noticias05/solenidadeformaturaanistiados.htm). Diante de seiscentos ex-alunos e professores do ITA, Bambini disse que revoluções são "às vezes necessárias" e que "nós", os militares, presumivelmente, haviam sido os vitoriosos e haviam entregue voluntariamente o poder aos derrotados, recolhendo-se aos quartéis, mas permanecendo alertas, invictos e armados, observando atentos o comportamento dos vencidos. Em 1964, o valoroso brigadeiro devia estar armado de estilingue. Alguns interpretaram essa fala como uma ultrajante ameaça de golpe. Bobagem. Não passa de uma bravata.

No dia 12 de agosto a mesma *Folha* publicaria o artigo "Diálogo partido", assinado por Gilcio Martins, Luiz Esmanhoto e Sérgio Salazar, ex-alunos, que falavam em nome de todos os demais colegas desligados:

A demissão do reitor do ITA (Instituto Tecnológico de Aeronáutica), professor dr. Michal Gartenkraut, comunicada por lacônico telegrama no final de julho sem explicações por parte da Aeronáutica, causa uma incômoda perplexidade para os que conhecem a instituição e o excelente trabalho desenvolvido pelo reitor desde sua posse, em 2002.

O reparo das punições foi considerado um ato simbólico essencial para reinaugurar o diálogo reitoria/Aeronáutica. Uma clara mensagem comum de respeito à liberdade de expressão no Estado de Direito.

Michal percebeu a importância do tópico e teve a cautelosa audácia de colocá-lo em prática. "Cautelosa audácia" porque foi um tema trabalhado durante quase dois anos por uma comissão de ex-alunos, civis e militares, e um ex-reitor. Suas proposições de reintegração dos punidos foram aceitas pela Congregação e devidamente amparadas pela Comissão de Anistia.

Como primeiro passo, em 25 de junho passado, os ex-alunos com o curso completo, quatro desligados há quarenta anos e dois há trinta anos, foram diplomados em comovente sessão, à qual foram mais de seiscentos convidados, em boa parte antigos colegas de turma.

O aspecto festivo da cerimônia, porém, ocultava uma grave dissonância entre o Departamento de Pesquisa e Desenvolvimento (Deped), ao qual o ITA se subordina, e a reitoria do ITA, sinal de que antigas rupturas permaneciam sem costura.

Para o diretor do Deped, tenente-brigadeiro Sérgio Bambini, a diplomação era o constrangido cumprimento de uma determinação legal da Comissão de Anistia. Para a reitoria, era um desejado "rito de passagem" de uma instituição que inauguraria um novo diálogo com a Aeronáutica. O tenente-brigadeiro Bambini presidiu a cerimônia por incumbência de seu cargo, mas, no discurso de encerramento, manifestou publicamente sua contrariedade, o que ensejou início de vaia, imediatamente controlada por cortesia dos convidados. Seu discurso foi a primeira resposta aos estudos elaborados dois anos antes. A resposta definitiva veio trinta dias depois, quando o comandante da Aeronáutica, tenente-brigadeiro Luiz Carlos Bueno, promoveu a demissão do reitor a pedido do tenente-brigadeiro Bambini, sem explicações. A tentativa de renovação do diálogo estava quebrada.

Ouvido pelos jornalistas após a demissão, Michal Gartenkraut se dizia "decepcionado", mas não derrotado:

— Quando fiz o pedido de anistia ao Ministério da Justiça, há um ano, fiquei sabendo que o Comando da Aeronáutica não teria aprovado minha atitude. Disseram que eu não deveria ter pedido, mas estou tranquilo. Se o preço a ser pago foi a minha saída, foi barato. Faria tudo outra vez.

Após a exoneração do Ministério da Aeronáutica no governo Castello Branco, o companheiro de Montenegro no primeiro voo do Correio Aéreo, brigadeiro Nelson Freire Lavanère-Wanderley, foi nomeado diretor da Aviação Civil (DAC) e, em 1966, chefe do Estado-Maior das Forças Armadas (Emfa). Antes de ir para a reserva, em 1969, foi adido militar do Brasil junto à ONU. Faleceu em 30 de janeiro de 1985, sendo declarado no ano seguinte patrono do Correio Aéreo Nacional.

Promovido a major-brigadeiro do ar no mesmo dia em que foi exonerado da direção do CTA, Henrique de Castro Neves passaria a responder pela Diretoria-Geral de Engenharia da Aeronáutica até 1970, quando foi transferido para a direção do Departamento de Aeronáutica Civil (DAC), já no posto de tenente-brigadeiro. Passou para a reserva em 1972 e faleceu aos 75 anos, em 1984, no Rio de Janeiro.

No sepultamento do marechal Casimiro Montenegro Filho, com honras militares, seu corpo é levado por seis alunos do ITA, três civis e três militares — a união que ele passara a vida pregando.

Fábio Montenegro, filho de Antonietta e Casimiro Montenegro, morreu de câncer aos 51 anos, no dia 17 de junho de 2006.

O marechal Casimiro Montenegro morreu aos 95 anos, em Petrópolis, na madrugada do dia 26 de fevereiro de 2000. Poucos minutos depois, o brigadeiro Tércio Pacitti, que em 1982 havia sugerido o nome dele para patrono da Engenharia da Aeronáutica, recebeu um telefonema de Antonietta. Após dar a notícia da morte do marido, ela informou que o sepultamento seria no dia seguinte, numa cerimônia simples, lá mesmo em Petrópolis. O brigadeiro Pacitti pediu-lhe alguns minutos e disparou telefonemas no meio da noite, pois não admitia que o marechal Montenegro fosse sepultado sem as devidas homenagens. O primeiro a ser tirado da cama foi o comandante da 3ª Zona Aérea, tenente-brigadeiro do ar Flávio de Oliveira Lencastre.

— Alô, comandante, o marechal Montenegro acaba de falecer e acho que ele deve receber um enterro com honras militares — argumentou Pacitti, que ouviu do interlocutor uma resposta dada à luz da letra do regulamento:

— Ele foi ministro? Não. Morreu em combate? Não. Então não tem direito.

O brigadeiro Tércio Pacitti não desistiu. Ligou em seguida para o comandante da Aeronáutica, tenente-brigadeiro Carlos de Almeida Baptista, e conseguiu convencê-lo de que a biografia de Montenegro justificava um sepultamento com honras de ministro de Estado. Assim foi feito. No enterro, o caixão do marechal Casimiro Montenegro Filho foi conduzido por seis alunos do ITA. De um lado, três civis, de paletó e gravata. Do outro, três militares, em farda de gala. "Foi a última mensagem que Montenegro deixou: civis e militares, juntos a seu lado", recordaria Pacitti.

O corpo de Montenegro repousa na Cripta dos Aviadores do cemitério São João Batista, no Rio de Janeiro. Ao lado do túmulo de Eduardo Gomes.

Entrevistados

Adolfo Alberto Leirner
Ana Lúcia Montenegro Bastos
Ana Maria Melo Montenegro
Anna Maria Martins
Antonietta Montenegro
Antônio Telmo Nogueira Bessa
Cândido Martins da Rosa (coronel)
Carlos Augusto Salles
Carlos César Moretson Rocha
Davi Montenegro
Delson Siffert
Eduardo Joaquim de Carvalho Jr.
Elza Vilela
Eric Nepomuceno
Fábio Montenegro
Fernando Venâncio Filho
George Hilf de Moraes
Glauco Rebelo
Guido Pessoti
Hugo de Oliveira Piva (brigadeiro)
Isabel Montenegro
Jessen Vidal
João Verdi Carvalho Leite
José de Araújo Nogueira (tenente-coronel-aviador)
José Maria Montenegro
José Meira de Vasconcelos (brigadeiro)

Júlio César Montenegro
Laura (Lolita) Labarte Rebello
Márcia Vilela
Marco Antônio Cecchini
Maria José Montenegro
Maria Mirtô Montenegro Bastos
Michal Gartenkraut
Milton Segalla Pauletto
Octanny Silveira da Mota
Oscar Niemeyer
Oscar Spínola (coronel-aviador)
Oswaldo Fadigas Fontes Torres
Otávio Júlio Moreira Lima (brigadeiro)
Paulo Ernesto Tolle
Pedro Ivo Seixas (brigadeiro)
Pedro John Meinrath
Roberto Hilf de Moraes
Roberto Julião Lemos (brigadeiro)
Rogério Hilf de Moraes
Rosendo Mourão
Sérgio Ferolla (brigadeiro)
Sônia Maria Montenegro Nogueira
Tércio Pacitti (brigadeiro)
Tibério Aboim
Violet Leal Yedda Grillo

Referências bibliográficas

DRUMOND, Cosme Degenar. *Asas do Brasil: Uma história que voa pelo mundo*. São Paulo: Editora de Cultura, 2004.

DUMONT, Santos. *O que eu vi, o que nós veremos*. Brasília: Fundação Rondon, 1986.

FISCHETTI, Décio. *Instituto Tecnológico de Aeronáutica: 50 anos (1950-2000)*. São Paulo: Melhoramentos, 2000.

INSTITUTO HISTÓRICO-CULTURAL DA AERONÁUTICA. *História geral da Aeronáutica Brasileira*. Belo Horizonte: Itatiaia; Incaer, 1990.

LAVANÈRE-WANDERLEY, Nelson Freire. *História da Força Aérea Brasileira*. Rio de Janeiro: Escola de Guerra Naval, 1975.

LIRA NETO. *Castello: A marcha para a ditadura*. São Paulo: Contexto, 2004.

MATTA, Ary da. *A Águia Cega: Memórias do arco e flecha*. Rio de Janeiro: Civilização Brasileira, 1953.

MEINRATH, Pedro John; PEREIRA, Raimundo Rodrigues. *Histórias para contar, amigos para encontrar*. São José dos Campos: Associação dos Engenheiros do ITA, 2001.

MOURA, Nero. *Um voo na história*. Rio de Janeiro: Fundação Getulio Vargas, 1996.

PACITTI, Tércio. *Do Fortran à internet*. São Paulo: Makron, 2000.

SILVA, Osires. *A decolagem de um sonho: A história da criação da Embraer*. São Paulo: Lemos, 1999.

TAVARES, Maria Yolanda Montenegro. *Montenegro: A história e uma família*. Fortaleza: Imprensa Universitária, 1996.

JORNAIS

A Noite
Correio da Manhã

Correio Paulistano
Folha de S.Paulo
Jornal do Brasil
O Estado de S. Paulo
O Globo
Tribuna da Imprensa

REVISTAS

A Noite Ilustrada
O Cruzeiro
PN: Publicidade & Negócios
Revista Brasileira de Ciências Sociais
Visão

Sobre este livro

Este livro começou a nascer no dia 27 de fevereiro de 2000, um dia após a morte do marechal Casimiro Montenegro — personagem de quem minha ignorância jamais ouvira falar. Eu morava no exterior e, ao abrir a caixa postal eletrônica naquele domingo gelado, encontrei o e-mail enviado por um querido amigo, o empresário Márcio Valente: "Morreu ontem aqui no Brasil um marechal do ar com uma tremenda história: pilotou o primeiro voo do Correio Aéreo Nacional, lutou na Revolução de 30, foi preso na de 32 e criou o ITA... Parece que dá um livraço".

A ideia na verdade nem era dele, mas de um amigo comum, o ex-iteano Pedro John Meinrath. E por mais tentadora que fosse a história, eu não podia pegá-la, comprometido que estava com a entrega do meu livro *Corações sujos*. Tempos depois, já de volta ao Brasil, fui interpelado no elevador por uma garota de seus nove anos, Ana Luíza Ceconi, que por artes da vida moderna vinha a ser meia-irmã de minha meia-neta: "Sabe que minha avó Antonietta adoraria que você escrevesse a biografia do meu avô?". Por um desses inexplicáveis acasos (de novo provocado por casamentos modernos), a mãe de Ana Luíza fora casada com Marcos, terceiro filho do marechal, o que fazia dela meia-neta também de Casimiro Montenegro. A aproximação foi feita e a partir de então, já decidido a escrever a história, passei a ser guiado por seu primogênito, Fábio, que me abria portas tanto na intrincada e endogâmica família Montenegro quanto entre os antigos camaradas de seu pai na Aeronáutica.

A alegria da concretização deste livro deve ser compartilhada com dezenas de pessoas que me ajudaram tanto nas entrevistas e pesquisas quanto na montagem e edição do texto final. A pelo menos duas delas — o advogado Antonio Sérgio Ribeiro e o escritor Lira Neto — devo especial gratidão. O primeiro, conhecido no mundo dos pesquisadores como "Serginho Fenômeno", um craque capaz de saber de cor, por exemplo, o dia a dia dos governos Vargas (e se não souber, descobre onde está a informação), patrulhou-me da primeira à última página deste livro, em busca de imprecisões, nomes grafados erradamente, datas equivocadas. Lira Neto, consagrado autor de grandes biografias (entre outras, *Getúlio*, em três volumes, *Castello: A marcha para a ditadura* e *José de Alencar: O inimigo do rei*), há mais de dez anos me socorre como pesquisador. Desta vez, depois de auxiliar nas entrevistas, Lira instalou-se por cinco semanas em meu estúdio para me ajudar a organizar a maçaroca de vídeos, documentos, fotos e depoimentos até que o texto final pudesse enfim ser colocado no papel. A responsabilidade por tudo o que vai nestas páginas é minha, naturalmente, mas sem a colaboração dos dois este livro não estaria aqui.

Agradeço à direção do ITA e, muito particularmente, a seu ex-reitor, professor Michal Gartenkraut, um legítimo herdeiro do espírito do marechal Montenegro.

Agradeço à Fundação Casimiro Montenegro Filho e à Empresa Brasileira de Aeronáutica (Embraer), que sem recorrer a incentivos fiscais patrocinaram a bolsa de pesquisas que permitiu a concretização deste projeto.

Agradeço, finalmente, a Adenir Siqueira Viana, Alcides Moreno, Armando Perigo, Arno Cabral, Camila Morais Cajaíba, Carina Morandi Gomes, Cássio Taniguchi, Cesar Callegari, Clara Cecchini, Cosme Degenar Drumond, Dino Ishikura, Emanuela Coelho, Fernando Pontes, Firmina Ribeiro Santos, Gustavo Aoyagi, Hernani Fittipaldi, Isabel Montenegro, J. F. Guerreiro Barbosa, Jorge Leal Medeiros, Joseph Choi, Juliana Perigo, Lúcia Haddad, Luiz Carvalho, Luiz Sérgio Alves de Oliveira, Marcelo Montenegro, Marcos Montenegro, Maria de Barros Figueiredo Ferraz, Maria do Carmo Mendes, Marília Morais Cajaíba, Marisilda Valente, Maurício Eirós, Pedro Braz, Reinaldo Morais, Ricardo Schwab, Simone Menocchi, Wagner Homem e Zeferino F. Velloso Filho.

Fernando Morais
Maresias, 2006
São Paulo, 2023

Índice remissivo

Números de páginas em *itálico* referem-se a imagens.

14-Bis (avião de Santos Dumont), 25
4ª Zona Aérea, 265, 267, 273

Aboim, Raymundo, 158-9, 182, 189
Accioly, Antônio Pinto Nogueira, 57, 59-60, 62
Aeronáutica *ver* Força Aérea Brasileira (FAB); Ministério da Aeronáutica
Aeroporto Nacional de Washington, 103
África, 26, 101
Ajzemberg, Marcos, 268
Albano, Ildefonso, 63, 65
Alegretti, José Raul, *231*
Alemanha, 21, 91, 101, 121, 127, 129, 163, 165, 167, 229
algodão, produção de, 169, 171
Aliados (Segunda Guerra Mundial), 102, 121
Aliança Liberal, 12, 13, 77
Aliança Nacional Libertadora, 84
Almeida, Armando Trompowsky de, 99, 126, 128, 134, 139, 145, 149, 151, 156
Almeida, Climério Euribes de, 188
Almeida, José Arantes de, 268

Alterosa (revista), 252-3
alunos expulsos do ITA durante a ditadura militar, 267-8, *269*, 284, 287-9, 291, 294, 299, 303, 321-3; *ver também* ITA (Instituto Tecnológico de Aeronáutica)
Amado, Jorge, 84, 133
Amaral, Heloísa Maria do, 174
Amaral, Tarsila do, 174
Amarante, Benjamin Manoel, 139
Amorim, Arthur Soares, 107, 114, 116, 119, 139
Andrada, Antônio Carlos Ribeiro de, 18
Andrade, José Joaquim de, 18-9
Andrade, Mário de, 174
Angel, Stuart, 319-20
Angel, Zuzu, 319
Antonietta (sobrinha e futura esposa de Montenegro) *ver* Montenegro, Maria Antonietta Spínola (sobrinha e futura esposa de Montenegro)
Aqsel, Jorge, 194
Aquino, Geraldo Guia de, 71
Aranha, Oswaldo, 134-5, 152

Araújo, Maria do (beata), 62

Arena (companhia teatral), 238

Argentina, 12, 79, 82, *88*

Arinos, Afonso, 191

Asas Vermelhas (panfleto marxista), 29

Assembleia Nacional Constituinte (1933), 79

Assembleia Nacional Constituinte (1946), 129

Assis Brasil, Ptolomeu de, 14

Assunção (Paraguai), 54

Atentado da rua Tonelero (Rio de Janeiro, 1954), 186, 188

Attlee, Clement, 127, *130*

Áustria, 91

Autran, Paulo, 238

Aviação Militar, 18-9, 24, 27, 33, 79, 82, 98

Aviação Naval, 78, 98-9

avião, invenção do, 25, 106

Azambuja, Dario, 155

Azevedo, Agliberto Vieira de, 17, 29

Bach, Johann Sebastian, 230, *240*

Bahia, 29, 52, 131, 173, 276-7

Bahia (navio), 82

Baleeiro, Aliomar, 169

Ballet on Fifth Avenue (espetáculo no Latin Quarter), 112

Ballousier, Oswaldo, 199-202, 219, 283

Bambini, Pedro Sérgio, 321-4

Banco do Brasil, 169, 224

"banda de música" da UDN, 169; *ver também* UDN (União Democrática Nacional)

Bandeirante (avião IPD-6504), 318-9

Baptista, Carlos de Almeida, 326

Barbacena (MG), 20, 22, *23*

Barcelos, Alfredo, 115

Barreto, Plínio, 75

Barros, Adhemar de, *80*, 82, *83*, 210, 255-6

Barros, Benedito de, 133

Barros, João Alberto Lins de, 12, 14, 75, 77, 127

Barros, João Ribeiro de, 26

Bartolomeu, Floro, 63, 65, 69

Base Aérea de Cumbica (São Paulo), 212

Base Aérea de Fortaleza (CE), 52

Base Aérea do Galeão (Rio de Janeiro), 157, 188, 191, 319

Bassi, Darwin, 290

Becker, Cacilda, 174, 238

Becker, Luiz Oscar de Mello, 268

Beija-Flor 1 (helicóptero), 251, 253

Belém (PA), 54, 244

Bélgica, 91

Belo Horizonte (MG), 12, 16, 18, 20-2, *23*, 24, 52, 133, 252, 290

Benario, Olga, 127

Bennett, Tony, 112

Bordeaux, Sérgio de Magalhães, 267

Borges, Ivo, 71

Boston (Massachusetts, EUA), 107-8, *109*, 110-1, 114, 116

Botafogo (time de futebol), 315

Botelho, Anysio, 260-1, 264

Brasil, Maria Emília Pio (mãe de Montenegro), 56, *58*

Brasília, 215, 246, 248, 252, 281, 307

Braz, Wenceslau, 98

Brito, Fernando Saturnino de, 137

Brito, Manuel Francisco do Nascimento, 296, *301*

Bronia (*show-girl* do The Latin Quarter), 112
Brown Boveri (empresa suíça), 290
Brussmann, sr., 208
Bueno, Luiz Carlos, 324
Buenos Aires, 12, 74, 84, 182
Burnier, João Paulo, 197-8, 264, 275, 314, 319-20
Byrnes, James, 134

C-47 (avião), 123, 131
Cacau (Amado), 84
Cacex (Carteira de Comércio Exterior), 224
"café com leite", política do, 14
Café Filho, 131, 152, 191, 197, 208, 211
Caldas, José Zanine, 138, *141*, 167, 248
Calógeras, Pandiá, 98
calvário de Sônia Angel, O (Morais), 320
Câmara dos Deputados, 210-1
Camargo, Laudo de, 77
Campo de Marte (São Paulo), 36-7, *38*, 49, 71, *76*, 77, 79, 81-2, *83*, 87, 100, 107-8, 135, 210, 212, 260
Campo dos Afonsos (Rio de Janeiro), 11, 19, *23*, 24, 27, 30, 32, 34-5, *38*, 71, 77, 84, 89, 93, 244, 280
Campo dos Alemães (São José dos Campos, SP), 123, 131, 215
Campo Montenegro (campus do ITA), 313; *ver também* ITA (Instituto Tecnológico de Aeronáutica)
Campos do Jordão (SP), 125
Campos, Carlos de, 73
Campos, Milton, 210
Campos, Siqueira, 12
Canadá, 290

Canoas (RS), 270
Cantanhede, Luiz, *147*, 201, 283, *285*, 286, 288-9, 295-6
Canudos, Guerra de (BA, 1896-7), 65
CAP-4A (avião), 107
Capes (Coordenação de Aperfeiçoamento de Pessoal de Nível Superior), 313
Cardoso, Ciro do Espírito Santo, 185, 186
Cariri (CE), 60, 62, 69
Carneiro, condessa Maurina Dunshee d'Abranches Pereira, 296
Caros Amigos (revista), 264
Carpenter, Ivan, 100, 189
Carrero, Tônia, 174
Carta Capital (revista), 264
Carvalho, Arp Procópio de, 268, 284
Carvalho, Fernando Setembrino de, 65, 73
Carvalho, Vicente de, 173
casamento de Montenegro e Antonietta (25 de fevereiro de 1954), 181, 183
casas do CTA, modernidade das, 219
Casimiro, São (padroeiro da Polônia), 69
"Caso Para-Sar" (1968), 319
Castello Branco, Humberto de Alencar, 268, 270, 272-3, 277, 281-2, 297, 299, 318, 324
Castro, José Fernandes Leite de, 30, 32-33
Castro Neves, Henrique de, 277-8, 280-4, *285*, 286-96, 300, *301*, 302-5, *306*, 307, 321, 324
"Catetinho do Montenegro" (barracão de madeira), 215
Ceará, *15*, 29, 52, 54-5, 57, 59-61, 63, 65-6, 180, 183

cebês (nuvens cúmulos-nimbos), 11-2, 18

Cecchini, Marco Antônio, 125, *147*, 222, 259-60, 262, 281-3, *285*, 290, 304, *306*, 321-2

Central do Brasil, 36, 125, 235

Centro Acadêmico Santos Dumont (ITA), 148, 238-9, 244, 261, 263-4, 267, 292, 307; *ver também* ITA (Instituto Tecnológico de Aeronáutica)

Chantre, Edmundo, 74

Chateaubriand, Assis, 145, 253, 255, 297

Chile, 79

Chrispim, Jeremias, *147*

Cícero, padre, 62-3, 69

"cilindro ideal" ("cilindro francês"), 30, 32

"Círculo da Mãe de Deus" (trincheiras em Juazeiro do Norte, CE), 62-3

Cocta (Comissão de Organização do Centro Técnico de Aeronáutica), 139, 142, 144, 146, 159, 162, 165

coleóptero (besouro), 227, 229

Coluna Prestes (1925-7), 12-3, 22, 29, 73-4, 210

Comando de Transporte Aéreo, 256

Comissão de Anistia do Ministério da Justiça, 321-3

Comissão de Orientação Educacional do ITA, 260; *ver também* ITA (Instituto Tecnológico de Aeronáutica)

Comissão de Verificação de Poderes, 14

Companhia Aeronáutica Paulista, 107

comunismo/comunistas, 29, 84-5, 123, 127, 129, 134-5, 137, 201, 229, 261, 265-7, 270, 273, 280-1, 286-8, 291, 294-5, 304, *306*, 314

Concertos de Brandenburgo (Bach), 230, *240*

Congregação dos Professores do ITA, 119, 149, 151, 201, 230, 238, 283, 290, 323; *ver também* ITA (Instituto Tecnológico de Aeronáutica)

Congresso Nacional, 128, 244-5, 249, 270, 282

Conselheiro Lafaiete (MG), 20

Conselheiro, Antônio, 65

"Conspiração em São José dos Campos" (artigo de Schmidt no *Correio da Manhã*, 1955), 205-6

Contestado, Guerra do (SC, 1911), 26-7, 65

Corinne (artista), 112

"coronéis" da República Velha, 13

"corredor polonês" (Segunda Guerra Mundial), 91

Correio Aéreo Nacional, 25, 32-4, 36, *38*, 39, 42-7, *48*, 49-52, *53*, 54, 74, 82, 89, 94, 96, 100, 103, 158, 182, 193, 205, 234, 236, 268, 271, 280, 311, 319, 324

Correio da Manhã (jornal), 21, 46, 205-6, 211

Correio Paulistano (jornal), 255

corrupção, 14, 59, 186, 255, 303

Corumbá, rio, 234

Costa, Adherbal da, 77

Costa, Canrobert Pereira da, 210

Costa, Lúcio, 133, 138

Costa, Miguel, 14, 74-5

Costa, Roberto Hipólito da, 270

Costa, Zenóbio da, 186, 190

Coutinho, Julio Alberto, *231*

Couto, Zenóbio, 68

Couto e Silva, Golbery do, 186

Cpor (Centro Preparatório de Oficiais da Reserva), 292

Crato (CE), 52, 60, 62-3

Cripta dos Aviadores (Cemitério São João Batista, Rio de Janeiro), 326

Cruzeiro do Sul (companhia aérea), 195

Cruzeiro do Sul (trem), 32, 42

Cruzeiro, O (revista), 296-7

CTA (Centro Técnico de Aeronáutica), 119, 125-6, 128, 133-4, 137-40, 142, 144, 151, 154, 156-7, 165, 167, 185, 191, 193, 196-208, 215-22, 226-8, 230, 232-9, 241, 243-8, 251-3, 255-7, 259-60, 262-7, 270-2, 275-80, 283-4, 286-7, 291, 293, 297, *301*, 303-5, 307, 309-11, 318-9, 321, 324; *ver também* ITA (Instituto Tecnológico de Aeronáutica)

Cunha, José Lemos, 12, 16-7, 19-20, 22, *23*, *31*, *38*

Curtiss Fledgling (avião), 11-8, 33-5, 37, *38*, 41-2, 45-6, 74, 79

Curtiss Industries (EUA), 79

DAC (Departamento de Aeronáutica Civil), 324

Dadinha, dona (professora), 173

Dasp (Departamento Administrativo do Serviço Público), 160, 202, 247-8

De Havilland (avião), 78

decolagem de um sonho, A (Silva), 277

Defesa Nacional (revista militar), 30

Denys, Odílio, 256

Departamento de Estruturas do CTA, 204, 247

Departamento Esportivo do ITA, 239;

ver também ITA (Instituto Tecnológico de Aeronáutica)

Deped (Departamento de Pesquisa e Desenvolvimento do ITA), 321-3; *ver também* ITA (Instituto Tecnológico de Aeronáutica)

Destacamento de Aviação de São Paulo, 71, 81-2

"Dezoito do Forte", levante dos *ver* Forte de Copacabana, revolta do (1922)

"Diálogo partido" (artigo de Martins et al. na *Folha de S.Paulo*, 2005), 323

Diários Associados, 145, 191, 253

Dias, Ezequiel Pinto, 268, 286, 288

Dias, Tíndaro Pereira, 17

Dinamarca, 91

Diretoria de Aviação Militar, 87

Diretoria de Material da Aeronáutica, 100-2, 142, 157-60, 162-3, 182-3, 193, 199-200, 257, 259, 314

ditadura militar (1964-85), 268, 270, 272, 284, 304, 311, 314-5, 319

Divisão de Alunos do ITA, 235, 287, 291-2; *ver também* ITA (Instituto Tecnológico de Aeronáutica)

Divisão de Engenharia Eletrônica do ITA, 232

Djacuí (mulher indígena), *53*

DOO (Departamento de Ordem e Orientação do Centro Acadêmico do ITA), 292

Drummond, Roberto, 252

Drumond, Cosme Degenar, 318

Du Maurier, Daphne, 175

Dubois, R. N., 222, *223*

Duncan, Gervásio, 145

Dutra, Eurico Gaspar, 22, 81-2, *83*, 123,

129, 134-5, 137, *143*, 145, 149, 151, 213, 261

Dutra, Osmar, 22

... E o vento levou (filme), 175

EAY-201 (avião civil), 107

École Nationale Supérieure d'Aéronautique (Paris), 90

Economist, The (revista), 169

Eden, Anthony, 126, *130*

Eiebegott, sr., 208

Eixo, países do (Segunda Guerra Mundial), 101-2, 121

Elizabeth II, rainha da Inglaterra, 171

Embraer (Empresa Brasileira de Aeronáutica), 319

Emfa (Estado-Maior das Forças Armadas), 324

Empresa Aeronáutica Ypiranga, 107

engenharia aeronáutica, 89, 93-4, 99, 107-8, 110-2, 122, 165, *269*, 326

Escola de Aviação Militar (Rio de Janeiro), 12, 14, 27, 36

Escola de Aviação Naval (Rio de Janeiro), 27

Escola de Engenharia da Universidade de Minas Gerais, 290

Escola Militar de Realengo (Rio de Janeiro), 68

Escola Politécnica da USP, 107, 234

Escola Preparatória de Sargentos da Aeronáutica, 316

Escola Técnica do Exército (Rio de Janeiro), 87, 89, 91, 93, 100, 103, 114

Esmanhoto, Luiz Maria Guimarães, 260-3, 268, 286, 288, 293, 323

Estado de S. Paulo, O (jornal), 296

Estado Novo (1937-45), 93, 98, 101-2, 127

Estado-Maior da Aeronáutica, 100, 123, 126-8, 168, 293, 295

Estados Unidos, 78-9, 101-3, *104*, 105-8, 111, *113*, 114-6, 121, 126, 134, 137, 142, 144, 149, *150*, 168, 176, 191, 222, 224, 229, 238, 243, 246, 251, 259-60, 264, 270, 295

Estrada de Ferro Goyaz, 41

Etchegoyen, Alcides, 14

Europa, 55, 91, 93, 115, 126, 163-5, 171, 175, 181, 238, 246, 251

Exército brasileiro, 50, 96-7, 99, 101, 190

Exposição de Motivos GS-20 (1945), 128

Fadigas, Oswaldo, 101, 201, 203, 228, 243, 245

Falconiere, Olympio, 22

Farias, Antônio Oliveira, 286, 288

Farias, Oswaldo Cordeiro de, 22, 24

Farney, Dick, 174

fascismo, 102

Feng, Kwei Lien, 229

Ferreira, Ivan Carpenter, 100

Figueiredo, Euclides, 129

Figueiredo, João Baptista, 91, 129

Fittipaldi, Hernani, 189

Fiúza, Iêdo, 128

Fleet 10D (bombardeiros), 78

Fleiuss, Henrique, *95*

Focke, Henrich, 165, 167-8, 207-8, 251

Fokker (companhia holandesa), 163, 193

Fokker Indústria Aeronáutica S/A, 163, 168, 193-4, 196-7

Fokker, Anthony, 163, 165

Fokker S-14 (avião), *161*, 163, 194-6
Folha de S.Paulo (jornal), 304, 321, 323
Folies fantastiques (espetáculo no The Latin Quarter), 112
Fonseca, Hermes da, 57, 59, 68
Fontenelle, Henrique Dyott, 103, 189
Força Aérea Brasileira (FAB), 99, 102, 115, 123, 151, 168, 171, 272-3, 292, 296, *301*, 311; *ver também* Ministério da Aeronáutica
Força Aérea dos Estados Unidos, 102, 115
Força Expedicionária Brasileira, 114-5
Forças Armadas, 13, 30, 34, 81, 89, 185, 188, 190, 195, 253, 272, 309, 313, 324
Fortaleza (CE), 52, 54, 56-7, *58*, 59-60, 62-3, 65-8, 177, 180, 182, *312*
Forte de Copacabana, revolta do (1922), 12, 68
Fortunato, Gregório ("Anjo Negro"), 188-9
França, 21, 25, 91, 93, 176
França, Brunswick, 17
Franco, Itamar, *312*
Frankenstein (apelido do avião Curtiss Fledgling), 25, 33, *38*, 42, 46, *312*
Frente Unida Paulista (FUP), 75
Frota, Sílvio, 186
Fundação Ford, 222

Gable, Clark, 175
Gaelzer, Emílio, 17
Gama, Getúlio Vargas da Costa, 287
García, Bernardo, 84
Garoto (compositor), 174
Garrido, José, 74
Gartenkraut, Michal, 320-4

Gastaldoni, Dante Isidoro, 115
Germani, Elmir, 286, 288
getulismo, 129, 134, 152, 256
Gipsy Major (motor inglês), 107
glaucoma de Montenegro, 259
Globo, O (jornal), 191, 296-7, 304
Gloster Meteor (avião britânico), 169-70
Goiânia (GO), 42, 234
Goiás, 42, 44-5, *48*, 52, 89, 234, 236, *240*
Goiás Velho (GO), 42-4, 89
Goldberg, Szmul Jakob ("professor Kuba"), 268, 284
golpe militar (1964), 264-8, 287, 303
Gomes, Eduardo, 12-3, *15*, 22, *23*, 33, 42, 68, 74, 81, *83*, 85, 90, 128-9, 151-2, 154, 156-8, 164, 170, 185-6, *187*, 188-91, *192*, 193-8, 202, 206, 208, *209*, 210-4, 227, 245, 256, 264-5, 273, 275-7, 279-80, *285*, 287, 293-6, 300, 307, 311, 318-20, 326
Gomes, Frederico Birchal de Magalhães, 260-3, 268
Gonçalves, Hélio de Oliveira, 139
Gonzaga, Luiz, *312*
Gonzaga, Paulo Gavião, *231*
Goulart, João (Jango), 185-6, 210, 212-3, 256, 260-1, 264, 270
Grã-Bretanha, 126, 165
Grupo Focke, 167-8, 208, 251; *ver também* Focke, Henrich
Grupo Misto de Aviação (Rio de Janeiro), 32-3, 78
Guignard, Alberto da Veiga, 290
Guilhobel, Renato, 190
Guimarães, Dirceu de Paiva, 101, 199

Guinle, Celina, 47

Gusmão, Bartolomeu de, 26

Harris, Sir Arthur, 126

Heck, Sílvio, 256

Hegenberg, Leônidas, 291

Helena (sobrinha de Montenegro), *64, 179*

Hepburn, Audrey, 176

Heuer, Walter, 195-6

hierarquia da Força Aérea Brasileira, 99

Hipódromo da Mooca (São Paulo), 39

Hipódromo de Moronas (Montevidéu, Uruguai), 84

Hitchcock, Alfred, 175

Hitler, Adolf, 91, 101

Hochman, Nelson, 286, 288

Holanda, 91, *161*, 163-4, 176, 194

homenagens militares e civis a Montenegro, 311, 313-4, 319, *325*, 326

Hoover, Orton, 73, 107

Hungria, 230

Huskey, Harry, 222

IBM-1620 (computador), 224

Ibope (Instituto Brasileiro de Opinião Pública e Estatística), 205

idiomas falados no ITA, 230; *ver também* ITA (Instituto Tecnológico de Aeronáutica)

Igreja católica, 55, 62, 180

Império brasileiro, 14, 145

indígenas, 50, *53*, 158, 182

Inglaterra, 91, 101, 126-7, *130*, 165, 169-71, 176, 272

Instituto de Pesquisas Tecnológicas, 106

Instituto do Café, 78

Intentona Comunista (1935), 129

Ipameri (GO), 42, 44, 234-6

IPD (Instituto de Pesquisas e Desenvolvimento), 207, 318

IPD-6504 (avião), 318-9

ITA (Instituto Tecnológico de Aeronáutica), 119, 123, 125, 128, 134-5, 137-8, 140, *141*, 142-6, *147*, 148-9, 151, 154-5, 158, *166*, 168, 185, 191, 193, 197-204, 206-7, *209*, 212-8, 220, 222, 226-30, 232-9, 243-9, *250*, 251-3, *254*, 255-6, 259-65, 267-8, *269*, 270, 272-3, 275, 278-81, 283-4, *285*, 286-97, *298*, 299-300, *301*, 302-5, 307, 309-11, 313-4, 318, 320-3, *325*, 326; *ver também* CTA (Centro Técnico de Aeronáutica)

Itaipava (distrito de Petrópolis), 180-2, 309, 315

Itália, 55, 101, 116, 121

Itaparica, ilha de (BA), 276-7

Jacareacanga, Revolta de (PA, 1956), 244, 307

Jacarecanga, bairro de (Fortaleza, CE), 66

Jahú (avião bimotor), 26

Japão, 101, 121

Jaraguá (livraria paulistana), 175

Jeolás, Fernando, 286-7

João v, d., 26

Joffre, Joseph, 27

Jóquei Clube de São Paulo, 39

Jóquei Clube do Rio de Janeiro, 47

Jornal do Brasil, 218, 296, 300, *301*, 303-4

José Maria ("monge" catarinense), 65
Juazeiro do Norte (CE), 52, 62, 68-9
Juiz de Fora (MG), 16, 21-2
Justo, Agustín, 82

Kann, Emerick, 194
Kann, Francis, 194
Karabtchevsky, Isaac, 238
Kazatimiru (nome eslavo), 69
Kennedy, Bob, 295
Kitahara, João Yutaka, 268
Kovacs, Joseph, 167-8, 208, 251
Kruel, Amaury, 186
Kubitschek, Juscelino, 133, 210-5, 237,
243-6, 249, 255-6, 272, 279
Künzi, Beatrice, 290
Künzi, Charly, *147*, *285*, 289-95, 297,
299-300, 302-3, 305

Laboratório de Processamento de Da-
dos do ITA, 291; *ver também* ITA (Ins-
tituto Tecnológico de Aeronáutica)
Lacerda, Carlos, 152, *153*, 154, 186, 188-
9, 191, 210-1, 255, 319
Lafer, Horácio, 170
Lameirão, José Chaves, 244
Lampert, Miguel, 94, 98, 103, 105, 108,
109, 118
Laranjeiras, bairro de (Rio de Janeiro),
295, 309
Latin Quarter, The (casa noturna de No-
va York), 111-2, *117*, 182
Lavanère-Wanderley, Alberto, 35, 268
Lavanère-Wanderley, Nelson, 35-7, 39,
42, 45, 52, 89, 94, 98, 158, 268, 270-3,
324
Lavoisier, Antoine Laurent, 241

"Lavoisier" (bolinhos de carne restau-
rante do CTA), 241
Le Corbusier, 133-4
Leal, Oswaldo Nascimento, 108, 110,
114, 116, 118, 199, 219, 262, 311
Leal, Violet, 110, 219, 311
Lei de Diretrizes e Bases (1962), 262
Leigh, Vivian, 175
Leirner, Adolfo, *231*
Leitão, Moacyr, *231*
Leite, Rogério Cezar Cerqueira, 216-7,
321
Lemos, Roberto Julião, 34-5, 51
Lencastre, Flávio de Oliveira, 326
Leopoldo de Bulhões (GO), 41-2, 45
Liberdade, bairro da (São Paulo), 71
Liceu do Ceará (Fortaleza), 61, 66
Lie, Trygve Halvdan, 134
Liga das Nações, 134
Liga Feminina Pró-Ceará Livre, 59
Light (multinacional canadense), 144-5
Lima, Alceu Amoroso ("Tristão de Athay-
de"), 284, 286, 294
Lima, José Vicente Faria, 82, 90, 94, 98,
103
Lima, Motta, 77
Lima, Waldomiro, 14
Lindberg, Charles, 49
Linhares, José, 128
Lobato, Monteiro, 124
Lockheed 12A (avião presidencial), 94
Londres, 171, 176
Lopes, Francisco Vaz, 236
Lopes, Isidoro Dias, 39, 77
Lopes, José Francisco, 234, 236-7, *240*
Los Angeles (Califórnia, EUA), 111-2
Lott, Henrique Teixeira, 211-3, 255

Ludolf, Jorge, 194
Luftwaffe (força aérea nazista), 91
Lula da Silva, Luiz Inácio, 264
Luz, Carlos, 211-3

M-7 (Muniz 7, avião), 107, 265
Macedo, Joelmir de Araripe, 17, *31*, 45, 89
Macedo, José Sampaio de ("Sertanejo da Aeronáutica"), 52
Machado, Cristiano, 152, 154
Machado, Cyro de Oliveira, 268
Machado, Pinheiro, 63
Maciel, Olegário, 16
Mackenzie, Sir Alexander, 145
Madrigal Renascentista (grupo musical mineiro), 238
Magalhães, Juracy, *15*, 35, 131, 152, *192*, 268
Magyar, Pedro, *231*
Malho, O (revista), 68
Malvinas, Guerra das (1982), 165
Mamede, Jurandir, 186
Mamede, Jurandir de Bizarria, 210
Manhã, A (jornal), 84
"Manifesto dos Brigadeiros" (1954), 190
"Manifesto dos Coronéis" (1954), 185
Maria Esther (Etinha, irmã de Montenegro), 56-7
Mariante, Álvaro Guilherme, 16, 24, 29, 73
Marinha, 27, 50, 82, 96-7, 99, 101-2, 189, 272
Marinho, Roberto, 297
Martins, Anna Maria, 174, 296, 315
Martins, Gilcio, 323
Martins, Glício Roberto Amaral, 268

Martins, Luís, 296
Marx, Karl, 294
marxismo, 13, 288
Mascarenhas, Ajalmar, 30, *95*
Mascarenhas, Pedro, 126
Masp (Museu de Arte de São Paulo), 174
Massachusetts Institute of Technology *ver* MIT
matemática, 230, *240*
Mato Grosso, 29, 46, 52, 129
Matos, Délio Jardim de, 188
Matos, Horácio de, 29
McDowell, João, 291-2
medalha de São Silvestre (condecoração papal), 319
Médici, Emílio Garrastazu, 311, 314, 319-20
Meinrath, Pedro John, 233, 241, 244, 294
Mello, Ednardo d'Ávilla, 186
Mello, Nelson de, 22
Melo, Francisco de Assis Correia de ("Melo Maluco"), 102, 246, 248-9, 256, 264
Melo, Lilith Nunes, 56
Mendonça, Vasco Carneiro de, *15*
Mesquita, Alfredo, 175
Metal Leve (indústria), 144
Meyer, André Johannes, 200, 202, 204, 207, 235
Minas Gerais, 12, 14, 16, 18, 20, *48*, 52, 290
Minas Gerais (porta-aviões), 272
Mindlin, José, 144
Ministério da Aeronáutica, *95*, 96, 98, 100, 102, 110-1, 114, 118, 121, 131,

134, 137, 139, 149, 157, 162-4, *166*, 167, 169-70, 175-6, 193-5, 197, 200, 202, 206-8, *209*, 214, 216, 246, 249, *250*, 251-3, 255, 264, 268, 273, 283, 287, 300, 309, 313-4, 319, 321, 324; *ver também* Força Aérea Brasileira (FAB)

Ministério da Educação, 121, 123, 133, 168, 236, 313

Ministério da Fazenda, 67, 170

Ministério da Guerra, 89, 93, 98, 185, 211

Ministério da Justiça, 321, 324

Ministério do Ar, 93-4, 96

Ministério do Trabalho, 185-6

Missão Militar Francesa, 13, 18, 27

MIT (Massachusetts Institute of Technology), 107-8, *109*, 111-2, *113*, 114, 116, 118-9, *120*, 121, 139, 199, 201, 217, 239

Monteiro, Alfeu de Alcântara, 270

Monteiro, Euler Bentes, 91

Monteiro, Góis, 127, 152

Monteiro, José Bentes, 91

Monteiro, Sócrates da Costa, *312*

Monteiro, Tobias Rego, 182

Montenegro Filho, Casimiro, marechal (fotografias), *15, 23, 31, 38, 48, 53, 61, 76, 80, 88, 92, 95, 109, 113, 117, 130, 141, 143, 147, 161, 166, 179, 192, 209, 250, 254, 312, 317, 325*

Montenegro, Alfredo (irmão de Montenegro), 67, 180

Montenegro, Alice (cunhada de Montenegro), *64*, 173-4, 178

Montenegro, Carolina (filha de Montenegro), 263, *317*

Montenegro, Casimiro Ribeiro Brasil ("dr. Casimiro", pai de Montenegro), 55-6, *58*, 60, 62, 65-7

Montenegro, Fábio (filho de Montenegro), 211, 219-20, 248, 264, 266, 313, 316, *317*, 326

Montenegro, João (tio de Montenegro), 68, 175

Montenegro, José Casimiro Brasil ("Yo-yô", irmão de Montenegro), 56, 175, 178, 180

Montenegro, José Maria (sobrinho de Montenegro), 56, 316

Montenegro, Júlio (irmão de Montenegro), *64*, 171, 173-5, *179*

Montenegro, Júlio César (sobrinho--neto de Montenegro), 213-4, 261, 263-4, 314

Montenegro, Marcelo (filho de Montenegro), *317*

Montenegro, Marcos (filho de Montenegro), 211, *317*

Montenegro, Maria Antonietta Spínola (sobrinha e futura esposa de Montenegro), *64*, *92*, 171, 173-8, *179*, 180-3, 211, 216, 263-4, 276, 278, 279-80, 295-6, 309-10, *312*, 313-5, *317*, 318, 326

Montenegro, Paulo (sobrinho de Montenegro), 204

Montenegro, Pietro, 55

Montenegro, República de, 55

Montenegro, Sônia (sobrinha de Montenegro), 177-8, 180-1

Montezuma, Waldemiro Advíncula, 29, 89, 91, 100

Mooca, bairro da (São Paulo), 39

Moraes, George de (pai), 214, 219, 266, 311

Moraes, George Hilf de (filho), 219-21, 266, 311, 316

Moraes, Rogério Hilf de, 266

Morais, João Luís de, 320

Morais, Mascarenhas de, 190

Morais, Ruy Jacques de, *231*

morte de Montenegro (26 de fevereiro de 2000), 326

Moss, Gabriel Grun, 256

Motta, Octanny Silveira da, 235, 262, 290-1

Moura, Hastínfilo de, 75

Moura, Nero, 93-4, 96-8, 115, 128, 155-8, 160, 165, *166*, 168-70, 181-3, 185, 188, 193, 199

Mourão, Rosendo, 137, 267

Muniz, Antônio Guedes, 107, 265

Murta, Luiz Antônio de Lassamio, 287

Museu do Louvre (Paris), 138

Mussolini, Benito, 101

nascimento de Montenegro (29 de outubro de 1904), 56

Nascimento, Alcino do, 188

Natal (RN), 182

nazismo, 66, 91, 101-2, 127, 129, 208

Neisse, Maria (sobrinha de Montenegro), 175

Nepomuceno, Eric, 220, 228, 230, 233, 238

Nepomuceno, Lauro Xavier ("Lauro X"), 220, 228, 230, 233, *240*

Neves, Tancredo, 190, 256

Nick Bar (São Paulo), 174

Niemeyer, Carlos, 188

Niemeyer, Oscar, 123, 133-5, 137-40, *141*, 167, 215, 219, 227, 247, 252-3, 261, 267, 281

Nobel, Prêmio, 108

Noite, A (jornal), 164

nomenclatura do quadro hierárquico da Força Aérea Brasileira, 99

Nordeste brasileiro, 13, 32, 52, 54, 62, 182

Noruega, 91

Nossa Senhora de Loreto (protetora dos aviadores), 11

Nova York, 111-2, *117*, 134

nuvens cúmulos-nimbos (cebês), 11-2, 18

Oásis (boate paulistana), 174

Ohio (EUA), 102, 105-6, 110

Oliveira, João Adil de, 175

Oliveira, Plínio Raulino de, 29, 33

Oliveira, Raimundo de, 268

ONU (Organização das Nações Unidas), 108, 134, 324

Opinião (companhia teatral), 238

Ordem do Mérito Aeronáutico, grã-cruz da, 311

Orsini, Coriolano, *31*, 71-2

Osasco (SP), 290

Ouro Preto (MG), 22, 290

óvnis (Objetos Voadores Não Identificados), 273

Pacitti, Tércio, 218, 222, 224, *225*, 226, 233, 291, 313, 326

País do carnaval, O (Amado), 84

Palácio Bandeirantes (São Paulo), 313

Palácio do Catete (Rio de Janeiro), 12, 74, 127, 188-9, 191, 211

Palácio do Planalto (Brasília), 215, *298*

Palácio Guanabara (Rio de Janeiro), 93-4, 129

Pamplona, Oswaldo, 175-6

Pampulha, conjunto arquitetônico da (Belo Horizonte), 133

Panamá, 115

Paraguai, 54

Paraíba, 13, 16, 35

Paraíso, bairro do (São Paulo), 72

Paris, 25, *28*, 90, 93, 138, 176, 216

Partido Comunista Brasileiro, 84, 128, 134

Partido Democrático, 77

Passarola (flutuador aerostático), 26

Passeata das Crianças (Fortaleza, CE, 1912), 57

Paula Machado, Lineu de, 47, 49, *53*

Pauletto, Milton Segalla, 229-30, 239

Paulistinha (apelido do avião CAP-4A), 107

Paulo VI, papa, 319

Pax (dirigível), 25-6, *28*

Pearl Harbour, ataque aéreo japonês a (Havaí, 1941), 101

Peck, Gregory, 176

Pederneiras, Amílcar, 16-7, 29

Pequeno, Antônio Luiz Alves, 60

Pereira, Raimundo Rodrigues, 268, 294

Pernambuco, 52, 203

Pessoa, Aristarcho, 19, 22, 24

Pessoa, Epitácio, 68

Pessoa, João, 13-4, 19

Pessoa, Odele de Paula, 59

Petrópolis (RJ), 128, 180, 186, 309, 326

Pezzi, Vasco, 168

Pignatari, Francisco "Baby", 107

Pindaibinha (GO), 41-2

Pindamonhangaba (SP), 36, 45

Piva, Hugo de Oliveira, 228, 229

"Plano Smith", 119, 139-40, 142, 246; *ver também* Smith, Richard Herbert

Plymouth (carro de Montenegro), 90, *92*

PN: Publicidade e Negócios (revista), 253

Policarpo, Almir dos Santos, 105

Polícia Militar, 73-5

Política das Salvações, 57

"política do café com leite", 14

Polônia, 69, 91, 101, 320

Pompeia, Paulus Aulus, 291, 293

Ponta Porã (MT), 129

Porreta Terme (Itália), 116

Portinari, Candido, 133, 181

Potez (avião monomotor), 11-2, 17-8, 20, *23*, 77-8

Poyares, Walter, 297

Prado Jr., Caio, 134

Prata, tenente, *31*

Prêmio Anísio Teixeira, 313

Prêmio Moinho Santista, 313

Prestes, Júlio, 14

Prestes, Luís Carlos, 12-3, 74, 127, 129

Primeira Guerra Mundial, 21, 27, 106, 163

princesa e o plebeu, A (filme), 176

Proclamação da República (1889), 13

Projeto de Lei nº 2561 (transformação do ITA em fundação), 249, 271-2, 282; *ver também* ITA (Instituto Tecnológico de Aeronáutica)

"Projeto Reconciliação" (ITA, anos 2000), 321

Proust, Marcel, 174, 176, 264

PRP (Partido Republicano Paulista), 210

PSD (Partido Social Democrático), 129, 135, 152, 210

PSP (Partido Social Progressista), 131, 210

PTB (Partido Trabalhista Brasileiro), 152, 191, 210

Quadros, Jânio, 212, *254*, 255-6

Quarup (cerimônia religiosa xavante), 158

que eu vi, o que nós veremos, O (Santos Dumont), 125

Queiroz, Rachel de, 65, 297

"queremismo", 127

Quinze, O (Queiroz), 65

Rabelo, Franco, 57, 59-60, 62-3, 65

Rabelo, Manuel, 77

Rabson, Gustave, 290

Ramos, Graciliano, 133

Raquel (Nenê, irmã de Montenegro), 57, 177-8, 181

Rebecca, a mulher inesquecível (Du Maurier), 175

Rebello, Fernando, 289, 296, 309-10

Rebello, Laura Labarte ("Lolita"), 309

Recife (PE), 182, 280

Reidy, Afonso Eduardo, 133

Reis, Dinarco, 17

Reis, Luís Neto dos, 211

Republic P-47 Thunderbolt (avião), 115

República Velha, 16, 27

retirantes nordestinos, 66

"Retrocesso cultural" (editorial do *Jornal do Brasil*, 1966), 300, 303

Revolução Constitucionalista (1932), 69, 72, 77, 79, *80*, 82, 94

Revolução de 1924 (São Paulo), 12, 39, 72-3, 129

Revolução de 1930, 12, 14, *15*, 16, 18, 20-1, *23*, 25, 29, 33, 35, *76*, 89, 94, *192*, 210, 268

Ribeiro, Darcy, 246

Ribeiro, Guilherme Aloysio Telles, 90

Ribeiro, José Ângelo Gomes, 71

Ribenboim, Paulo, *231*

Richthofen, Manfred von ("Barão Vermelho"), 163

Rio de Janeiro, 11, 14, 21, 35-6, *38*, 42, 44-5, 49-50, 52, 54, 67-9, 87, 89, 98, 107, 112, 118-9, 123-4, 127, 129, 133-4, 142, 163-4, 177, 180, 183, 195, 224, 244, 260, 264, 278, 289, 299, 309, 319-20, 324, 326

Rio Grande da Serra (SP), 36

Rio Grande do Norte, 131, 305

Rio Grande do Sul, 12, *23*, 152, 273

Rio Grande do Sul (navio), 82

Ripper, José Ellis, 232, 239

Roberto, Marcelo, 133

Rocha, Guilherme, 60

Rodrigues, Lysias Augusto, 71

Rodrigues, Renato Augusto, 101

Rosa, Aldo Weber Vieira da, 139, 165, 195-6

"Rota do São Francisco", 52

Royal Air Force (RAF, Grã-Bretanha), 126-7

"Rumo ao Brasil, fora dos Afonsos" (Mascarenhas), 30

RX-1 (foguete experimental), *231*

Sachet, George, 25, *28*

salário mínimo, 185-6

salários de professores e funcionários do CTA e do ITA, 202, 204

Salazar, Sérgio, 323

Sales, d. Eugênio, 319

Salgado, Plínio, 210

Salgado Filho, Joaquim Pedro, 95, 97-9, 103, 118, 126, 130, 152

Salim, César Simões, 268

Salinas, Sílvio S., 268

Salles, Carlos Augusto, 261, 311, 313

Salvador (BA), 173, 276-8

Santa Catarina, 27, 65

Santo André (SP), 49

Santos (SP), 78, 173, 175, 177-8, 179, 212, 267

Santos, Epaminondas Gomes dos, 188, 190

Santos, Otávio Francisco dos, 17

Santos Dumont, Alberto, 25, 28, 78, 106-7, 121, 125

Santos Dumont, Henrique, 107

São Borja (RS), 152, 191

São João del-Rei (MG), 20, 22

São José dos Campos (SP), 123-5, 131, 138-40, 152, 156, 159, 165, 199, 203-6, 211, 215, 217-20, 222, 224, 226, 228-9, 232, 234-6, 238, 240, 245, 247, 249, 250, 253, 264-5, 277, 282, 289, 293, 300, 303-4, 318; ver também ITA (Instituto Tecnológico de Aeronáutica)

São Paulo, 12-3, 32, 36-7, 38, 39, 42, 45-7, 52, 53, 71-2, 74-5, 76, 77-9, 80, 82, 87, 90, 107, 119, 124, 126, 128, 135, 138, 144-5, 154, 174-5, 210-2, 234, 255, 290

São Paulo (navio), 82, 84

São Paulo Tramway, Light and Power Company Limited, 145

Sarmento, Sizeno, 186

Savoia-Marchetti S-55 (hidroavião), 26, 78, 104, 173

Schmidt, Augusto Frederico, 204-7, 214

Sea Harrier (caça britânico), 165

secas no Nordeste, 65

Secco, Vasco Alves, 14, 16, 126, 260

Séguin, André, 29

Segunda Guerra Mundial, 91, 93, 101, 106, 115, 122, 165, 224

Seixas, Pedro Ivo, 203, 318

Senado, 14, 213

Senise, José Thomaz, 290

"Senta a pua!" (grito de guerra da FAB), 115

Serviço de Aviação Militar, 73

Serviço Técnico da Aviação, 107

Severo, Augusto, 25, 28

Siffert, Delson, 231

Silva, Ozires, 276-8, 280

Silva, Paulo Vítor da, 244, 302, 307, 319

Silva, Sócrates Gonçalves da, 29, 84-5

Sinatra, Frank, 112

Sindicato Condor (companhia aérea), 195

Smith, Richard Herbert, 116, 118-9, 120, 121-2, 124, 131, 139, 146, 148-9, 168, 246; ver também "Plano Smith"

Soares, Hélio Macedo, 145

Sobral Jr., Manoel, 231

Souza Leão, Luciano Guimarães de, 193

Souza, Fernando Vieira de, 232

Souza e Mello, Márcio de, 31, 189, 265, 267, 273, 320

Spínola, Oscar, 147, 217, 239, 265-6, 276-7, 279

Stálin, Ióssif, 101

Standard Oil (empresa norte-americana), 162

Stanton, Charles, 142, 144, *150*

Steinberg, Samuel Sidney, 243

Stokes, Joseph Morgan, 148

Subdiretoria de Técnica Aeronáutica, 100, 102, 107, 114, 139, 142

submarinos alemães nas costas brasileiras (Segunda Guerra Mundial), 102, 296

Sudeste brasileiro, 144

Suíça, 290

Suor (Amado), 84

Superior Tribunal Militar, 98

Supremo Tribunal Federal, 128

Tamandaré (navio), 212

Tamboatá (hidroavião), 102, *104*

Tavares, Hermano, 267

Távora, Juarez, 12, 35, *192*, 210, 211

TBC (Teatro Brasileiro de Comédia), 174-5

Tchecoslováquia, 91

Theatro Municipal (São Paulo), 39, 174

Tecelagem Parahiba, 125

Techima, Katuchi, *231*

Teixeira, Anísio, 246

Teixeira, Miguel, 155-6

Tenentismo, 12-4, 185

Terceiro Reich (Alemanha nazista), 91

Terra, capitão, *15*

Terra, Gabriel, 82, 84

Tokoro, Mário, 293

Toledo, Pedro de, 77

Tolle, Paulo Ernesto, 142, 151, 212

Tomazelli, José, 268

Torres, Oswaldo Fadigas Fontes, 101

Tramandaí (RS), 273

Tratado de Versalhes (1919), 163

Travassos, Clóvis, 17, 94, 98, 256-7, 293, 295-6, 314

Três Corações (MG), 20, 22, 71

Tribuna da Imprensa (jornal), 152, *153*, 186, 188, 191, 212

Tribunal de Contas da União, 144, 196, 202

trotes aos calouros do ITA, 233, 235; *ver também* ITA (Instituto Tecnológico de Aeronáutica)

tuberculose, 124-5

UDN (União Democrática Nacional), 128, 131, 152, *153*, 169, 191, 210-4, 255, 261

UNB (Universidade de Brasília), 246

UNE (União Nacional dos Estudantes), 261, 263-4, 304

União Soviética, 101, 168, 230, 266

Unitas (operação de treinamento conjunto), 272

Uruguai, 82, *88*

Valdez, Tito, 112

Vale do Paraíba, 78, 94, 125

Vandaele, René Marie, *147*

Vargas, Alzira, 129

Vargas, Darcy, 82

Vargas, Getúlio, 12-4, 16, 21, 69, 71, 74-7, 79, 82, 84-5, *88*, 93, 96, 98, 101, 107, 114, 126-7, 129, 131, 152, *153*, 154, 156-7, 168, 170, 185-6, 188, 190-1, 210

Vargas, Lutero, 93

Varig, 195

Vásárhelyi, Andras, 232

Vassalo, coronel, 278, 289, 293-4, 305

Vaticano, 55

Vaz, Rubens Florentino, *187*, 188

Veloso, Haroldo, 244

Veras, Airton, *231*

Verdun (França), 21

Vergeance (porta-aviões britânico), 272

Verne, Júlio, 124

vestibular do ITA, 233-5, 237, *240*; ver *também* ITA (Instituto Tecnológico de Aeronáutica)

Viana, Adenir Siqueira, 321

Vicentim, Abner Lelis, 236

Vidoca, rio, 137, 140

Vila Militar (Rio de Janeiro), 129

Vinte mil léguas submarinas (Verne), 124

Vira-Mundo (apelido do avião Curtiss Fledgling), 46-7, 50

Virmond, tenente, *31*

Visão (revista), 251, 255

visão de Montenegro, perda da, 309, *312*, 313, 315-6

Waco (avião), 17, 21, 24, 49, 52, 77-8

Wallauschek, Michael, 233

Wallauschek, Richard Robert, 232, 239

Walters, Bárbara, 111

Walters, Lou, 111, *117*

Washington, D.C., 103, 105, 118, 121, 140, 176, 260

Washington Luís, 16-7, 20-2, 26, 29, 74, 129

Whitaker, José Maria, 75

Wolkmer, Alfred, 232

Wright Field (Ohio, EUA), 102, 105-8, 110, 116

Wright, irmãos, 106, 121

xavante, indígenas, 158

Xingu (terra indígena), 158

Yale, Universidade, 134

Zerbini, general, 212, 268

"Zezinho" (projeto de computador de alunos do ITA, 1961), 232, 239

Ziembinsky, 238

ESTA OBRA FOI COMPOSTA POR ACOMTE EM MINION E IMPRESSA EM
OFSETE PELA LIS GRÁFICA SOBRE PAPEL PÓLEN NATURAL DA SUZANO S.A.
PARA A EDITORA SCHWARCZ EM OUTUBRO DE 2023

A marca FSC® é a garantia de que a madeira utilizada na fabricação do papel deste livro provém de florestas que foram gerenciadas de maneira ambientalmente correta, socialmente justa e economicamente viável, além de outras fontes de origem controlada.